फतेहपुर सीकरी

उद्भव, विकास एवं नगरीय संरचना

फतेहपुर सीकरी

उद्भव, विकास एवं नगरीय संरचना

डॉ. अनिल कुमार यादव

लोकभारती प्रकाशन

लोकभारती प्रकाशन
पहली मंजिल, दरबारी बिल्डिंग, महात्मा गांधी मार्ग
प्रयागराज-211 001
वेबसाइट : *www.lokbhartiprakashan.com*
ईमेल : *info@lokbhartiprakashan.com*

शाखाएँ : 1-बी, नेताजी सुभाष मार्ग, दरियागंज
नई दिल्ली-110 002
अशोक राजपथ, साइंस कॉलेज के सामने
पटना-800 006

पहला संस्करण : 2023

सुपर माधव ग्राफिक
प्रयागराज द्वारा मुद्रित

FATEHPUR SIKRI
Udbhav, Vikas Evam Nagriya Sanrachna
by Anil Kumar Yadav

ISBN : 978-93-93603-85-2

मूल्य : ₹ 700

पूज्य बाबा स्व. रामलगन जी
की स्मृति को

अनुक्रम

- दो शब्द— *पी.एल. विश्वकर्मा* 9
- भूमिका—*प्रो. आलोक प्रसाद* 11
- प्रस्तावना 13
  1. मध्यकाल में नगरीकरण की प्रक्रिया 17
  2. अकबर की दृष्टि में फतेहपुर सीकरी 49
  3. फतेहपुर सीकरी की स्थापत्य कला 73
  4. फतेहपुर सीकरी का नगरीय प्रबंधन 98
  5. फतेहपुर सीकरी से राजधानी परिवर्तन का कारण 122
  6. मुगल साम्राज्य के उत्थान में फतेहपुर सीकरी 137
  7. उपसंहार 167
  8. सन्दर्भ ग्रन्थ सूची 171
- भवनों के चित्र एवं मानचित्र 177

दो शब्द

'फतेहपुर सीकरी : उद्भव, विकास एवं नगरीय संरचना' नामक पुस्तक डॉ० अनिल कुमार यादव की गहरी शोधपरक दृष्टि और इतिहास सम्मत चिंतन का परिणाम है। मध्यकालीन इतिहास की दृष्टि से इस पुस्तक की बहुत महत्ता है। इसमें मध्यकालीन नगरों के विकास एवं नगरीय जीवन की विशेषताओं का ऐतिहासिक वर्णन किया गया है। अकबर ने इस नगर को स्थापित किया एवं इसके विकास में अत्यधिक योगदान दिया तथा इसे अपनी राजधानी के रूप में भी विकसित किया। मुगल शासक की छत्र-छाया में इस नगर का जो सांस्कृतिक धार्मिक और शैक्षिक रूप से विकास हुआ, इसका उल्लेख इस कृति में डॉ० यादव ने बहुत ही तथ्यपरक ढंग से विचारप्रवणता के साथ किया है।

जब तक फतेहपुर सीकरी मुगल साम्राज्य की राजधानी रही, इसमें देश के कोने-कोने से लोग आते रहे। यह नगर धार्मिक रूप से विख्यात था, क्योंकि मशहूर सूफीसंत शेख सलीम चिश्ती यहाँ पर निवास करते थे। इनका मकबरा यहीं है। डॉ० यादव ने फतेहपुर सीकरी की नगरीय अवधारणा का वर्णन करते हुए यहाँ का ऐतिहासिक मानचित्र भी दिया है। इस पुस्तक का एक अन्य आकर्षण अभी तक विद्यमान विभिन्न इमारतों का चित्र है। इस पुस्तक में फतेहपुर सीकरी नगर के प्रबन्धन एवं जल-प्रबन्धन प्रणाली के ऊपर विस्तृत प्रकाश डाला गया है। साथ ही राजधानी परिवर्तन की घटना की समीक्षा की गई है। इस पुस्तक द्वारा डॉ० यादव ने मुगल सम्राज्य के उत्थान में फतेहपुर सीकरी के योगदान पर चर्चा कर नगरों की महत्ता को बताने का एक सराहनीय प्रयास किया है। मेरी दृष्टि में यह एक उपयोगी पुस्तक है। यह पुस्तक पाठकों के लिये बहुत ही उपयोगी और ज्ञानवर्धक सिद्ध होगी। चूँकि इस विषय पर कम पुस्तकें उपलब्ध हैं, इसलिए मुझे विश्वास है कि पाठक इसको पसन्द करेंगे।

पी.एल. विश्वकर्मा
पूर्व विभागाध्यक्ष
मध्यकालीन एवं आधुनिक इतिहास विभाग
इलाहाबाद विश्वविद्यालय, प्रयागराज

भूमिका

इतिहास लेखन में साधारणतया राजनैतिक और आर्थिक इतिहास लेखन की ओर झुकाव रहा है। इतिहास लेखन में सांस्कृतिक इतिहास की अनदेखी की गयीं है। इस सन्दर्भ में डॉ. अनिल कुमार यादव द्वारा लिखित पुस्तक 'फतेहपुर सीकरी : उद्‌भव, विकास एवं नगरीय संरचना' भारतीय इतिहास के अध्ययन और अनुशीलन के लिए एक महत्त्वपूर्ण ग्रन्थ है। डॉ. अनिल ने प्राथमिक एवं द्वितीयक श्रोतों के अतिरिक्त फील्ड स्टडी के आधार पर एक प्रामाणिक पुस्तक लिखने की अच्छी पहल की है।

प्रस्तुत पुस्तक में फतेहपुर सीकरी के उद्‌भव, विकास और प्रबंधन के साथ ही फतेहपुर सीकरी नगर के बसाए एवं राजधानी बनाए जाने और चौदह वर्ष बाद वहाँ से राजधानी-परिवर्तन किए जाने की घटना का ऐतिहासिक वर्णन करते हुए कई प्रकार के ऐतिहासिक विवादों को भी हल करने का प्रयास किया गया है। साथ ही फतेहपुर सीकरी में पानी-प्रबन्धन की तकनीकि का वर्णन प्रमाणिक तथ्यों के आधार पर किया गया है। इस पुस्तक में नगर नियोजन और पानी-प्रबंधन एवं मध्यकालीन नगर प्रबंधन एवं मध्यकालीन नगरीकरण पर विस्तृत प्रकाश डाला गया है। यह पुस्तक शोधार्थियों, विद्यार्थियों और इतिहास में रुचि रखने वाले व्यक्तियों के लिए बहुत उपयोगी साबित होगी। मैं डॉ. अनिल कुमार यादव के उज्ज्वल भविष्य की कामना करता हूँ।

प्रो. आलोक प्रसाद
अध्यक्ष-मध्यकालीन एवं आधुनिक इतिहास विभाग
इलाहाबाद विश्वविद्यालय, प्रयागराज

प्रस्तावना

इतिहास विषय के विद्यार्थी के तौर पर प्रारम्भ से ही मेरे मन में परिवेश, परिस्थिति, प्रगति और घटनाक्रमों को ऐतिहासिक दृष्टिकोण से पर्यवेक्षण एवं अध्ययन करने की प्रवृत्ति विद्यमान थी। इलाहाबाद विश्वविद्यालय में 'मध्यकालीन एवं आधुनिक इतिहास' विभाग में इतिहास विषय का अध्ययन करते हुए मुझे मध्यकालीन नगरों का इतिहास बहुत आकर्षित करता रहा है। जिससे मेरे मन में हमेशा इन सुन्दर नगरों के बारे में जानकारी प्राप्त करने की जिज्ञासा बनी रहती थी। मध्यकालीन नगरों और ऐतिहासिक नगर एवं भवनों की सुन्दरता एवं भव्यता देखकर इनके कलात्मक रहस्यों को सोचने में मेरा मन घण्टों लगा रहता था। इन्हीं रहस्यों को जानने के उद्देश्य से मैंने फतेहपुर सीकरी जैसे ऐतिहासिक नगर को अपने अध्ययन हेतु चुना। फतेहपुर सीकरी के बारे में तमाम कहानियाँ बचपन से सुनता आ रहा था। इसकी सच्चाई एवं रहस्यों को उजागर करने के लिए मैंने इस पर पुस्तक-लेखन कार्य करने का विचार किया क्योंकि अभी तक इस पर कोई विशेष कार्य नहीं किया गया था। 'फतेहपुर सीकरी : उद्भव विकास एवं नगरीय संरचना' इसी दिशा में किया गया एक प्रयास है।

फतेहपुर सीकरी के बारे में कुछ अनछुये पहलुओं जैसे नगर के रूप में फतेहपुर सीकरी की स्थापना क्यों की गयी? इसका विकास कैसे किया गया? इसके प्रबन्धन आदि की क्या व्यवस्था थी? इस नगर ने मुगल साम्राज्य के उत्थान में अपना किस प्रकार से योगदान दिया? आदि प्रश्न मुझे मथते रहे। इसके साथ ही यह जानने की इच्छा बलवती रही कि कोई नगर किस तरह विकसित होता है और किस तरह से वहाँ पर सारे क्रिया-कलाप सम्पन्न किये जाते हैं? किसी साधारण जगह को भी किस तरह से सुविधाओं से युक्त नगर बनाया जा सकता है? आदि प्रश्नों को जानने के लिए मध्यकालीन नगरों में फतेहपुर सीकरी से बेहतर मुझे कोई और नगर न लगा। नगरों के वर्तमान परिदृश्य को देखते हुए मध्यकालीन नगर फतेहपुर सीकरी का अध्ययन

ऐतिहासिक दृष्टिकोण से करने का मैंने एक विनम्र प्रयास किया है।

प्रस्तुत पुस्तक में फतेहपुर सीकरी को अकबर द्वारा बसाये जाने से लेकर राजधानी बनाने और परिवर्तन किए जाने के बाद के समय तक के नगरीकरण विकास एवं प्रबन्धन आदि पर प्रकाश डालने का प्रयास किया गया है।

प्रथम अध्याय के अन्तर्गत मध्यकाल में नगरीकरण की प्रक्रिया, आवश्यकता और पृ.भूमि आदि पर विशेष रूप से विस्तारपूर्वक अध्ययन करने का प्रयास किया गया है तथा इसके लिए जिम्मेदार तत्वों एवं कारणों को जानने का विधिवत प्रयास किया गया है।

दूसरे अध्याय में फतेहपुर पर अकबर के दृष्टिकोण को दिखाने के लिए विशेष अध्ययन किया गया है कि किस प्रकार से अकबर सीकरी गाँव को अपनी राजधानी के रूप में परिवर्तित कर देता है।

तृतीय अध्याय में फतेहपुर सीकरी के स्थापत्य कला को दिखाने का प्रयास किया गया है जिसमें मुख्य रूप से भवनों (धार्मिक, शाही, सार्वजनिक एवं अन्य भवनों) का एक संक्षिप्त विवरण प्रस्तुत किया गया है।

चतुर्थ अध्याय में फतेहपुर सीकरी का प्रबन्धन नगर के रूप में राजधानी के समय तथा राजधानी परिवर्तन के बाद यहाँ के प्रबन्धन एवं व्यवस्था का विस्तृत अध्ययन प्रस्तुत किया गया है।

पंचम अध्याय राजधानी परिवर्तन के कारणों को केन्द्र में रखकर लिखा गया है।

छठे अध्याय में फतेहपुर सीकरी मुगल साम्राज्य के उत्थान एवं सुदृढ़ीकरण में सांस्कृतिक, धार्मिक और शैक्षिक रूप से किस प्रकार की भूमिका अदा करता है इस पर नजर डाली गयी है।

फतेहपुर सीकरी ने मुगल साम्राज्य के उत्थान में अपना विशिष्ट योगदान दिया जिससे सुलह-ए-कुल की नीति विकसित हुयी; जिससे एक अलग संस्कृति का विकास हुआ और भारतीय सामाजिक समन्वय को बढ़ावा मिला।

लेखन के लिए प्रेरित करने एवं पुस्तक को स्वरूप प्रदान करने में मेरे शोध निर्देशक रहे आदरणीय प्रो. पी.एल. विश्वकर्मा, पिता डॉ. राजेन्द्र प्रसाद यादव, माँ श्रीमती गीता यादव की महती भूमिका के प्रति विनयावनत हूँ। पुस्तक लेखन के दौरान उत्पन्न चुनौतियों के समाधान में मुझे इतिहास के

जिन विद्वानों का असीम स्नेह प्राप्त हुआ, उनमें प्रो. हेरम्ब चतुर्वेदी, प्रो. ललित जोशी, प्रो. योगेश्वर तिवारी, प्रो. संजय श्रीवास्तव, प्रो. आलोक प्रसाद, प्रो. अशोक कुमार सिंह, प्रो. अरूप चक्रवर्ती के नाम प्रमुख हैं। मैं इन सभी का ऋणी हूँ।

इस पुस्तक के लेखन के लिए प्रेरणा एवं हर सम्भव सहयोग प्रदान करने के लिए हिन्दी के आलोचक और एसोशिएट प्रोफेसर कुमार वीरेन्द्र जी का मैं हृदय से आभारी हूँ।

पुस्तक को पाठकों के सम्मुख प्रस्तुत करने में लोकभारती प्रकाशन के संरक्षक श्री रमेश ग्रोवर जी का हृदय से आभारी हूँ। संगम लाल जी एवं अवनीश यादव के बहुमूल्य सुझावों से पुस्तक समृद्ध हुई है।

मुझे पाठकीय प्रतिक्रियाओं का इंतजार रहेगा।

22 अप्रैल, 2023

डॉ. अनिल कुमार यादव
मध्यकालीन एवं आधुनिक इतिहास विभाग
इलाहाबाद विश्वविद्यालय, प्रयागराज

1

मध्यकाल में नगरीकरण की प्रक्रिया

मध्यकालीन भारत का नगरीय परिवेश समय के साथ बदलता रहा है। भारत के प्राचीन वास्तुकारों ने नगर नियोजन में कुछ अपने सिद्धान्त प्रतिपादित किए थे। इनमें नगरों की सुरक्षा एवं सुविधा का विशेष ध्यान रखा गया था। मध्यकालीन भारत में परिस्थितियों के अनुरूप कस्बों और शहरों का प्रादुर्भाव हुआ। उनकी संरचना समय के अनुरूप हुई। प्राचीन भारत में नगरों की संरचना बड़े व्यवस्थित ढंग से की जाती थी। के.एम. अशरफ ने प्राचीन नगरों के बारे में लिखा है कि "प्राचीन शहरों और भवनों के पुरातात्विक अवशेष प्राचीन हिन्दू मस्तिष्क की स्थापत्यपरक सम्पन्नता का प्रमाण प्रस्तुत करते हैं। एक-एक नमूने हिन्दू नगर के विशिष्ट तत्व होते थे जैसे उनके स्थान का चुनाव और परस्पर समकोण पर काटते हुए शहर के बीच से जाने वाले दो चौड़े मार्ग हिन्दू भवन अपनी विशालता एवं स्थायित्व के लिए प्रसिद्ध थे। भवन कई मंजिलों में बनाए जाते थे, और कभी-कभी उपरी दो मंजिलें पचास गज तक ऊँची होती थी। किसी किले की दीवार या किसी शहर की चहारदीवारों में बुर्जियाँ, विशाल प्रवेश द्वारों पर हाथियों या मनुष्यों की मूर्तियाँ रहती थीं। जहाँ पर पत्थर उपलब्ध होता वहाँ निर्माण में पत्थरों का प्रयोग किया जाता था। हिन्दू भवनों के अन्य तत्वों में हम कृत्रिम नहरों द्वारा और खिड़कियों में सुन्दर पच्चीकारी और मंदिरों तथा मूर्तियों के निर्माण में उत्तम शिल्प कौशल पाते हैं।[1]

जब तुर्कों का भारत में पदार्पण हुआ उस समय और बाद में काफी लम्बी अवधि तक उन्होनें अपने भवनों और नगरों में हिन्दू स्थापत्य कौशल का प्रयोग किया। हिन्दू नगरों से उन्होंने अनेक तत्व लिए यद्यपि उन्होंने कुछ ही देशी अनुरूप कौशल निर्माण के सबूत छोड़े। संभवत: मुसलमानों ने हिन्दू

शहरों के विशिष्ट तत्व अर्थात् महलों में सरोवर, मंदिर, चौड़ा व खुला स्थान और उनकी इमारतों की ऊँचाई और सौष्ठव में कुछ अपने विशिष्ट तत्व जोड़े और इस प्रकार मुगलकालीन नगरों का स्वरूप विकसित हुआ। भारतीय नगर नियोजन में मुस्लिमों के योगदान के रूप में उनकी सुन्दर और विशाल मस्जिदों और उनके दरवाजे, असंख्य फव्वारों का प्रयोग, गुम्बद, मेहराब और नगर के चारों ओर एक संशोधित पद्धति की रक्षा बुर्जियाँ और अधिक कुशलतापूर्वक सैनिक उपकरणों से सुसज्जित दीवारें ये सब शामिल है। उनके भवनों, छटायुक्त सरोवरों और हमामों और सुन्दर उद्यानों ने भारतीय नगरों को अलंकृत ही किया।[2] इस प्रकार देखा जाय तो मध्यकालीन शहरों की संरचना हिन्दू-मुस्लिम तत्वों के आधार पर हुई। आवश्यकता के अनुरूप कहीं हिन्दू तत्व तो कहीं मुस्लिम तत्व का प्रयोग कर नगरीकरण की एक नई अवधारणा का जन्म हुआ।

मध्यकाल के तुर्कों के आगमन के बाद ही नगरीकरण की प्रक्रिया में तेजी आती है।[3] तुर्कों के भारत आगमन पर उनके साथ आने वाले सैनिकों और उनके परिवार की आवश्यक सामग्रियों और जरूरी वस्तुओं की आवश्यकता, व्यापार-वाणिज्य आदि ने भी नगरीकरण की प्रक्रिया को तीव्रता प्रदान की। नए-नए मुहल्ले स्थापित होने लगे और मुस्लिम संस्कृति के अनुसार नगर निर्माण होने लगा। नगरों का प्राचीन स्वरूप बदलने लगा। नगरों में मुस्लिम धर्म के लिए आवश्यक मस्जिदें बनने लगीं। मकबरे, मदरसे, मीनारें बनने लगी। शीघ्र ही प्राचीन नगरों का कायाकल्प होने लगा। तेरहवीं शताब्दी में मुस्लिम शासित नगरों पर इस्लामी संस्कृति एवं शासन का प्रभाव दिखाई पड़ने लगा। मुस्लिम राज्य का ज्यों-ज्यों विस्तार होता गया अधिक से अधिक नगर मुस्लिम शासन में आते गए। यह प्रक्रिया पाँच शताब्दियों (13वीं शताब्दी से 18वीं शताब्दी) तक चलती रही। इस काल में अनेक नवीन नगरों की स्थापना हुई। इसकी तुलना राजपूत कालीन नगरों की संख्या तथा संरचना से करें तो बहुत बड़ा अन्तर दिखाई पड़ता है। यही अन्तर इस तथ्य को समझने में सहायक है कि किस प्रकार मध्यकाल में नगरीकरण की प्रक्रिया को प्रोत्साहन मिला।[4]

तुर्क जब भारत आए तो उनके सामने प्रमुख रुकावटें भी आयीं। यहाँ हमें तीन महत्त्वपूर्ण तथ्य देखने को मिलता है। यहाँ अच्छी सड़के नहीं थी और संचार के अन्य साधनों का अभाव था, फारसी बोलने वाले ऐसे अधिकारियों

की संख्या बहुत कम थी, जो जनता और राज्य के बीच सेतु का काम कर पाते, साथ ही ग्रामीण क्षेत्र में मुस्लिम आबादी का अभाव था जो नव स्थापित राज्य का आधार बन सके। किन्तु आश्चर्यजनक रूप से जो तथ्य उनके लिए सहायक सिद्ध हुआ वह यह था कि वे भारतीय जनता के लिए अजनबी थे और उनकी सामाजिक प्रथाओं से अनभिज्ञ थे। इस सन्दर्भ में दूसरी महत्त्वपूर्ण बात यह थी कि वे शासन चलाने के लिए सेना पर बहुत निर्भर रहते थे। अजनबी और अनभिज्ञ होने के कारण अपना प्रभावी नियन्त्रण कायम रखने के लिए राज्य को क्षेत्रीय राजनीतिक और सामाजिक बाधाओं का उल्लंघन करने में इनको कोई संकोच नहीं हुआ। सेना पर निर्भर होने के कारण इनके लिए यह आवश्यक हो गया कि वे क्षेत्रीय विस्तार और धन प्राप्ति के लिए विजय अभियान आयोजित करें। इसी प्रक्रिया में विशाल उत्तर भारतीय साम्राज्य अस्तित्व में आया। इसके बाद समय भी सहायक सिद्ध हुआ। समय के साथ-साथ संचार और परिवहन के साधनों का विकास हुआ। जिससे सेना को एक स्थान से दूसरे स्थान पर ले जाना, विद्रोहों तथा देशी उपद्रवियों को नष्ट करना, यह सब एक केन्द्र से ही कर पाना सम्भव था। इसके लिए कृषि उपज की विपुल अधिशेष की आवश्यकता थी जिसकी सहायता से यह कर पाना सम्भव हो सकता था।[5]

भाषा की आ रही समस्या को दूर करने के लिए दोनों ने एक दूसरे की भाषा सीखने का प्रयत्न किया, जिससे भाषा की समस्या का समाधान सम्भव हो सका। तुर्की सम्राज्य स्थापित होने के एक सदी के भीतर अमीर खुसरो जैसे लोगों के लिए फारसी और हिन्दी की श्रेष्ठ रचनाओं को कर पाना सम्भव हो सका।[6] हालाँकि ग्रामीण क्षेत्र में मुस्लिम आबादी की समस्या बनी रही। लेकिन यह कभी बहुत हद तक राज्य की सैनिक शक्ति प्रबल होने और उनकी सहायता से भारी मात्रा में राजस्व की वसूली से दूर हो सकी। इस कमीं को दूर करने में सबसे महत्त्वपूर्ण कारण नए राज्य और पुराने बिचौलिए जमींदारों के बीच एक गुप्त प्रकार की सहमति से पूर्ण हो गया।[7]

नए शासक उत्पादक नहीं वरन वे ऐसे उपभोक्ता थे जो अपव्ययी भी थे। उनके यहाँ बड़ी संख्या में नौकर और गुलाम होते थे। उन सबको अच्छा खासा वेतन दिया जाता था उनका रहन-सहन अच्छा था और अपनी रुचि के अनुसार सांस्कृतिक गतिविधियों और शिल्प को संरक्षण देते थे। यह कार्य राजस्व की उचित वसूली के कारण ही सम्भव हो सका।

क्योंकि शरीयत के अनुसार उत्पादन का आधा भाग राजस्व रूप में लिया जा सकता था।[8]

राज परिवार के सदस्य और शासक वर्ग के लोग शहरी जीवन में अभ्यस्त थे। इसके अतिरिक्त जनता पर शासन करने के लिए एक ही स्थान पर बड़ी संख्या में अधिकारियों की नियुक्ति करना पड़ता था। यह कार्य इक्तादारों द्वारा सम्पन्न किया जाता था। अबुल फ़ज़ल ने अपने समय का वर्णन करते हुए यह बताया है कि 'एक स्थान पर राजस्व वसूली के लिए कितने अधिकारियों और सैनिकों को रखा जाता था। इसके पीछे यह डर व्याप्त रहता था कि परास्त किए गए देशी लोग कमजोरी का फायदा उठाकर कभी भी सशस्त्र विद्रोह कर सकते थे।' लेकिन इस बात का कितना डर शासक वर्ग को रहता था, यह बात बरनी के 'तारीख-ए-फिरोजशाही' से स्पष्ट रूप से पता चलता है। यद्यपि विडम्बना यह थी कि इस काल में अधिकांशत: जो विद्रोह किया गया, वह मुसलमानों द्वारा ही किया गया। हिन्दू वर्ग ने अपनी नियति का विरोध किए बिना ही इन्हें स्वीकार कर लिया। इनसे नव स्थापित साम्राज्य को किसी प्रकार का गम्भीर खतरा नहीं था। फिर भी शासक वर्ग के मन में उनसे भय बना रहता था। इसलिए अपने शासन की रक्षा के लिए वे किले बनाने और तोपखाने का विकास करने में लगे रहते थे तथा सूफी संतों की दरगाहों का निर्माण करवाकर के फकीरों की भी सहायता देते थे।[9] इन सभी कारणों से ऐसी शहरी आबादी का विकास हुआ जिसको किलेबंदी के द्वारा भली-भाँति सुरक्षित किया गया।

सल्तनत काल में इतने नगर केन्द्रों का विकास हुआ कि उसकी संख्या को देखकर आश्चर्य होता है अबुलफ़ज़ल 3200 कस्बों की संख्या बताता है।[10] इससे यह अनुमान लगाया जाता है कि सल्तनत काल में भी नगरों की संख्या इसी के आस-पास रही होगी,क्योंकि मुगल शासन के स्थापित होने के तुरन्त बाद बहुत अधिक नगरों की स्थापना का प्रमाण नहीं मिलता है।

सल्तनत काल में शासित संम्पूर्ण क्षेत्र में नगरों की संख्या बढ़ने के क्या कारण थे? इन नगरों के विकास में किन कारणों या तत्वों ने प्रोत्साहन और उत्तेजना उत्पन किया? उन पर प्रो. मुहम्मद हबीब ने अपना विचार प्रस्तुत किया है—उसमें बताया है कि अब नगरों में निम्न वर्ग का धर्म, सम्प्रदाय के लोग रहने लगे। प्राचीन कालीन नगरों में निम्न वर्ग का निवास प्रतिबन्धित तो नहीं था किन्तु अत्यन्त सीमित अवश्य था। इसलिए वे नगर केवल अभिजात्य वर्गीय स्वरूप के थे।

मध्यकालीन नगर बहुधर्मी थे। इनमें मिश्रित आबादी रहती थी। इसलिए इनमें मिश्रित संस्कृति का विकास हुआ। जिससे भारत का पूरा सामाजिक सामंजस्य प्रगतिशील हो गया। इनमें नवीन विजेता एवं नव धनाढ्य लोग बसे। वे नवीन घर, महल, किले, राजधानी बनाते रहे और नगरों का विकास होता रहा। नवीन उपभोक्ता वर्ग बसे जिनसे सम्पूर्ण उत्पादन विपणन कार्य प्रगतिशील हो गया। एक नवीन आर्थिक उत्तेजना के लिए वातावरण बनने लगा। यह मान सकते हैं कि मध्यकालीन सामाजिक व आर्थिक प्रगति के लिए ये नगर सुदृढ आधार प्रस्तुत किए। इसलिए नगरीकरण का बहुत व्यापक महत्त्व दिखाई पड़ता है।[11]

इसके अतिरिक्त मोहम्मद हबीब ने भारत के जाति पर आधारित समाज का विस्तृत वर्णन किया है जो अलबरूनी के विचारों से काफी मिलता-जुलता है। उनके अनुसार—"उत्तर भारत में राजपूतों पर गोरी की विजय का सबसे बड़ा कारण जाति व्यवस्था और उससे उत्पन्न परिस्थितियाँ थी।[12] उनके अनुसार "जाति व्यवस्था ऐसी स्थिति पैदा करने में सहायक कारण थी जिसके उत्पीड़कों और उत्पीड़ितों का पतन हुआ। पुजारीवाद, नरेशवाद, मूर्तिपूजा और उसके अनेक मत-संप्रदायों का प्रचलन हुआ, 'जन साधारण का आर्थिक और आध्यात्मिक शोषण हुआ और लोग पृथक जाति समूहों में विभाजित हो गए जिसके परिणामस्वरूप सामान्य राष्ट्रीयता और संपूर्ण देश के प्रति निष्ठा की भावना पूर्णतः नष्ट हो गई।" इसी प्रकार उन्होने यह भी तर्क दिया है कि भारतीय जनता इतनी निराश और अवसादग्रस्त हो गई थी कि उसने तुर्कों के नेतृत्व को तुरन्त स्वीकार कर लिया और यह जनता का विरोध और बदलाव का एक स्वरूप ही था जो बहुत पहले हो जाना चाहिए था। उन्होनें यहाँ तक कहा है कि "भारत पर गोरी की विजय तुर्कों के नेतृत्व में भारत के शहरी श्रमिकों की क्रान्ति थी।[13] भारतीय शहरी कामगारों और श्रमिकों की कट्टरतापूर्ण ब्राम्हणवादी परम्परा के प्रति असन्तोष के कारण तुर्कों की विजय आसान हो गयी। मुहम्मद हबीब इस घटना को एक क्रांति मानते हैं। इनके अनुसार "ठाकुरों के शासन के स्थान पर गोरी के तुर्कों के शासन की स्थापना के द्वारा ही शहरी कारीगरों को उनके अधिकार मिल सकते थे। क्योंकि उनको जाति व्यवस्था की विचारधारा के आधार पर लम्बे समय तक वंचित रखा गया था। क्रांति के बाद के नए काल में एक नया शासक वर्ग आया, जाति व्यवस्था की उग्रता से शिल्पकारों को मुक्ति मिल

गयी लेकिन यह क्रान्ति तब तक अपूर्ण रही जब तक कि ग्रामीण क्रान्ति न हो जाती। हबीब के अनुसार यह 'ग्रामीण क्रान्ति' भी वास्तव में घटित हुई जिसके परिणामस्वरूप किसानों को ग्रामीण सामन्तों और बिचौलियों से मुक्ति मिल गयी।[14]

मोहम्मद हबीब की इस अवधारणा का खण्डन इरफान हबीब ने किया है। उनके अनुसार-तुर्की राज्य के दीर्घकालिक परिणामों, केन्द्रीकरण में वृद्धि, शहरी केन्द्रो के विकास और शहरी रोजगार में वृद्धि ग्रामीण अधिशेष की भागेदारी की व्यवस्था में परिवर्तन आदि से सम्बन्धित मोहम्मद हबीब के विचारों से सहमति व्यक्त की है पर उन्होंने शहरी और ग्रामीण क्रान्ति से संबन्धित आधारभूत संकल्पना को अस्वीकार किया है। उनके अनुसार यह अवधारणा उचित नहीं है क्योंकि तुर्की और इस्लाम के आने के परिणामस्वरूप बड़े पैमाने पर कोई भी धर्म परिवर्तन नहीं हुआ और शहरी कामगारों और नए शासकों के बीच किसी प्रकार का गठबन्धन नहीं हुआ। इस्लाम धर्म ग्रहण की घटनाएँ छुटपुट और परिस्थितिजन्य थी तथा अधिशेष के बड़े भाग पर कब्जा करने वाले नए शासकों की नई माँगों की पूर्ति के हुए बाजार के विस्तार से सामान्य शहरी कारीगरों को लाभ हुआ। इसी प्रकार, जाति व्यवस्था का उन्मूलन और 'ग्रामीण क्रांति' ऐतिहासिक तथ्य नहीं है।[15] यद्यपि इस तथ्य से इन्कार नहीं किया जा सकता कि भू-राजस्व की वसूली की केन्द्रीयकृत व्यवस्था के परिणाम-स्वरूप नए शासकों के हाथ में संपदा का विशाल खजाना आ गया। जिससे एक बड़ी सेना एक वास्तव में प्रभावशाली और अच्छा वेतन पाने वाले उमरा वर्ग और खर्चीले रहन-सहन का खर्च उठाना सम्भव हो सका। इन सबके लिए पक्की इमारतों, वस्त्रों, विलास की सामग्री, अस्त्रों आदि की माँग में वृद्धि हुई। परिणामस्वरूप शिल्पियों और कुशल कामगारों की संख्या में अभूतपूर्व वृद्धि हुई। अधिकतर निर्माण कार्य कस्बों में या कस्बों के आस-पास होता था। अत: कस्बों का महत्त्व बढ़ गया और वे नए आर्थिक और सामाजिक सम्बन्धों के केन्द्र बन गए।[16]

नगर केन्द्र किसे कहा जाय और उसके पैमाने का स्तर क्या है? इस बात पर अलग-अलग विद्वानों ने अपना अलग-अलग दृष्टिकोण दिया है। क्योंकि यह पैमाना प्रत्येक समाज के सन्दर्भ में भिन्न-भिन्न आर्थिक परिवेश पर आधारित होगा। इस दिशा में सबसे पहला दृष्टिकोण जनसंख्या से सम्बन्धित

है। इस दृष्टिकोण को मानने वाले विद्वानों ने आबादी के वर्ग स्वरूप घनत्व आदि को महत्त्व दिया है। पी. एम. हौसर के शब्दों में -"नगरीकरण एक ऐसी प्रक्रिया है जिसमें एक विशेष निर्धारित आकार के बड़े समूह में एकत्रित होने की प्रवृत्ति रहती है।" पर इस समय जनसंख्या के आकंड़े का साक्ष्य उपलब्ध प्रमाणों में नहीं प्राप्त होते हैं। जिसके कारण मध्यकालीन नगरों के बारे में स्पष्ट जानकारी उपलब्ध करा पाना कठिन हो जाता है। हमीदा खातुन नकबी अपनी पुस्तक में 77 नगरों की सूची उपलब्ध कराती हैं जो 1200-1555 ई. तक उदित हुए थे।[17] मुगल कालीन इतिहासकार अबुलफ़ज़ल ने अकबर के काल में 120 नगर तथा 3200 कस्बों को गिनाया है पर इसका कोई आधार नहीं दिया है।[18] इस प्रकार से हम देखते हैं कि नगरों की स्थापना आबादी के सम्बन्ध में समकालीन विवरण एकदम शान्त है।

एच. सी. वर्मा के अनुसार "शहरीकरण ऐसी प्रक्रिया है। जिसके द्वारा एक जनपद का ग्रामीण स्वरूप क्रमशः लुप्त हो गया और उनमें बसने वाले अधिकांश लोग गैर कृषक हो गए और लगभग नियमित रूप से अपने खाने का सामान खरीद सकें। ऐसी स्थिति में मुद्रा की अर्थव्यवस्था का वर्चस्व होना उपभोग की वस्तुओं के उत्पादन और उपभोग का विस्तार होना अवश्यभावी था। जिसके परिणामस्वरूप अन्दरूनी और आन्तरिक व्यापार होने लगे।[19] शहरों की उत्पत्ति और पतन किन कारणों से हुआ? यह पूरे विश्व में रोचक बहस का विषय रहा है। यूरोप में व्यापार और शहरों का विकास सामंतवाद के पतन और यूरोप में मध्यकाल में प्रचलित उत्पादन की प्रमुख विधि पर आधारित था। जिससे पूँजीवाद का विकास हुआ उसके बाद औद्योगिक क्रान्ति आयी।[20] हेनरी पिरने का यह तर्क है कि - क्रूसेड के द्वारा भूमध्य सागर को मुसलमानों के कब्जे से लेना सम्भव हो सका जिसके परिणामस्वरूप व्यापार और शहरी सभ्यता की पुनः स्थापना हुई। व्यापार तथा शहरी केन्द्रों की स्थापना और विकास सामंतवाद के पतन की पूर्व अवस्था के घोतक और उनके कारण थे। मारिस डोबा और एम. एम. पोस्टन ने एक भिन्न तर्क के आधार पर यह माना है कि केवल व्यापार ही सामंतवाद के उत्थान और पतन का निर्धारक नहीं है। डोबा ने यह तर्क दिया कि "16वीं और 17वीं शताब्दी के बीच पूर्वी यूरोप में व्यापार के विकास से सामंतवाद के दायित्व में वृद्धि हुई"। उन्होंने प्रमाण एकत्रित करके यह प्रदर्शित किया कि पश्चिमी यूरोप और इंग्लैण्ड में जिस काल में व्यापार की

अवनति हुई। उसी काल में कृषि दास प्रथा की भी अवनति हुई जबकि वह प्रथा सामंती व्यवस्था की विशेषता थी।[21]

पोस्टन में व्यापार की वृद्धि और शहरों के विकास के बीच कोई अंतर्विरोध दिखाई नहीं देता। व्यापार की उन्नति 11वीं शताब्दी में शुरू हुई। उस समय सामंतशाही भी मजबूत हो रही थी। इस प्रकार उन्हें शहरों के विकास के साथ होने के बीच सम्बन्ध नजर आता है। शहर सामंतवादी सागर में गैर सामंतवादी द्वीप के समान था।[22] सैय्यद नूरुल हसन ने इस विषय का समाधान किया कि जिस प्रकार के सामंतवाद के आधार पर जो तर्क दिए गए हैं वह वैसा नहीं है क्योंकि सामंतवाद भारत में 1200 ई. के बाद विद्यमान नहीं रहा। क्योंकि तुर्की राज्य का ढाचा बहुत केन्द्रीकृत था। उसमें भू-राजस्व की व्यवस्था एकीकृत थी (अक्तादार और जमीदारों द्वारा)। जिससे नए प्रकार के ग्रामीण संबंध कायम हुए जिनके परिणामस्वरूप नगरों और कस्बों का विकास हुआ। अपना शासन स्थापित करने वाले और कब्जा करने वाले नए शासक वर्ग के रूप में तुर्क लोग मूलतः शहरों के निवासी थें और उनका हित भूमि से जुड़ा नहीं था। फलतः कब्जा जमाने वाले और शासन कायम करने वाले इस वर्ग ने ग्रामीण अर्थव्यवस्था का भारी शोषण किया।[23] इरफान हबीब स्पष्ट रूप से यह कहते हैं कि शहरी विकास ''मूलतः शासक वर्ग द्वारा भूमिकर के रूप में वसूल किए गए अधिशेषों पर आधारित था। जिसको मुख्यतः नगरों में रहने वाले उस वर्ग के सदस्यों उनके आश्रितों और उनके नौकरों में विभाजित किया जाता था। इस शोषण के परिणामस्वरूप ऐसे शहरी केन्द्रों की स्थापना हुई जो स्वभाव से परजीवी थें। अर्थात् उनके तर्क के अनुसार परजीवी गाँवों की अपेक्षा शहरों की ओर झुकाव मध्यकालीन आर्थिक इतिहास का महत्त्वपूर्ण पक्ष है।[24]

मध्यकालीन भारत में तुर्कों के आगमन अगर हम यह देखें तो स्पष्ट हो जाता है कि नगरीकरण की प्रक्रिया को गति प्रदान जरूर की लेकिन उन्होंने शहरीकरण का सृजन स्वयं नहीं किया। जैसा मोहम्मद हबीब और एच. के. नकवी यह बताते हैं कि नगरी विकास की प्रक्रिया इतनी जटिल थी कि उसको प्रोत्साहित करने का श्रेय शासकों को नहीं बल्कि भारतीय किसानों को दिया जाना चाहिए। जो इतने अधिक मात्रा में अधिशेष का उत्पादन करते थे जो शहरी विकास के पोषण में सहायक सिद्ध हुई। भारत में ऐसे बहुत से लोग थे जो शासकों और अन्य लोगों द्वारा पैदा की गयी माँग की पूर्ति के लिए

नए शिल्प कला को सीखने और अपनाने को तैयार थे। इन्ही विशेषताओं के आधार पर यह कहा जा सकता है कि सन् 1200 ई. से पूर्व के भारत का तुर्क कालीन भारत के रूप में संक्रमण वस्तुतः एक क्रांतिकारी घटना थी। इसे क्रांतिकारी घटना इस लिए भी कह सकते हैं कि यह परिवर्तन बड़ी तेजी के साथ और बड़े पैमाने पर हुआ। जो समाज सामंतवादी राजनीतिक दृष्टि से विकेन्द्रीकृत प्रधानतः ग्रामीण और छोटे-मोटे शिल्प उत्पादकों का समाज था। उस समाज का एक अत्यधिक केन्द्रीकृत शहरी और बड़े शिल्पों के उत्पादक के रूप में परिवर्तित होना एक अभूतपूर्व घटना थी। समाज में परिवर्तन का यह चक्र बहुत तेजी के साथ घूमा।

यूरोप तथा विश्व के अन्य देशों में राजनीतिक, आर्थिक और सामाजिक परिवर्तन लाने में लोगों को वर्षों तक संघर्ष करना पड़ा था। जबकि भारत में यह परिवर्तन तुर्की साम्राज्य की स्थापना के बाद व्यापक पैमाने प्र हो गया। स्वतः ऐसे पविर्तन में ग्रामीण जनता ने प्रत्यक्ष रूप से भाग लिया, ऐसा देखने को मिलता है। इसका अन्दाजा इस बात से ही स्पष्ट हो जाता है कि नए राज्य की स्थापना का कोई विरोध नहीं हुआ। इस प्रकार हम कह सकते हैं कि भारत में नगरों के विकास का स्वरूप एक स्वतन्त्र प्रक्रिया थी। सल्तनत काल की स्थापना के परिणामस्वरूप उत्तर भारत में मुस्लिम राज्य की अवधारणा के अनुसार परिवर्तन आना स्वाभाविक था।[25] सल्तनत काल में ग्रामीण अर्थव्यस्था का विकास समान रूप से नहीं हुआ। नरेश तन्त्र की स्थिति विकसित हो रही थी तथा शासक वर्ग का अभी निर्माण हो रहा था। अक्तादारी प्रथा का अभी परीक्षण हो रहा था, तुर्की शासन से पूर्व के जमीदार विचौलियों की सत्ता अभी भी कायम थी। अच्छी सड़कें बहुत कम थी शिल्प उत्पादों की उन्नति प्रारंभिक अवस्था में थी और बाजारों का विकास धीमी गति से और अव्यवस्थित ढंग से हो रहा था। चौदहवीं शताब्दी में परिस्थितयों में सुधार आया। अक्ताप्रणाली से राजस्व वसूली के काम में और सेना को संगठित करने में सहायता मिली। राजमार्गों पर आना-जाना सुरक्षित और सुगम हो गया। परिवहन व्यवस्था सुचारु होने से नगरों के माँगों की पूर्ति के लिए बाजार कायम हुए।[26]

मध्यकालीन भारत में नगरीकरण के वास्तविक परिदृश्य की स्पष्ट जानकारी हमें अलबरूनी के द्वारा उपलब्ध कराये गए प्रमाणों से प्राप्त होती है। यह 1017 ई. में भारत आया और 13 सालों तक देश के विभिन्न हिस्सों

में रहा तथा भारत की स्थिति को देखा और जाना।[27] इसने अत्यन्त गहराई से रुचि लेते हुए भारतीय जीवन रीति रिवाजों उनकी अन्य बहुत सी जानकारियों के साथ-साथ हिन्दू धर्म एवं दर्शन की गहराई में गया। उसने अपनी पुस्तक में एशिया और यूरोप की स्थिति और आकर्षित तथा उत्तर भारत में आने वाली बाढ़ भारत की नदियों एवं बरसात की स्थिति देश के जानवरों बहुत से नगरों एवम शहरों आदि जिसकी उत्पत्ति उसके समय में हुई।[28] अलबरूनी हमें भारत के निम्न नगरों की जानकारी उपलब्ध कराता है जो इस प्रकार है- मुल्तान, कन्नौज (कन्याकुब्ज) महवरा (मथुरा), थानेश्वर, प्रयाग (इलाहाबाद) बनारसी (वाराणसी) अजोधा (अयोध्या), खुजराहॉ (खुजराहो), ग्वालियर, कालिंजर, टिपरी (त्रिपुरा) बयाना, धाड़, मन्दागिरि (गोदावरी), उजैन(उज्जैन), ताना, सोमनाथ, अरोर, दहमाला, मिरत, पानीपथ, भड़ौच, राजौरी, बनवारी वेराय (बड़ौदा) सुबारा (सोपारा), जिमपुर, बल्लम, तंजौर, कांची (काचीपुरम), तेजी, अधिष्ठान, (श्रीनगर)। इन नगरों को अलबरूनी ने बहुत नजदीक से देखा था। इनमें से बहुत से नगर बहुत जल्दी ही स्थापित हुये थे (1) जिनमें कन्याकुब्ज मथुरा, वाराणसी, तथा अयोध्या शहर जल्दी स्थापित हुए थे और आर्यों द्वारा राजधानी बनायी गयी थी। (2) पाँच अन्य शहर उज्जैन, प्रयाँग, पाटलीपुत्र और तंजौर और त्रिपुरा ये जल्द ही उत्पन्न हुये नगर थे। (3) पेरीप्लस व प्लिनी द्वारा एकत्र किए गए आठ शहरों का भी वर्णन अलबरूनी द्वारा किया गया है। इनमें राजौरी, सोपारा, थानेश्वर, गंगासागर, मुल्तान, अरौर, भड़ौच ब वनारसी। (4) सातवी शताब्दी में हवनेसांग ने खजुराहों, धाड़, बल्लभी, श्रीनगर, अथवां, अधिष्ठान और मोदीगिरी अथवा नया मुंगेर जैसे समृद्धशाली शहरों के अस्तित्व को प्रकाशित किया।

इनकी सत्यता और शहरों की स्थापना देश में नगरीकरण के महत्त्वपूर्ण तथ्यों की ओर ले जाती है। इन चारों दिशाओं में इन दशाओं में इन शहरों ने अपने आप को 2000 वर्षों तक जीवित रखा। अलबरूनी द्वारा वर्णित नगर बड़े थे। जहाँ पर नगरीकरण की प्रक्रिया चल चुकी थी। पर यहाँ ऐसा प्रतीत नहीं होता जैसा अलबरूनी अपने ग्रंथ में करता है। अलबरूनी का भारत के विषय में अध्ययन हिन्दू धर्म और दर्शन पर ज्यादा निष्ठा पूर्वक किया गया है न कि देश की भौगोलिक और आर्थिक स्थिति पर अलबरूनी का विवरण मुख्यतया लोगों के रीति-रिवाजों और त्यौहारों आदि को भी समाहित करता

है। नगर की उत्पत्ति पर वह विशेष ध्यान नहीं दे पाता है। क्योंकि भारत की राजनीतिक स्थिति उतनी अनुकूल नहीं थी फिर भी। अलबरूनी का विवरण हमें उस समय के नगरों की स्थिति व्यापार और 11वी शताब्दी की महत्त्वपूर्ण और रोचक घटनाओं का सही वर्णन देता है।[29]

अलबरूनी का हिन्दुओं के प्रति रवैया वैसा नहीं था जैसा फह्यान और ह्वेनसांग अपना मत रखते हैं। फिर भी इसके द्वारा वर्णित नगरों की जानकारी निःसन्देह सैनिक अधिकारी, व्यापारियों एवं हिन्दू-मुसलमान यात्रियों से एकत्र किया गया भी माना जाता है। क्योंकि इसके वर्णन में अधिकांशतः उत्तर मध्य भारत और गुजरात तथा रेगिस्तान क्षेत्र का वर्णन समाहित है।[30] अलबरूनी के बाद नगरीकरण का सकारात्मक वर्णन इब्नबतूता ने अपने ग्रन्थ में दिया है। इब्नबतूता 1333 ई. में भारत आया और वह दिल्ली सुल्तान के यहाँ मुख्य काज़ी नियुक्त किया गया। वह भारत में नौ वर्षों तक रहा। इस दौरान उसने भारत के विभिन्न हिस्सों की यात्रा की इस प्रकार 1342 ई. में वह सुल्तान के दूत के रूप में चीन चला गया। इस काल में वह भारत में एक यात्री की भाँती अपना जीवन व्यतीत किया।[31] उसने अपना यात्रा वृत्तांत उस समय नहीं बल्कि बाद में याददाश्त के आधार पर सुनाई गई कहानियों के आधार पर लिखा है। उसने अपनी यात्रा वृत्तांत में भारत के जिन नगरों की जानकारी दी है उनमें दिल्ली नगर, उसके विस्तार, सुन्दरता और शक्ति तथा उसके दीवारों से घिरे होने की सूचना उपलब्ध कराता है। इब्नबतूता इसे भारत के सबसे बड़े नगर के रूप में देखता है और वह इसे विश्व के महान नगरों में स्थान देता है।[32] इसके समय में दिल्ली चार समीपस्त नगरों को मिलाकर बनाया गया था। (1) दिल्ली मुख्य (2) सीरी (3) तुगलकाबाद (4) जहाँपनाह।[33] दिल्ली के अतिरिक्त इब्नबतूता ने अन्य बहुत से नगरों के बारे में जानकारी उपलब्ध कराया है।, जिनमें मुल्तान भी एक बड़ा नगर था।[34] इसके अतिरिक्त कन्नौज एक बड़ा नगर था[35] जो किलेबंदी और बड़ी दीवारों से घिरा हुआ था।[36] इसने अतिरिक्त ग्वालियर, बयाना[37], खुजराहों[38] धार[39], उज्जैन[40] दौलताबाद[41], साराहर, काम्बे[42] कंधार[43], कठियावाड[44], मंजरु (मंगलोर)[45], कालीकट[46], जुरापट्टन (कन्नौर)[47], फन्दरयाना (पन्देरानी)[48], काबलाभ[49] (क्यूलोन), फन्दरयाना[50] (पन्देशनी), मुदरई,[51] सुदकाबान[52] (सतगाँव), हुगली,[53] आदि नगरों की जानकारी के लिए इब्नबतूता का वृत्तांत महत्त्वपूर्ण स्थान रखता है।

इब्नबतूता के वृत्तांत के आधार पर 14वीं सदी के ये महत्त्वपूर्ण नगर थे जो अपने आकार प्रभाव और वैभव के लिए प्रशंसनीय थे। भारत का व्यापार इस समय विश्व में महत्त्वपूर्ण स्थान रखता था और अरब देश, पश्चिम देश और चीन से प्रत्यक्ष सम्बन्ध बनाए हुए था। जिससे नगरीकरण के फलने-फूलने का भी अनुमान लगाया जाता है। अन्तर्राष्ट्रीय व्यापार के बढ़ने के कारण बन्दरगाह के बढ़ने तथा नगरों के बढ़ने तथा नगरीकरण के विकास की प्रक्रिया जारी रही।

इब्नबतूता के बाद नगरों के स्थिति के बारे कल्हण ने भी कुछ जानकारी उपलब्ध करायी है पर नगरों के बारे में हमे जो सबसे महत्त्वपूर्ण जानकारी अकबर के समय के इतिहासकार अबुलफ़ज़ल द्वारा उनके ग्रन्थ 'अकबरनामा' और 'आइन-ए-अकबरी' दोनों भागों में अपने समय की विश्वसनीय भौगोलिक जानकारी उपलब्ध कराता है। आइन-ए-अकबरी के दूसरे भाग में अबुलफ़ज़ल ने अकबर के साम्राज्य के 15 सूबों, 105 सरकारों और 2837 नगरों का वर्णन किया है। अबुलफ़ज़ल द्वारा वर्णित सूबे इस प्रकार है।[54]

(1) बंगाल का सूबा-बंगाल सूबा के अन्तर्गत जनताबाद, मुहम्मदाबाद, सोनारगाँव, चटगाँव, करक (कुहम), पुरी (पुरुषोत्तम), टाण्डा, फतेहाबाद, खलीलाबाद, भालतेजपुर, निसरताबाद, पिंजराह, बारवकबाद, सेलर, सुलेमानबाद, जालसेर, रामुना, रायपुर, मेदनीपुर, मान्डारान, भानकपास आदि नगरों का नाम इस सूबे के अन्तर्गत देते हैं।

(2) सूबा विहार-बिहार सूबा के अन्तर्गत गया, तिरहुत रोहतास, बेहार, पटना, सोर, मुंगेर, हाजीपुर आदि नगरों का नाम इस सूबा के अन्तर्गत देते हैं।

(3) सूबा इलाहाबाद-इलाहाबाद सूबा के अन्तर्गत इलाहाबाद, वराणसी, जौनपुर, चुनार, कलिंग, गाँजीपुर, मानिकपुर, कुर्टव आदि इसके अन्तर्गत आते थे।

(4) अवध का सूबा-अवध (अजोध), बहराईच, नाइमखेर, लखनऊ, खीरी, गोरखपुर, बिलग्राम, खैराबाद, आदि नगर इस सूबा के अन्तर्गत आते थे।

(5) आगरा का सूबा-आगरा सूबा के अन्तर्गत, फतेहपुर सीकरी, मथुरा, कालपी, कन्नौज, ग्वालियर, अलवर, केनोरी, नखर आदि नगरों का नाम आता था।

(6) मालवा का सूबा-उज्जैन, चन्देरी, माण्डू, धाड़, रायसेनगढ़, सारंगपुर, ग्वालियर, कोटरीपेरवा; आदि नगर मालवा सूबा के अन्तर्गत आते थे।

(7) बरार का सूबा-सूबा बरार के अन्तर्गत इलिचपुर, पनार, शाहपुर, कालम, माहुर, रामगिर, खेरला, बासिम पथरी, मेखार आदि नगरों का नाम आता है।

(8) खानदेश का सूबा-असीरगढ़, बुरहानपुर, आदिलाबाद, धेमरनी, छोपरा, थेलनेर आदि नगर खानदेश सूबा के अन्तर्गत आते हैं।

(9) अजमेर का सूबा-अजमेर सूबा के अन्तर्गत अजमेर, उदयपुर, चितौड़, जोधपुर, नागौर, बीकानेर, जैसलमेर अमरकोट, जालौर आदि नगरों की जानकारी मिलती है।

(10) दिल्ली का सूबा-दिल्ली सूबा के अन्तर्गत, दिल्ली, वांदान, संभल, हाँसी, सोहना, हिसार, सरहिन्द मेरठ सहासपुर, देवारी आदि नगरों का विवरण मिलता है।

(11) लाहौर का सूबा-सूबा लाहौर के अन्तर्गत, नगरकोट, जालंधर, सियालकोट, मानकोट, रोहतास, आदि नगर आते थे।

(12) मुल्तान का सूबा-सूबा मुल्तान के अन्तर्गत, मुल्तान, भक्खर ब्राहम्नाद, अलौर, खोभर (रामनगर) आदि नगर आते थे।

कश्मीर सरकार के अन्तर्गत श्रीनगर आदि स्थानों के नाम आता है।

इसके अतिरिक्त वर्णित नामों के अलावा कुछ और नगरों का नाम 'अकबरनामा' में भी प्राप्त होते हैं। इनमें अम्बाला, सिरसा, पानीपत, चितौड़, फिरोजाबाद, राजौरी, पुच्छ, भागलपुर, कोल (अलीगढ़), जलालाबाद, पेशावर, हाजीपुर, समथपुर, मेरठ, गढ़घेरा, चुनार, कोटाह, आरोह, अकबरानगर, बालघाट वर्धमान, बरेली, विष्णुपुर, बदरीजन, ढाका, दरभंगा, जैसौर, लुधियाना, पाटह, सतगाँव, आदि नगरों का वर्णन प्राप्त होता है। इस प्रकार कुल 180 नगरों को स्वीकार कर लिया जाय तो करीब 93 नगरों का उसकी रचना में वर्णन नहीं है यहाँ पर कुल नगरों की संख्या में विविधता और इसके कथनों में विविधता है। इस स्रोत का साक्ष्य क्या है? यह जान

पाना कठिन है। अगर अबुलफ़ज़ल के कथन की तुलना वर्तमान समय के नगरीकरण से करें तो यह संख्या औसत में आज के नगरीकरण से भी अधिक है। इन सब कमियों के बावजूद भी अबुलफ़ज़ल का ग्रन्थ नगरीकरण की जानकारी का महत्त्वपूर्ण स्रोत है। अबुलफ़ज़ल ने अपने ग्रन्थ में उस 18 बड़े नगरों का वर्णन किया है जो उस समय भारत में थे। ये शहर आगरा, सीकरी, दिल्ली, अहमदाबाद, लाहौर, काम्बे, इलिचपुर, बुरहानपुर, असीर, उज्जैन, माण्डु, अयोध्या, लखनऊ, चितगोम, वाराणसी, सोनपुर, रायपुर और मेदनीपुर आदि का विवरण मिलता है।

(1) आगरा- आगरा सबसे पहले सिकन्दर लोदी ने 1504 ई. में अपनी राजधानी बनाया यह यमुना नदी के पूर्वी किनारे पर स्थिति है यह एक बेमेल शहर था। अकबर के समय में यह बगदाद की बिगरिस और मिश्र की नील नदी के क्षेत्र के समान इसकी तुलना की जाती थी।[56] इस समय शहर का प्रसार अब नदी के दोनों किनारों पर 5 कोस तक फैल गया। इसके अन्तर्गत 500 से अधिक खूबसूरत स्थापत्य कला वाली इमारतें थीं तथा यह नगर हिन्दुस्तान का केन्द्र था। जो विभिन्न देशों के यात्रियों (लोगों) द्वारा भर गया। यह इस समय व्यापार का अच्छा केन्द्र माना जाता था।[57]

(2) फतेहपुर सीकरी- फतेहपुर सीकरी पहले एक गाँव था और अकबर के शासन काल में सबसे पहले शहर के रूप में उभर कर सामने आया।[58] यहाँ बड़े किले का निर्माण कराया गया। इसमें शाही महल, सामान्तों के आवास, विद्यालय, संस्थान, तालाब और एक बड़े बाजार का निर्माण करवाया गया। यह पहाड़ी पर बसा शहर शानदार भवनों काठियों और बगीचों से घिरा एक महान स्थल बन गया।[59]

(3) दिल्ली- दिल्ली प्राचीन नगरों में से एक था। अबुलफ़ज़ल इसका इतिहास 1200 ई. के आस-पास बताता है।[60] जब इसका निर्माण हुआ और इसके बाद मुस्लिम शासकों द्वारा इसके महत्त्व को समझा गया जो अब तक अवशेष के रूप में व्याप्त था। खण्डहर होने के बावजूद भी बहुत से लोग यहाँ रहते थे।[61] इसमें शहर का महत्त्वपूर्ण गुण व्याप्त था जिसके कारण अबुलफ़ज़ल ने इसे आश्चर्य जनक शहर कहा।[62]

(4) अहमदाबाद- अबुलफ़ज़ल बताता है कि अहमदाबाद एक उच्च कोटि का समृद्धि वाला नगर था।[63] यह पूरे संसार के लोगों के पसन्द के उत्पादन को उत्पन्न करता था। अबुलफ़ज़ल बताता है कि इस नगर को 360 वार्डों में बाँटा गया था, और यह नगर के सभी मापक को पूरा करता था और अब एक राज्य के रूप में फल-फूल रहा था।[64]

(5) लाहौर- यह बहुत बड़ा शहर था अपने आकार और जनसंख्या दोनों में प्रथम था। यहाँ शानदार भवन और बगीचे थे। यहाँ संसार के बहुत से देशों के लोग रहते थे और उसकी बनावट एक आश्चर्यजनक दृश्य को प्रकट करती थी। शहर में हजारों से अधिक कार्यशालायें थी। बड़ी संख्या में इन कारखानों से कामगार तुरन्त मिलते थे। व्यवसायी तथा कलाकार एवं नगर से सेना को भी तुरन्त भेजा जा सकता था।[65]

(6) वाराणसी- अबुलफ़ज़ल इसे हिन्दुत्व सिखाने वाला एक बड़ा शहर बताता है। प्राचीन समय में यहाँ पर कपड़े की सुन्दर बुनाई होती थी।

(7) अयोध्या/अवध- यह भारत में बड़े शहरों में से एक था। प्राचीन समय में यह पवित्र स्थान के रूप में जाना जाता था।[66]

(8) जौनपुर- 14वी शताब्दी के मध्य में फिरोजशाह तुगलक ने इसकी स्थापना की।[67] जौनपुर एक महान शहर के रूप में विकसित हो गया। अकबर के समय में यहाँ ऊनी कपड़े और चादरें मिलती थीं।[68]

(9) काम्बे- एक बंदरगाह वाला नगर था। जहाँ राजाओं द्वारा भेजे गए व्यापारी तथा यहाँ के सुन्दर भवन और बिक्री की बहुत सी वस्तुयें होती थी।[69]

(10) बुरहानपुर- बुरहानपुर की व्याख्या एक बड़े शहर के रूप में की गयी है। इसे बहुत से बगीचों के लिए विकसित किया गया तथा विभिन्न देशों के लोगों और बुनाई करने वाले लोगों के लिए खोला गया ताकि वे व्यापार को सफलतम तरीके से कर सके।[70]

(11) असीर- एक सुन्दर पहाड़ी के ऊपर गवर्नर के रहने के आवास के रूप में इसे विकसित किया गया और नीचे बड़ा और फलता-फूलता शहर बसाया गया।[71]

(12) माण्डू-12 कोस में फैला एक बड़ा शहर था[72] जिसमें एक मजबूत किला और शानदार इमारतों को तैयार करके पुराने जमीदारों द्वारा स्थापित किया गया था।[73]

(13) चितगोंग एक बड़ा शहर था ऐसा स्वीकार किया जाता है कि यह एक बड़ा बन्दरगाह था औरनिश्चित ही व्यापारियों के रहने के लिए उचित स्थान था।[74]

(14) रायपुर-

(15) मेदनीपुर-

(16) लखनऊ-

(17) इलियपुर- इन्हें बड़ा नगर नहीं कहा जाता था। नगरी करण के साथ-साथ यहाँ की कृषि और औद्योगिक संवृद्धि का भी विकास हुआ।

सूबा और प्रान्तों की कृषि और औद्योगिक सम्वृद्धि कृषि और जलवायु की अच्छी स्थिति का विवरण अबुलफ़ज़ल द्वारा बताया जाता है। ये अलग-अलग नगर अपनी अलग-अलग जलवायु कृषि एवं औद्योगिक कार्यों के लिए मशहूर होते थे।[75]

अबुलफ़ज़ल के अतिरिक्त नगरीकरण के बारे में हमें फरिश्ता, सम्राट जहाँगीर, पेन्साल्ट, बर्नियर, टेबर्नियर, मनूची, थेवोनाट आदि द्वारा जानकारी उपलब्ध करायी जाती है।, जिनके विवरण से हमें नगरों की सुरक्षा व्यवस्था की उचित व्यवस्था होने का विवरण मिलता है। नगरीकरण के परिणामस्वरूप नगरों के स्वरूप सामाजिक, शैक्षिक, कलात्मक अर्थात सम्पूर्ण सांस्कृतिक प्रक्रिया विकासोन्मुख होने लगा और सामाजिक परिदृश्य बदलने लगा। संकीर्णता हटने लगी नगरों में जाति-पाति के बन्धन ढीले पड़ने लगे और एक विस्तृत मिश्रित संस्कृति उभरने तथा विकसित होने लगी। यही नहीं शिक्षा, साहित्य और वस्तुकला और संगीत के भेंट में खान-पान और पवित्र विन्यास के क्षेत्र में क्रान्तिकारी परिवर्तन आने लगा। धार्मिक क्षेत्र में भले ही हिन्दू और मुस्लिम धर्म अपनी अलग पहचान बनाए रखे थे लेकिन अनेक

परम्पराएँ ऐसी भी विकसित हुई। अनेक तीज-त्योहार ऐसे विकसित हुएं जिनमें दोनों धर्मों और अनेकों सम्प्रदाय के लोग सम्मिलत होने लगे।[76] आदि की जानकारी मिलती है।

इस प्रकार नगरीय विकास सम्पूर्ण देश में एक महत्त्वपूर्ण दशा को दर्शाता है। क्योंकि मध्यकाल के मध्य में बहुत बड़े नगर देश के विभिन्न हिस्सों से स्थापित हुए। उनमें से कुछ महत्त्वपूर्ण है जैसे दौलताबाद, (1326) विजयनगर (1336), जौनपुर (1359), हिसार (1361) जहानाबाद (1417), बुरहानपुर (1417) अहमदाबाद (1412), बीदर (1430), अहमदनगर (1490), आगरा (1504), गोलकुण्डा (1518) हैदराबाद (1589), फतेहपुर सीकरी (1571), मुर्शिदाबाद (1504) और राजधानी के रूप औरंगाबाद (1636) के आस-पास अस्तित्व में आए। इन नगरों में जिसने देश की राजनैतिक और आर्थिक इतिहास में महत्त्वपूर्ण भूमिका निभाई उनमें-अहमदाबाद आगरा, और हैदराबाद का महत्त्वपूर्ण स्थान है। वे सामाजिक राजधानी का प्रतिनिधित्व करते रहे।

कुछ मुस्लिम शासकों ने नगर केन्द्रों की स्थापना में सक्रियता और रुचि दिखाई जिससे इनमें इस्लामी प्रभाव सिद्ध होता है जैसे-अहमदाबाद, दौलताबाद, मुर्शिदाबाद (आगरा) जिसका नाम अकबर ने अकबराबाद कर दिया। दिल्ली को शाहजहाँ द्वारा फिर बसाया गया जिसका नाम शाहजहाँनाबाद रखा गया। निसन्देह इन स्थानों के नाम भारतीय नगरों और शहरों की उत्पत्ति के समय काल की जानकारी के लिए कुछ महत्त्वपूर्ण तथ्य देते हैं। बहुत से मामलों में संस्थापकों द्वारा स्थानों का नाम अपने नाम पर अथवा धर्म पर नगरों का नाम रखे जाते थे।

इसके विपरीत मुस्लिम नगर केन्द्रों की उत्पत्ति के बाद उनके नाम के अन्त में नगर अथवा पुर तथा संस्कृत सूत्र आदि का प्रयोग किया जाता था-जैसे- श्रीनगर, मुलस्थानपुर, (मुल्तान) लवपुर (लाहौर) इन्द्रप्रस्थ (नई दिल्ली) लक्ष्मणवेटी (लखनऊ) गौर आदि। लेकिन यह कथन दक्षिण भारत के नगरों पर सत्य उतरता है। जिनका नाम मूल रूप से संस्कृत पर आधारित है। मध्यकाल में नगरों की उत्पत्ति में मुस्लिम शासकों की सीधे पहल देखी गयी। ज्यादातर प्रमाण फिरोजशाह तुगलक के समय का मिलता है। फरिश्ता के अनुसार 200 नगरों की स्थापना और 1200 बगीचों का विकास दिल्ली शहर में हुआ जौनपुर शहर जो बनारस के उत्तर-पश्चिम में स्थित था। हिसार

फिरोजा को 'खुश्केशिकार' कहा जाता था भी स्थापित किया गया। उसके द्वारा 8 सार्वजनिक मस्जिद बनायी गयी।[77]

12वीं शताब्दी के आस-पास भारत में मुस्लिम शक्ति का उत्थान हुआ। जिनके द्वारा विभिन्न नगरों और आवासों को बनाया गया। कुतुबुद्दीन ऐबक जो दिल्ली का पहला सुल्तान था। दिल्ली में कुतुबमीनार जैसी प्रसिद्ध इमारत की शुरूआत किया जिसको इल्तुतमिश जो उसका उत्तराधिकारी था द्वारा पूर्ण किया गया।[78] साफ सुथरा महल बनने कि प्रक्रिया अल्लाउद्दीन के गद्दी पर बैठने के पश्चात शुरू होता है। उसे भवनों से बड़ा प्रेम था। उसने कुतुब की भवनों का प्रसार किया और पुराने समय के दुर्गों और नई आकार की मीनारों को बनाने का कार्य किया। उसने नई दिल्ली के पास एक नगर बनवाया जिसे सीरी के नाम से जाना गया।[79]

नगर भवनों के निर्माण का वास्तविक और साहसी कदम मुहम्मद बिन तुगलक के शासन काल में उठाया गया। उसने 1327 ई. के दौरान शानदार दौलताबाद शहर बसाया और उसे अपनी राजधानी बनाया। सिकन्दर लोदी द्वारा इसी क्रम में एक नया शहर आगरा बसाया गया।[80] दिल्ली सल्तनत काल में दक्षिण भारत में बहुत से नगर थे-माण्डू, मालवा, अहमदाबाद, गुलवर्गा, बीदर, अहमदनगर, बुरहानपुर, बीजापुर आदि शहर थे जो राजधानी के रूप में थे।[81]

बाबर और उसका पुत्र हुमायूँ जो भारत में पहले दो मुगल सम्राट थे। वे अपनी राजनीतिक अस्थिरता के चलते नगर आवासों की स्थापना नहीं कर सके। शेरशाह अपने शासन काल के दौरान दिल्ली के एक नए शहर की स्थापना पुराने इन्द्रप्रस्थ के स्थान पर की जिसे आज पुराने किले के रूप में जाना जाता है और पंजाब में रोहतास नगर की स्थापना की।[82] अकबर ने आगरा नगर को फिर से इसके किले की किलेबन्दी उपयुक्त दीवारों से करायी और सैकड़ो भवन बनवाए। लेकिन उसका मुख्य निर्माण फतेहपुर सीकरी शहर था।[83] उसने अपनी राजधानी यहाँ पर बनाया। इसके बाद इलाहाबाद का किला और बिहार में राजमहल नगर को विकसित किया। जहाँगीर के शासन काल में बहुत कम साक्ष्य प्राप्त होते हैं। हालाँकि उसने आगरा के किले में कुछ नए भवनों को जोड़ा। जहाँगीर का पुत्र शाहजहाँ ने आगरा के किले को फिर से निर्मित कराया तथा सुन्दर ताजमहल का निर्माण कराया। उसने दिल्ली को पुनः स्थापित किया और अपनी राजधानी 1648 ई. में स्थानांतरित

कर उसने इसका नाम शाहजहाँनाबाद कर दिया।[84] औरंगजेब ने औरंगाबाद नामक एक नगर का निर्माण कराया। इसके बाद के शासकों ने नगरीकरण के क्षेत्र में कोई विशेष कार्य नहीं कर सके। इस प्रकार इनकी शक्ति 1857 ई. तक समाप्त हो गयी और अंग्रेजो के हाथ में चली गयी।

मध्यकालीन भारत में नगरों के विकास की दशा के सम्बन्ध में सीधे किसी आधिकारिक परिणाम या पहल के लिए मुस्लिम शासकों ने सीधे प्रयास किया। नगरों की उत्पत्ति के सम्बन्ध में सबसे महत्त्वपूर्ण तथ्य आर्थिक है और इसकी जड़े बहुत से मामलों में प्रगाढ़ रही है। अच्छी स्थिति प्राप्त करने के लिए समय-समय पर शासकों द्वारा उनकी देखभाल की गयी और उन्हें संवर्धन दिया गया। यह जानना भी बहुत अद्भुत है कि मध्यकाल में विभिन्न तरीके की शाक्तियों जिन्होंने सम्पूर्ण मध्य क्षेत्र को एक युद्ध क्षेत्र में परिवर्तित कर दिया था, ने बड़े पैमाने पर नगर की आर्थिक स्थिति को कमजोर नहीं किया। यहाँ एक बात ध्यान देने योग्य है कि छठी या सातवीं शताब्दी में लगभग सभी नगरों को अधिकतम कठिनाइयों से गुजरना पड़ा लगभग सभी ने युद्ध के दृश्यों को देखा था। इस युद्ध में जो विजयी होता वह लूटपाट करके नगरों को बर्बाद कर देते। लेकिन हिन्दू शासन काल में ज्यादातर नगर पुनः अपनी पूर्व अवस्था में आ गए। यह स्थिति मुस्लिम काल तक बनी रही। ये अब भारतीय नगर अच्छी तरह से विकास करने लगे। इस समय राजनीतिक अस्थिरता बहुत कम समय तक रही और शान्ति अधिक समय तक जिसके कारण आंवासों नगरों को कम नुकसान हुआ। इसलिए वह जल्द ही कठिन परिस्थितियों से उबर सके।

मुस्लिम शासकों ने भारत में अपने शासन को अनेक प्रान्तों में प्रसारित करने शान्ति और अपने उद्देश्यों में बहुत हद तक सफलता पायी। इल्तुतमिश द्वारा अक्ता प्रणाली चलाई गयी थी। छोटी-छोटी अक्तायें वेतन के बदले दी गयी। बड़ी-बड़ी अक्तायें प्रशासनिक कार्य हेतु अमीरों के अन्तर्गत रखी गयी। इन्हें 'मुक्ती' या 'वली' अथवा प्रान्तपति कहा जाता था। ये अमीर सेना लेकर अक्ता का शासन चलाते थे।[85] जिससे शासक वर्ग को अच्छा राजस्व प्राप्त हुआ जिससे उनकी आर्थिक स्थिति मजबूत हुयी। यही कारण था कि गजनी, चंगेज खाँ और तैमूर जैसे आक्रान्ता के आक्रमण के बाद भी इस दौरान नगरीय समृद्धि बनी रही और राजस्व की दर अच्छी रही। इसका कारण यही था कि प्रशासन के अन्तर्गत बहुत से अंग कार्य कर रहे थे।

मुस्लिम शासकों ने सामान्य किन्तु बहुत बड़े पैमाने पर नगरों का निर्माण कराया। जो एक विशेष तरीके से लोगों के भलाई के लिए बनाया गया था। अलाउद्दीन खिलजी के द्वारा खेतों की माप करायी गयी और समान के मूल्य सुनिश्चित कर दिया गया। इसके साथ ही आयात स्थितियों के लिए अनाजों को राजधानी में रखने तथा बाजारों में सप्लाई की व्यवस्था की गयी।[86] बरनी यह कहता है कि-इस समय यहाँ पर सड़कों पर सुरक्षा थी और व्यापारियों के बीच ईमानदारी से सौदा होता था। इस बात की गारण्टी ली जा सकती थी।[87]

कृषि का विशेष विकास गयासुद्दीन तुगलक के शासनकाल में हुआ। जब खेतों की सिंचाई के लिए नगरों का निर्माण कराया गया। बागीचों का निर्माण कराया गया और चोर-डकैतों से बचने के लिए और आश्रय के लिए किलों का निर्माण किया गया।[87] बरनी के अनुसार-अधिकारियों को यह निर्देश दिया गया कि हर साल सावधानी पूर्वक कृषि क्षेत्रों का विकास हो। रैयत ठीक प्रकार से इकट्ठी की जाय और उनके खेतों का विकास हो। हर साल कुछ नएं खेत जोड़े जाय।[88]

फिरोजशाह तुगलक के शासन काल में भी देश की आर्थिक दशा सुदृढ़ हुई और बड़े पैमाने पर नए नगरों की स्थापना हुई। शम्स-ए-शीराज़ अफ़ीफ़ बताते हैं कि-किसान धनी और सन्तुष्ट थे। अनाज बहुत सस्ता था हर प्रकार के कपड़े सस्ते थे। सिल्क के सामान उचित मूल्य पर थे। इस प्रकार संवृद्धि सम्पूर्ण दोआब क्षेत्र में थी। कोई भी गाँव और कोई भी खेत ऐसा नहीं था जो बोया न जाता हो।[89]

शेरशाह के शासन काल के दौरान भू-राजस्व के क्षेत्र में सराहनीय कार्य किया गया। भू-राजस्व सीधे तौर पर किसानों से लिया जाने लगा। राज्य की मांग निश्चित और सीधे तौर पर एक चौथाई या एक तिहाई औसत उत्पादन के तौर पर नकद या अनाज के तौर पर देने की सुविधा दी गयी। किसानों का अधिकार संरक्षित किया गया और विभिन्न प्रकार के कर हटा लिए गए फसल बर्बाद होने पर अग्रिम लोन की व्यवस्था की गयी।[90]

इसके अतिरिक्त संचार के क्षेत्र में सराहनीय कार्य किया। राज्य के महत्त्वपूर्ण नगरों को एक दूसरे से जोड़ दिया गया। इनमें ग्रांडटैंक रोड सराहनीय है जो सोनार गाँव (पूर्वी बंगाल) से सिंधु तक जाता है। इसके अतिरिक्त सरायें बनवायी और फलदार पेड़ों को सड़कों के किनारे लगवाया तथा कुओं का निर्माण सड़कों पर कुछ दूरी पर किया गया और आदेश दिया

कि कोई भी अजनबी बिना भेद-भाव के देश के किसी भाग से आए तो बिना किसी शुल्क के ठहरने की उत्तम व्यवस्था उपलब्ध कराई जाय। यात्रियों के लिए इन सड़कों पर सुरक्षा की उत्तम व्यवस्था थी। जिससे व्यापार-वाणिज्य में प्रगति हुई और नए नगरों का निर्माण हुआ जिसमें पटना[91] और शेरपुर नामक नगर और रोहतासगढ़ नामक दुर्ग का निर्माण कराया।

मुगल सम्राट अकबर ने भी कृषि विकास के सन्दर्भ में सराहनीय कार्य किया और कृषि में बढ़ावा देने के लिए उसने औपचारिक आदेश दिये।[92] इसके अतिरिक्त अकबर ने फतेहपुर सीकरी नगर का निर्माण कराया। इन सभी महत्त्वपूर्ण जानकारियों के बाद भी मुस्लिम शासकों को सीधे नगरों के विकास में उनके द्वारा नगरों के सुधार सम्बन्धी कोई भी जानकारी हमें पूर्ण रूप से प्राप्त नहीं होती है। इसके अतिरिक्त किसी विशेष व्यवस्था की भी चर्चा न तो मुस्लिम इतिहासकार द्वारा और न ही यूरोपीय यात्रियों द्वारा नगरों के विकास के संदर्भ में विश्वसनीय जानकारी उपलब्ध है। इन सबके बावजूद भी हम यह जरूर कह सकते हैं कि इस समय नगरों का विकास हो रहा था। जिस प्रकार नगरीय जीवन और उनके क्रिया कलाप निर्वाद्ध रूप से चलता आ रहा था। इसके लिए कौन से श्रोत जिम्मेदार थे चर्चा का विषय है।

इस प्रकार हम देखते हैं कि इन नगरों और शहरों की मुख्य विशेषता जो इस समय विकसित हुई—उद्योग, व्यापार, और व्यवसाय तथा सभी व्यापारिक मार्ग चाहे वह स्थल मार्ग हों या जल मार्ग हो या नदी द्वारा सिंचित क्षेत्र हो विकसित हो रहे थे। इस समय कोई बड़ी औद्योगिक इकाई भी नहीं थी। इसके बावजूद भी औद्योगिक ढांचा एक ठोस धरातल पर बना हुआ था। जिनमें विभिन्न प्रकार के कुशल कारीगर और कलाये गाँवों तथा नगरों में बहुत पुराने समय से अपनी व्यक्तिगत कार्यक्षमता को बनाए हुए थे। महत्त्वपूर्ण उद्योगों को पारम्परिक स्थान के आधार पर विकसित किया गया था। इन्हें किसी भी राजनीतिक शक्ति द्वारा इनके छोटे आकार के कारण इन्हें बन्द भी कराया जा सकता था ताकि ये फिर से दिखाई न पड़े। इसके बावजूद भी विभिन्न उत्सवों के अवसरों पर इनकी भागीदारी होने के कारण यह उद्योग जीवित रहा। इस प्रकार राज्य की बिना देख-रेख और सहयोग के औद्योगिक और व्यावसायिक दशायें अपने स्थान पर चाहे गाँव हो नगर में सामान्य तौर पर चलती रही। राजनीतिक परिवर्तन होने के बावजूद भी अपने को जीवित रख सका और इसका प्रभाव दूर-दूर तक फैल गया। औद्योगिक

एवं व्यावसायिक गतिविधियाँ बहुत समय तक निश्चित रूप से राज्य की राजधानियों के समान नगरों और केन्द्रों को उदित होने में सहयोग देते रहे। इस प्रकार एक स्वतन्त्र, गुण इस उद्योग को मिला।

मध्यकाल से पहले नगरों में भेदभाव करके देखा जाता था। उस समय व्यापारिक स्थान वाले नगर और बन्दरगाह वाला नगर बिना राजधानी वाले क्षेत्र में मुख्य भूमिका अदा करते थे। राजधानी और गैर राजधानी वाले नगरों का भेदभाव मध्यकाल और उसके बाद के समय में बढ़ा। सभी आर्थिक क्रिया कलापों को बढ़ाकर एक दूसरे पर प्रभावी होने लगें और देश के एक बड़े हिस्से पर फैल गया।

थिवेनाट 1666 ई. में भारत की यात्रा पर आया उसने अपने वृत्तांत में नगरों के विकास की प्रकृति और प्रसार पर कुछ अलग-विचार दिये हैं। तथा कुछ महत्त्वपूर्ण स्थानों की व्याख्या करते हुए थिवेनाट बताता है कि-प्रमुख नगरों की उत्पत्ति उसी समय भारत के विभिन्न क्षेत्रों में हुयी। उसके अनुसार बड़े नगर केन्द्रों के बावजूद तीस से अधिक नगर गुजरात प्रान्त में थे।[93] जबकि आगरा प्रान्त में 40 नगर।[94] मुल्तान प्रान्त में भी नगरों की संख्या अच्छी खासी थी। बंगाल और उड़ीसा भी असंख्य नगरों से भरे हुए थे।[95] राजस्थान में बहुत से व्यावसायिक नगर थे।[96] खानदेश और बरार देश अत्यधिक जनसंख्या वाले नगर और गाँव थें।[97] औरंगाबाद और कलबारों के बीच में 60 मील की दूरी थी वहाँ आठ नगर थे।[98] बीजापुर राज्य में बहुत से महानगर थे।[99] पूर्वी घाट पर भी नगरों की संख्या अच्छी थी।[100] थिवेनाट का यह वृत्तांत बड़े पैमाने पर महत्त्वपूर्ण शहरों के बारे में जानकारी देते हैं और व्यावसायिक प्रतिष्ठानों के बारे में स्पष्ट तस्वीर प्रस्तुत करते हैं। ऐसा ही विवरण हमें मनूची के विवरण से भी प्राप्त होता है। मनूची के अनुसार-दिल्ली का प्रान्त अनाजों के मामले में उपजाऊ था।[101] आगरा प्रान्त में सफेद कपड़ा सिल्क के सामान अच्छे प्रकार के सोने चाँदी के आभूषण और मसाले विभिन्न प्रकार के नक्कासी के सामान, तलवारे, तथा उनके सामान प्रचुर मात्रा में मिलते हैं। लाहौर प्रान्त में अच्छे सफेद कपड़े, सिल्क के सामान कपड़ो पर सोने और चाँदी के जड़ाई का काम तथा मसालों आदि का कार्य होता था।[102] भूमि उपजाऊ थी चावल और मक्के की खेती प्रचुर मात्रा में होती थी। चीनी और चट्टानी नमक पास के पहाड़ों पर मिलते थे।[103] अजमेर प्रान्त में सफेद कपड़े अच्छी मात्रा में अनाज दूध और नमक पाया जाता था। गुजरात में मुख्य उत्पादक के रूप

में प्रचुर मात्रा में बहुमूल्य सोने और चाँदी प्राप्त होते थे।[104] मालवा प्रान्त में सफेद और रंगीन प्रकार के कपड़े पर्याप्त मात्रा में मिलते तथा प्रचुर मात्रा में सफेद कपड़े और मिट्टी के बर्तन पर नक्कासी तथा मुल्तान प्रान्त में छपाई किए गए कपड़े और धनुष बाण बनाए जाते थे।[105]

थट्टा प्रान्त (सिंध) अपने सुन्दर कपड़े के लिए चमड़ों के सामान अनाज और मक्खन के लिए प्रसिद्ध था।[106] उड़ीसा प्रान्त में अच्छे किस्म के कपड़े बनाए जाते थे साथ ही चावल उत्पादन प्रचुर मात्रा में होता था। कश्मीर में ऊनी कपड़ों बिछौनों, दवात, बक्सों तस्तरी, चम्मच आदि विभिन्न प्रकार की लकड़ियाँ और प्रचुरमात्रा में फलों के लिए विख्यात था।[107] इलाहाबाद प्रांत में सिल्क के सामान सोने और चाँदी की कढाई किए हुए कपड़े पगड़िया और साफे करधनिया और महिलाओं के पहनने के कपड़े उत्पादित किए जाते थे।[108] बरार प्रान्त विभिन्न प्रकार के अनाजों सब्जियों और गन्ने का बड़े पैमाने पर उत्पादन करता था।[109] खानदेश ने अनाजों के उत्पादन के लिए उपजाऊ मिट्टी विभिन्न प्रकार के बहुत अच्छे सफेद रंगीन और प्रिन्टदार कपड़ों का बड़े पैमाने पर निर्यात करने के क्षेत्र में ख्याति अर्जित कर रखी थी। ढाका प्रान्त के बड़े क्षेत्र में सफेद कपड़े और सिल्क के सामानों यूरोप तथा अन्य शहरों में बहुत से जहाजों द्वारा लादकर भेजा जाता था।[110] उज्जैन प्रान्त का मुख्य उत्पादन अनाज और नमक था।[111] और राजमहल से बहुत अच्छे कपड़े और बड़ी मात्रा में चावल मिलता था। गोलकुण्डा प्रान्त विभिन्न प्रकार के अच्छे छपाई वाले कपड़े के लिए पूरे भारत में जाना जाता था।

बर्नियर जिसने जल्द ही भारत की यात्रा की थी। भारत की समान्य दशा के बारे में कहता है कि इस बड़े देश में बड़े पैमाने पर उपजाऊ भूमि होने के कारण यह चावल और अन्य अनाज तथा बड़े पैमाने पर अन्य व्यावसायिक उत्पादन जैसे सिल्क, सूती, मसालों आदि का उत्पादन करता था। भारत में ऐसी बहुत सी जगह थी जहाँ पर प्रचुर मात्रा में जनसंख्या निवास करती थी। यहाँ पर बहुत से कारीगर और शिल्पकार थे जो अपने या दूसरों के संरक्षण में कार्य करते थे। विभिन्न प्रकार की सिल्क और काटन की वस्तुयें जिसका देश में व्यापक पैमाने पर उत्पादन होता था विदेशों में भेजा जाता था।[112] बर्नियर कश्मीर राज्य को अत्यधिक उपजाऊ और उच्च स्तरी जुताई के साथ बगीचों, चारागाहों, अंगूर के बागों, चावल के खेतों, गेहूँ, जूट के मोटे कपड़े सन्तरें और विभिन्न प्रकार की सब्जियों के साथ फल प्रचुर मात्रा में मिलतीं थी।[113]

बंगाल जीवन की विभिन्न क्षेत्रों की उपयोगी चीज आवश्यक सामाग्री की पूर्ति करता था। यहाँ से विदेशों में चावल, चीनी, सिल्क सूती आदि बड़े पैमाने पर भेजा जाता है। इस प्रकार भारत व्यापार के क्षेत्र में अपनी विशिष्ट स्थिति प्राप्त कर चुका था। भारत अपनी तटीय स्थिति का भरपूर उपयोग किया ऐसा किसी देश ने नहीं किया। भारत का जो बाह्य व्यय था उसका आधार केवल बन्दरगाह ही नहीं बल्कि यातायात की मूलभूत प्रणाली तथा देश में विकसित कुशल शिल्पकारों और कारीगरों द्वारा बनाए गए उत्पाद आदि पर निर्भर होता था। इन सबको सभी सुविधा और सुरक्षा राज्य की ओर से प्रदान किया जाता था। इन सभी तत्वों के मिश्रण ने न केवल कारीगरों की बल्कि नगरीकरण की पृ.भूमि भी अपने अन्दर समाहित किए हुए था। यह सुरक्षा व्यवस्था सड़कों का निर्माण, उच्च गुणवत्ता वाले सामानों का उत्पादन और उसका बाजार, कच्चे माल जो उद्योगों के लिए आवश्यक थे तथा सुदूर देश में आए व्यापारियों की क्रिया विधि इन सभी ने नगरीय वातावरण बनाने में सदैव सहायता प्रदान किया। इब्नबतूता धार और दिल्ली के बीच में व्याप्त व्यवस्था की चर्चा करते हुए बताता है कि यहाँ से 24 दिन का रास्ता था और रास्ते में बड़ी सुविधा जनक सराये थीं।[114]

मनूची ने भी सरायों की कार्य प्रणाली पर चर्चा करते हुए यह बताया है कि ये व्यापरियों के रूकने के लिए उचित स्थान थे। सरायें किलों की भाँती ईट-पत्थर से बनी होती थी जहाँ पर हर प्रकार की सुविधायें उपलब्ध करायी जाती थी।[115]

मुगल शासकों के समय में भारतीय उत्पादों को बड़ा सम्मान प्राप्त हुआ। इसने एक उच्च कोटि का स्थान प्राप्त किया जिसके कारण शक्तिशाली नगर स्थापन को बल मिला और इस प्रकार नगरीकरण की प्रक्रिया को सुदृढ़ किया। ग्रामीण क्षेत्रों में अत्यधिक बड़े-पैमाने पर उच्चस्तर की वस्तुओं का उत्पादन किया जाता था। जिनका उपयोग राजपरिवार के लोगों और सामन्तों द्वारा किया जाता था तथा इनका व्यापार चीन, तथा यूरोप में निर्यात किया जाता था। भारतीय उत्पादों का यूरोपीय बाजारों में बढ़ती मांग और यह सम्पूर्ण औद्योगिक ढाँचा बड़े पैमाने पर ग्रामीण क्षेत्र में इसकी उपलब्धता आदि ने नगरीकरण को प्रसारित होने में मदद पहुँचाई।

बर्नियर दिल्ली में सामान्य लोगों के घरों की संख्या 60 हजार बताता है। मारक्यूनी आगेस्टोनियन 1640 ई. में आगरा की जनसंख्या 6 लाख बताता

है। देश के नगरीय विकास बड़े क्षेत्र में प्रकृति के फैलाव के बावजूद नगरीय विकास में नगर केन्द्रों के घरों गलियों और घरों में लगाये गए सामान को देखें तथा यह राजधानी नगर क्षेत्र को छोड़ दें तो हर जगह पर सामान्य थे। यह खराब और भद्‌देदार बनावट को प्रदर्षित करते हैं। जबकि राजधानी नगर कुछ हद तक अच्छे जरूर थे। बाबर ने भारतीय नगरों को भद्‌दा नगर कहा है।[116] फरिश्ता भी यह कहता है कि-भारतीय नगर और शहर बहुत गन्दे और भद्‌दे हैं। पर हैदराबाद को संसार के अच्छे शहरों में रखता है। जो साफ-सफाई और भवन और शिलाओं के लिए मशहूर था। एक नगर अहमदाबाद का वर्णन करते हुये बताता है कि यह जल्द ही बगदाद और काहिरा को मात दे देगा।[117] इसके अलावा फरिश्ता ने कन्नौज और मथुरा को उत्पादक शहर बताया है जो महमूद गजनवी के आक्रमण के समय नष्ट कर दिया गया था।

बर्नियर उदाहरण के तौर पर बताता है कि-भारतीय नगरों में ज्यादातर घर जमीन पर और विभिन्न प्रकार के लकड़ी के संसाधनों के द्वारा बनाया गया था। बर्नियर यह भी कहता है कि—वह भारतीय नगरों की सुन्दरता को यूरोपीय विद्वानों द्वारा सुनकर चकित था। पर उसने भारतीय नगरों को देखने के बाद इनके कथनों को नकारता है और कहता है कि यूरोप जैसा भवन भारत में दिखाई नहीं पड़ते हैं। इस प्रकार हम यह कह सकते हैं कि भारत में मुस्लिम सम्राज्य के प्रसार के समय भारत के शहरों की उत्पत्ति का दृश्य मुख्यत: युद्धों द्वारा नष्ट होता दिखाई पड़ता है। क्योंकि बाहर से आए आक्रान्ताओं ने यहाँ की प्रचुर भौतिक सम्पदा को ही अपना निशाना बनाया और उसको नष्ट भ्रष्ट किया। इसलिए यात्रियों की नजर में यह शहर खण्डहर प्रतीत होता था। इसके अतिरिक्त बहुत से नगर ऐसे थे। जो अपनी पुरानी स्थिति को किसी सम्राट या राजा के शासन काल में इसकी स्थिति घिरे-घिरे हुए छोटी दिखाई पड़ती है। दिल्ली इसको समझने के लिए सबसे अच्छा उदाहरण हो सकता है।

बर्नियर ने सामान्यत: गरीबी के बारे में नगरों की जो स्थिति प्रस्तुत किया है वह सही है। क्योंकि बहुत से नगरों में लकड़ी और सरकंडो का प्रयोग घरों को बनाने में किया जाता था। यहाँ पर पतली गलियाँ और सामान्य नगरों में प्रयुक्त होने वाली सुविधा का अभाव जीवन स्तर में गरीबी की दशा प्रकट करती थी। लेकिन इसका मतलब यह नहीं कि इसके साथ इन सबमें अच्छी स्थिति का अभाव था। कुछ विदेशी यात्रियों के वृत्तांतों में अच्छे भवनों और

गलियों की अच्छी स्थिति के सन्दर्भ में प्रमाण प्राप्त होता। थियोवोनाट, बड़ौच के बाजारों के स्थानों के बारे में यह बताता है कि यह एक लम्बी चौड़ी गली में स्थित था।[118] इसके अनुसार अहमदनगर भी एक सुनियोजित नगरों में एक था।[119] काम्बे के घर ईंटों के द्वारा बहुत ऊँचे बनाए गए थे। सूरत में धनी लोगों के घर ईंट, चूने और लकड़ी से बहुत सुन्दर तरीके से बनाया गया था।[120]

सम्पूर्ण साम्राज्य की राजधानी आगरा नदी के दोनों छोरों पर बहुत सुन्दर महलों और चौड़ी गलियों के साथ स्थित था। जिसमें अमीर वर्ग के लोग रहते थे।[121] दिल्ली के दो मुख्य बाजारों की गलियाँ चौड़ी सीधी और बहुत लम्बी थीं जो एक सुन्दर और मनोरम दृश्य प्रस्तुत करती थीं। सम्पूर्ण बाजार बहुत सी दुकानों, कारीगरों के घरों तथा व्यापारियों के घर ईंटों के बने थे।[122] लाहौर की तस्वीर मस्जिदों, सार्वजनिक तालाबों, कस्बों, सरायों महलों और बगीचे के साथ प्राप्त होती थी।[123] औरंगाबाद के भवन स्वतन्त्र पत्थरों से बने थे और बहुत ऊँचे थे। वहाँ बहुत से, सराय, सार्वजनिक तालाब और सार्वजनिक स्थान कारवाँ इस शहर में थे।[124] दमन के घर सफेद पत्थरों से बने थे और सड़के चौड़ी थी।[125]

इस प्रकार की ठोस जानकारी बहुत से नगरों के बारे में उपलब्ध नहीं है। किन्तु इसमें कोई संदेह नहीं है कि कुछ नगरों की दशा ऐसी भी रही होगी जहाँ पर ईंट पत्थरों का प्रयोग मुख्य रूप से सामन्तों और अमीर वर्ग के लोगों के ही घरों में प्रयोग होता रहा होगा। सामान्य व्यक्ति इसका उपयोग नहीं कर पाते थे। इसी प्रकार के नगरीकरण का दृश्य विदेशी यात्रियों के आँखों में इस प्रकार बसा जिसका विवरण अपने वृत्तांत में करते हैं। साम्राज्यिक शहर जैसे आगरा और दिल्ली की तरह कम ही नगर थे। जहाँ पर अच्छी सड़क, बाजारों तथा व्यापारियों और धनी लोगों के घरों की तरह ईंट पत्थरों का प्रयोग कम ही लोग कर पाते थे।[126]

बर्नियर के अनुसार-आगरा दिल्ली से ज्यादा विकसित और सम्पन्न नगर के रूप में दिखाई पड़ता है।[127] सभी शहरों में कुछ न कुछ पहले से विद्यमान औद्योगीकरण और गंदी बस्तियाँ रहती थी। नगर मुख्य रूप से दो भगों में बँटे हुए थें एक हिस्से में कुछ राजसी और कुछ अन्य महल और किले होते थे और कहीं-कहीं बाजार भी होते थे। जबकि नगर के अन्य तबके में निम्न वर्ग के लोग रहते थे। बर्नियर यह बताता है कि दिल्ली में कोई मध्यमवर्गीय

परिवार नहीं था। या तो व्यक्ति अच्छा पद धारण करता था अथवा बहुत कठिनाई से अपना जीवन व्यतीत करता था।[128]

विदेशी यात्रियों के वृत्तांत तथा उनके द्वारा दी गयी तस्वीर और भारत के नगरीकरण की दशा को प्रत्यक्ष या अप्रत्यक्ष रूप में यूरोप से तुलना करके देखा जाता है, जो सही नहीं हैं। क्योंकि फतेहपुर साकरी और अन्य शहर मुगलों की सुनियोजित योजना से बनाए गए थे। भारतीय नगरों में सड़के और गलियाँ सकरी जरूर थीं पर घरों में बहुत सामान्य संसाधनों का प्रयोग किया जाता था। इसके बावजूद भी बन्दरगाहों पर भीड़ व्याप्त रहती थी और पारम्परिक उत्पाद बड़ी संख्या में उत्पादित किए जाते थे और इसकी माँग यूरोपीय बाजार में बहुत थी। जिसके कारण यह उत्पाद यूरोपीय व्यापारियों के दिमाग़ में बैठा रहता था। जिससे व्यापार-वाणिज्य विकसित हुआ। जिसके फलस्वरूप भारत में नगरीकरण के विकास में महत्त्वपूर्ण भूमिका निभाई। यद्यपि कि अन्य देशों की तुलना में उत्पाद कम था। फिर भी आगरा और दिल्ली जैसे नगरों के धन एवं वैभव को तथा यहाँ की बेजोड़ संरचना को देखकर यूरोपीय यात्रियों की आँखें खुली रह गयी।

इन सब गुणों ने बहुत से नगरों और शहरों के विकास को देश के दूर-दूर भागों में फैला दिया। जिसने नगरीकरण को बहुत हद तक स्थायित्व प्रदान किया।

सन्दर्भ

1. के.एम. अशरफ-''हिन्दुस्तान के निवासियों का जीवन और उनकी परिस्थितियाँ'' अनु. डॉ. के.एस. लाल, पब्लिकेशन-हिन्दी माध्यम कार्यान्वय निदेशालय, दिल्ली विश्वविद्यालय, दिल्ली-1969, पृ. सं.-120
2. राधेशरण-''मध्यकालीन भारतीय समाज एवं संस्कृति'' (1200-1750), पब्लिकेशन मध्य प्रदेश हिन्दी ग्रन्थ अकादमी भोपाल-2007, पृ. 83-84.
3. पन्नालाल विश्वकर्मा-''मध्यकालीन भारत का समाज, प्रशासन एवं आर्थिक इतिहास'' पब्लिकेशन-विजय पब्लिकेशन्स इलाहाबाद 2003, भाग (स) पृ. 102-03
4. वही
5. हरिश्चन्द्र वर्मा-''मध्यकालीन भारत'' भाग 1 पब्लिकेशन-हिन्दी माध्यम कार्यान्वय निदेशालय-दिल्ली विश्वविद्यालय-दिल्ली-2003, पृ.-407
6. वही-पृ. सं.-407
7. सतीश चन्द्र-"मध्यकालीन भारत'' भाग-1 पब्लिकेशन-जबाहर पब्लिशर्स एण्ड डिस्ट्रब्यूटर्स नई दिल्ली-2009 पृ. 148-49।
8. हरिश्चन्द्र वर्मा-''मध्यकालीन भारत'' भाग-1, प0-हि0 मा0का0 नई दिल्ली-पृ. 408.

9. वही पृ.- 410
10. पन्नालाल विश्वकर्मा-''मध्यकालीन भारत का समाज, प्रशासन एवं आर्थिक इतिहास''-इला. 2003-भाग-स-पृ. 103-04
11. हबीब-निजामी-दिल्ली सुल्तनत भाग-1, मैकमिलन इडिया लिमिटेड, दिल्ली-1978 पृ.-156।
12. वही-पृ.- 158।
13. इरफान हबीब-''मध्यकालीन भारत''-भाग-3, पब्लिकेशन राजकमल प्रकाशन प्राइवेट लिमिटेड, नई दिल्ली-2006, पृ. 22
14. इरफान हबीब-इंडियन हिस्टारिकल रिव्यू-खण्ड-ट-संस्करण 1978-पृ. -287-98
15. हमीदा खातून नकवी-'एग्रीकल्चन, इण्डस्ट्रियल एण्ड अरवन डायनामिजम अण्डर द सुल्तान आफ देल्ही, (1206-1555) पब्लिकेशन-मुन्सीराम मनोहरलाल पब्लिकेशन दिल्ली-1986, पृ.-77-78
16. वही-पृ.- 82-83
17. पन्नालाल विश्वकर्मा-'मध्यकालीन भारत का समाज, प्रशासन एवं आर्थिक इतिहास''-इला. 2003-भाग-स पृ. 102
18. हरिश्चन्द्र वर्मा-मध्यकालीन भारत-1, पृ.-410
19. मे. अभिवासोवा, ग. देन्स्कोय: मध्युग का इतिहास' प्रगति प्रकाशन मास्को-1985 पृ. 88-89
20. हरिश्चन्द्र वर्मा-मध्यकालीन भारत भाग'-1-पृ.- 411
21. वही
22. वही
23. वही पृ. -412
24. पन्न लाल विश्वकर्मा-मध्यकालीन भारत का समाज, प्रशासन एवं आर्थिक इतिहास-विजय पब्लिकेशन इलाहाबाद-2003 भाग-स पृ. 102
25. हरिश्चन्द्र वर्मा-''मध्यकालीन भारत'' भाग-1 पृ. -413
26. कयामद्दीन अहदम-भारत अलबरूनी, पब्लिकेशन-नेशनल बुक ट्रस्ट- इण्डिया नई दिल्ली
27. वही पृ.- 412
28. वही
29. कयामद्दीन अहमद-भारत अलवरुनी, पब्लिकेशन-नेशनल बुक ट्रस्ट- इण्डिया- नई दिल्ली -2003 पृ.- 90
30. 'इब्बनबतूता'- 'ट्रेवलर इन एशिया एण्ड अफ्रीका' एच.ए.आर. गीव पब्लिकेशन लो प्राइज पब्लिकेशन-दिल्ली-2007 पृ. 15
31. वही पृ. -194
32. हबीबी निजामी-दिल्ली सुल्तनत भाग-1, मैकमिलन इण्डिया लिमिटेड नई दिल्ली-1978 पृ. संख्या-439

33. वही पृ. -193
34. वही पृ.- 223
35. वही पृ. -224
36. वही पृ.- 215
37. वही पृ.- 226
38. वही
39. हबीबी निजामी-दिल्ली सुल्तनत भाग-1, मैकमिलन इण्डिया लिमिटेड नई दिल्ली-1978 पृ. 439
40. वही पृ.- 229
41. वही
42. वही
43. वही पृ.- 230
44. वही पृ. -233
45. वही पृ. -234
46. वही
47. वही पृ. -238
48. वही
49. वही
50. वही पृ.- 264
51. वही पृ. -366
52. वही पृ.- 367
53. अबुलफ़ज़ल-आइन-ए-अकबरी-भाग-2,अनु. अंग्रे.-एच.एस.जरीट, लो प्राइज पब्लिकेशन-नई दिल्ली 2008, पृ. 129
54. हमीदा खातून नकवी-'अरबन सेन्टर एण्ड इण्डस्ट्रीज इन अपर इण्डिया, एशिया पब्लिशिंग हाऊस-बम्बई-1968 पृ. 17
55. वही
56. अबुलफ़ज़ल-आईन-ए-अकबरी-भाग-2,अनु. अंग्रे.-एच.एस.जरीट, लो प्राइज पब्लिकेशन-नई दिल्ली 2008, पृ. 129
57. वही
58. अबुलफ़ज़ल-अकबरनामा-भाग-2, अनु. अंग्रे.एस.-बेवरीज, लो प्राइज पब्लिकेशन नई दिल्ली 2008, पृ. 531
59. अबुलफ़ज़ल-आईन-ए-अकबरी-भाग-2, अनु. अंग्रे.-जरीट, लो प्राइज पब्लिकेशन नई दिल्ली 2008, पृ. 129
60. वही पृ. 2004
61. वही

62. अबुलफ़ज़ल-आईन-ए-अकबरी-भाग-1, अनु. अंग्रे. एच.-जरीट, लो प्राइज पब्लिकेशन नई दिल्ली 2008, पृ. 93
63. अबुलफ़ज़ल-अकबरनामा-भाग-2, अनु. अंग्रे.एच.-बलूचमैन लो प्राइज पब्लिकेशन नई दिल्ली 2008, पृ. 129
64. अबुलफ़ज़ल-आईन-ए-अकबरी-भाग-2, अनु. अंग्रे. एस. जरीट- लो प्राइज पब्लिकेशन नई दिल्ली 2008, पृ. 316-217
65. वही पृ. -181-82
66. वही पृ.- 170
67. अबुलफ़ज़ल-आईन-ए-अकबरी-भाग-2, अनु. अंग्रे. एस. जरीट लो प्राइज पब्लिकेशन नई दिल्ली 2008, पृ. 170
68. वही पृ.- 298
69. वही पृ.- 232
70. वही
71. वही पृ. -208
72. वही पृ.- 137
73. अबुलफ़ज़ल-आईन-ए-अकबरी-भाग-2, अनु. अंग्रे.एस. जरीट- लो प्राइज पब्लिकेशन नई दिल्ली 2008, पृ. 159
74. वही
75. पन्नालाल विश्वकर्मा-'मध्यकालीन भारत का समाज, प्रशासन एवं आर्थिक इतिहास' विजय पब्लिकेशन्स-इलाहाबाद-2003, भाग-स पृ. 103-04.
76. हबीबी निजामी-दिल्ली सुल्तनत-मैकमिलन इण्डिया लिमिटेड नई दिल्ली- 1978-भाग-1-पृ. 503.
77. वही पृ.- 197.
78. मध्यकालीन भारतीय संस्कृति-लाइक अहमद, शारदा पुस्तक भवन, इलाहाबाद 2006, पृ. 93.
79. हबीबी निजामी भाग-1 पृ. 592
80. मजूमदार, राय चौधरी, दत्त-भाग का वृहद इतिहास- मैकमिलन पब्लिकेशन-भारत-2009, पृ. 87-89.
81. आर.पी. त्रिपाठी-''मुगल सम्राज्य का उत्थान और पतन-सेन्ट्रल बुक डिपो इलाहाबाद-2003 पृ. 111
82. सतीश चन्द्रा 'मध्यकालीन भारत भाग-2, जवाहर पब्लिशर्स एवं डिस्ट्रीब्यूटर्स नई दिल्ली-2005-पृ. 445.
83. पन्नालाल विश्वकर्मा-'मध्यकालीन भारत का समाज, प्रशासन एवं आर्थिक इतिहास', भाग-ब विजय पब्लिकेशन्स इलाहाबाद-2003, पृ. 102

84. हबीबी निजामी-दिल्ली सुल्तनत-मैकमिलन इण्डिया लिमिटेड नई दिल्ली- 1978- पृ. 326-27
85. वही पृ. 405
86. वही पृ. 405
87. वही पृ. 484-85
88. आर.पी. त्रिपाठी-''मुगल सम्राज्य का उत्थान और पतन-पृ. संख्या 108-9
89. वही पृ. 98
90. वही पृ. 192
91. सुरेन्द्र नाथ सेन- 'इण्डियन ट्रेवर्ल्स ऑफ थेओनाट एण्ड कैरी'- नेशनल आकार्डइब्ज ऑफ इण्डिया-नई दिल्ली, पृ. 44
92. वही पृ. 97
93. वही पृ. 98
94. वही पृ. 99
95. वही पृ. 108
96. वही पृ. 127
97. वही पृ. 147
98. निकोलो मनूची-'स्टेरियो टू मोगोर आर मुगल इण्डिया' अनु. विलियम इरविन, लो प्राइज पब्लिकेशन-दिल्ली-2007 भाग-2 पृ. 396.
99. वही पृ. 398
100. वही पृ. 399
101. वही
102. वही पृ. 400
103. वही पृ. 402
104. वही
105. वही पृ. 403
106. वही
107. वही पृ. 404
108. वही
109. फ्रासींस बर्नियर-'ट्रेवलर्स इन द मुगल इम्पायर (1656-1668 ई.) लो प्राइज पब्लिकेशन-नई दिल्ली तृतीय ऐडिसन, पृ. 283.
110. वही पृ. 297
111. इब्बनबतूता-'ट्रेवल्स इन एशिया अफ्रीका' अनु. एच.ए.आर. गीव-लो प्राइज पब्लिकेशन-2007 पृ. 266.
112. निकोलो मनूची-भाग-1, पृ. 67

113. बाबर-बाबरनामा-हिन्दी अनु. मथुरालाल शर्मा, राधा पब्लिकेशन नई दिल्ली-2009 पृ. 51.
114. वही
115. सुरेन्द्र नाथ सेन, पृ. 9
116. वही पृ. 11
117. वही पृ. 17
118. वही पृ. 22-23
119. वही पृ. 49
120. वही पृ. 60
121. वही पृ. 95
122. वही पृ. 103
123. वही पृ. 85
124. वही पृ. 24
125. वही पृ. 25
126. वही पृ. 202
127. वही
128. वही

2

अकबर की दृष्टि में फतेहपुर सीकरी

'फतेहपुर सीकरी' दिल्ली से 225 किमी. की दूरी पर उत्तर प्रदेश राज्य में स्थित है। यह 27°5' उत्तर में तथा 77°40' पूर्व के अक्षांश पर दक्षिण-पश्चिम कोने में भारत के मैदानी भू-भाग में आगरा से 37 किमी. पश्चिम में दो पर्वतीय क्षेत्र से घिरी हुई विन्ध्य पहाड़ी श्रृंखला के उत्तर-पूर्व में स्थित हैं। फतेहपुर सीकरी आगरा से एक सड़क के द्वारा भरतपुर से 29 किमी. उत्तर-पश्चिम में कुछ दूरी पर एक अच्छी सड़क द्वारा जुड़ा हुआ हैं। यह आगरा-बीकानेर राष्ट्रीय राजमार्ग संख्या 11 पर स्थित है। रेलवे का एक मार्ग आगरा के प्राचीन शहर बयाना से जोड़ता है। जो पश्चिमी रेलवे के आगरा-बयाना बम्बई रेलवे राजमार्ग के नाम से जाना जाता है। मुगल राजधानी फतेहपुर सीकरी विश्व के महत्त्वपूर्ण नगरों में से एक रही तथा भारत के नगरों में इसका महत्त्वपूर्ण स्थान रहा है। फतेहपुर सीकरी अपने अन्दर इतिहास के महत्त्वपूर्ण पहलुओं को छिपाये हुए हैं।

अकबर के समय से पहले इसकी प्रसिद्धि और भव्यता, सूफी सन्तों द्वारा इसके चुनाव और इसको विरासत के रूप में ग्रहण करने के परिणामस्वरूप हुआ। सीकरी गाँव एक रुचिपूर्ण और स्थापत्य विकास के दावे को पूरा करता है। 12वीं शताब्दी में सिकरवार राजपूतों का इस पर कब्जा था।[1] मुहम्मद गोरी (1192-1206 ई.) ने भारत पर आक्रमण किया और 1196 ई. में बयाना को जीता। सीकरी उस समय बयाना परगना के अर्न्तगत आता था। इस प्रकार सीकरी मोहम्मद गोरी के समय में प्रथम बार तुर्कों के सम्पर्क में आया। जहाँ पर धीरे-धीरे तुर्कों की जनसंख्या का विकास होने लगा।[2]

13वी, 14वी शताब्दी के प्रमाणों से यह स्पष्ट होता है कि इस समय इस गाँव में दो मस्जिदें थीं। यह पारम्परिक रूप से हिन्दू शैली पर खम्भों

को सहारा देते हुए सपाट पत्थरों के छतों एवं उसको तराश कर एक दूसरे के ऊपर लगाया गया है। जिसमें तीन तरफ से मेहराब बनाए गए थे। इन पत्थरों पर खुदाई करके उसमें आठ कलियों वाले कमल को सुन्दर तरीके से बनाया गया था। इन पर विष्णु का चक्र अथवा पहियाँ चारों ओर से घेरा बना कर लगाया गया था। खाली बचे स्थान को गुलाब की पक्तियों की आकृति से भरा गया था। इस पर कलमा की आयते खुदी हुई है तथा दूसरी तरफ ''हिजरी संवत'' लिखा हुआ है।[3] एक अन्य मस्जिद इसी के समान्तर है जो शेख चौथवा के मुहल्ले में है। लेकिन इनके साधारण मेहराब बिना चक्र के बने हुए हैं तथा इसके स्थापत्य के बाहरी किनारों पर और मेहराबों पर नक्कासी और इसका ''हिजरी संवत'' लिखा हुआ है। मस्जिद के पश्चिमी दीवार पर पार्शियन अक्षरों में खुदाई की गयी है जो 1314 ई. की हैं। जो अल्लाउद्दीन खिलजी के शासनकाल (1296-1316 ई.) में बनायी गयी हैं। शेख मकदूम भरतपुर से लौटते समय रास्ते में लाल बलुआ पत्थर का एक मकबरा बनवाया जो मकदूम शाह के मकबरे के नाम से जाना जाता था। जिसे स्थानीय लोग अपने स्वामी के रूप में मानते थे। शेख मकदूम ताजुद्दीन की मृत्यु सीकरी में 1321-22 ई. में हुई थी। इस मकबरे के उत्तर-पश्चिम कोने पर शेख निजामुद्दीन की गाथा लिखी गयी हैं।[4]

इस समय तक राजपूत शासकों को जड़ से उखाड़ दिया गया था तथा यहाँ की स्थानीय जनता सामान्यतः इस्लाम की अनुयायी बन गयी थी। फिर भी इस समय तक सीकरी एक महत्त्वपूर्ण नगर के रूप में विकसित न था। तैमूर के विध्वन्सकारी आक्रमण 1398-99 ई. में इस जिले का प्रर्वतन एक साम्राज्य के रूप में कर दिया गया। 1427 ई. में जब मुहम्मशाह सैय्यद वंश का दूसरा शासक बना तो उसने दिल्ली सल्तनत को फिर से संगठित किया और उसकी सीमाओं को बहुत कम कर दिया। उसने पूरे केन्द्र को एक जगह से नियन्त्रित किया और सीकरी को एक परगना बनाकर वहाँ पर नई शक्ति और ऊर्जा का संचार किया।[5]

ग्वालियर जो एक महान किला था। 15वीं शताब्दी में तोमर राजपूतों के हाथ से निकल गया था। सीकरी से 139 किमी. दक्षिण में था। इसलिए सीकरी अब एक महत्त्वपूर्ण सैनिक ठिकाना बन गया था। लोदी के वंशज के शासक तथा बहलोल लोदी की शक्ति को बाबर ने 1526 ई. में पानीपत में पराजित कर समाप्त कर दिया और उत्तर भारत में मुसलमानों को विभिन्न

प्रान्तों से आने के लिए प्रोत्साहित किया। जिनमें मुख्य रूप से अफ़गान थे। जिनको यहाँ पर वसा दिया गया।[6] इन नए लोगों में शेख बहुउद्दीन चिश्ती भी थे जो अपने परिवार के साथ यहाँ आए। जिनमें उनका पुत्र सूफी सन्त शेख चिश्ती जिनके नाम पर इस गाँव की प्रसिद्धि सदैव के लिए फैल गयी। सिकन्दर लोदी 1502 ई. के आस-पास दक्षिण के प्रान्तों को दृढ़ करने के लिए इसको विकसित किया। उसने सीकरी और बयाना के महत्त्व को समझते हुए यहाँ एक सैनिक छावनी को स्थापित कर दिया। उसका पुत्र इब्राहीम लोदी (1517-1526 ई.) ने ग्वालियर को जीता पर इस पर अपनी स्थिति को मजबूत नहीं रख सका।[7] क्योंकि उसने अपना अधिक समय दिल्ली में व्यतीत किया। बाबर के भारत आगमन और 22 अप्रैल 1526 ई. को पानीपत के युद्ध में पराजय के बाद इब्राहीम लोदी की मृत्यु हो गयी। बाबर ने दक्षिण की तरफ बढ़ते हुए 10 मई 1526 को आगरा में प्रवेश किया और आगरा को विकसित कर उसको अपनी राजधानी बनाया।[8] इससे पहले सिकन्दर लोदी ने आगरा की स्थापना की थी और इसको अपनी राजधानी बनाया था।[9]

महाराणा सांगा जो मेवाड़ राज्य का शासक था। वह पूरब की तरफ से बयाना होते हुए अपनी सेना को आगरा की तरफ रवाना किया और उसने अफ़गानों को पराजित कर वहाँ की जनता को मुस्लिम आक्रान्ताओं के खिलाफ उकसाना शुरु किया। जिसके परिणामस्वरूप बाबर और राणासांगा से युद्ध होना लगभग तय था। बाबर ने राणा सांगा से युद्ध की योजना शुरु में सीकरी के मैदान में ही रखी थी। जिसमें वह अपनी सेना को बायीं तरफ से सुरक्षा के दृष्टि से पहाड़ियों से लगा रखा था। लेकिन युद्ध वास्तव में खाँनवा में लड़ा गया।[10] जो बयाना से 16 किमी. आगे था। यह युद्ध 15मार्च 1527 ई. को लड़ा गया। जिसमें बाबर ने अपनी चलती फिरती युद्ध नीति से अवांछित प्रतिस्पर्धा वाले राजपूतों को हरा दिया और विजय प्राप्त किया।[11] बाबर ने इस गाँव का नाम सीकरी रखा जो अरबी शब्द शुक्र (ईश्वर को धन्यवाद देना) के नाम पर रखा और अपनी रिक्त स्थिति को पुनः स्थापित्र किया। इसके परिणामस्वरूप 1527 ई. में अपनी यात्राओं के दौरान उसने आदेश दिया कि इसको एक भव्य बगीचे में परिवर्तित कर दिया जाय तथा इसे अत्यधिक सुविधा युक्त बनाया जाय।[12] जब वह अक्टूबर 1528 ई. को दुबारा इस गाँव में लौटा तो उसने यह देखा कि भवनों तथा बगीचों की दीवारें अच्छी तरह नहीं बन रही थीं तो उसने कार्य की देखभाल करने वालों को

दण्डित किया तथा धमकियाँ भी दिया। जब उसने देखा कि बगीचें की दीवार का अब कोई कार्य बचा नहीं है। लगभग सभी तरह से उसका क्षेत्र घिर गया है तो उसने हाथीपोल के पश्चिम क्षेत्र का नाम 'इन्द्रावली' कर दिया। यहाँ पर उसने सराएं और बहुत सारे कुएँ बनवाए।[13]

हुमायूँ जब बादशाह बना तो सीकरी में उसके द्वारा कुछ अधिक कार्य नहीं किया।[14] क्योंकि अपने राजनीतिक अस्थिरता के कारण यहाँ पर उचित समय नहीं दे पाया। लेकिन 14वीं शताब्दी के मध्य में जब उसका पुत्र सिंहासन रूढ हुआ तो उसने अपना ध्यान सीकरी की तरफ किया और मिदिकापुर से सीकरी तक एक सड़क बनवायी। जहाँ पर ख्वाजा मोइजुद्दीन चिश्ती के अनुवायी निवास करते थे। इनके बारे में जानने के लिए उसने कुछ लोगों को भेजा। भारत में ये सूफी चिश्तियाँ सम्प्रदाय के थे। इनको अजमेर में दफनाया गया था।[15] इनकी दरगाह सूफी संतों के महत्त्वपूर्ण स्थलों नें से एक है। अकबर सूफी संतों से बहुत ही प्रभावित था। अतः उसने जनवरी 1562 ई. को अजमेर की अपनी पहली यात्रा के लिए आगरा से प्रस्थान किया।[16] इसी यात्रा के समय कछवाहा राजा भारमल ने अकबर से मुलाकात की और अपनी पुत्री का विवाह अकबर से करने पर सहमति व्यक्त की जिसको अकबर ने स्वीकार कर लिया।[17] यह एक ऐतिहासिक शादी रचाई गयी। यह किसी हिन्दू कबीले के सरदार की पुत्री की मुस्लिम शासक से पहली शादी नहीं थी। वरन् इससे पहले कई शादियाँ हुई थीं, पर इसमें न तो कोई भय दिया गया और न कोई दबाब जैसा कि इससे पहले होता था। यह पहला ऐसा विवाह था जिसमें दुल्हन को इस्लाम में परिवर्तित नहीं किया गया। राजा ने अपनी पुत्री का विवाह हिन्दू रीति-रिवाजों के अनुसार किया। अकबर ने यह परम्परा अपने पुत्रों द्वारा भी पालन करवाया और यह सुनिश्चित किया कि राजपूत राजकुमारियों की शादी उनके पूर्वजों के धर्मानुसार ही किया जाय।[18]

अकबर ने 1564 ई. में आगरा से 11 किमी. दक्षिण में कुकरीली गाँव के नजदीक एक भव्य भवन बनाने का आदेश दिया। जिसका नाम 'नगरचेन' रखा।[19] 1565 ई. में कासिम खाँ की देख-रेख में आगरा के किले का निर्माण शुरु हुआ। इस कार्य के लिए फतेहपुर सीकरी के उत्तर-पश्चिम ऊँचे क्षेत्रों के ढालों से अलग करते हुए स्थान का चुनाव किया गया और सूफी सन्त सूफी सन्त शेख चिश्ती के खानकाह के नजदीक बहुत से पत्थर काटने वाले दिखाई पड़ने लगे और ये लोग यहाँ पर धीरे-धीरे बस गऐ। सूफी सन्त सूफी

सन्त शेख चिश्ती के वंशज फरादुद्दीन गज-ए-सरकार (1175-1265ई.) ने पाकपदृम (अजोधन) में अपने बचपन से संन्यासी जीवन व्यतीत कर रहे थे। जो दिल्ली में 1479 ई. में पैदा हुये और जब वे बच्चे थे तभी उनको सीकरी लाया गया था। जब वे युवा अवस्था में प्रवेश किया तो उन्होंने 1524-25 ई. में अपनी धार्मिक यात्रा के लिए मक्का गए। वहाँ तेरह वर्षों तक रहे। उन्होंने अपनी धार्मिक यात्रा के दौरान कारवाँ के साथ प्रतिवर्ष मक्का की यात्रा करके 1537-38 ई. में सीकरी वापस आए।[20] उनकी धर्मपरायणता उनके परिवार और सम्बन्धियों के बीच कभी बाधक नहीं बनी। वह इस्लाम शाह सूर द्वारा सम्मानित किए गए। जिसने उनके लिए एक बड़ा आवास बनवाया, जिसको कई बार बना गया, जो अब भी अपने मूल रूप और स्थिति में विद्यमान है। इस्लाम शाह सूरी से पहले हुमायूँ ने भी इसे पवित्र स्थान घोषित किया था। जब वह 87 वर्ष की अवस्था के थे, तब 1564-65 ई. में उन्होंने एक खानकाह बनाना शुरू किया। जो अकबर के आगरे भवन के लिए निकाले गए पत्थरों के उपयोग से बनायी गयी। जब यह मस्जिद बन कर तैयार हुई, तब तक उनकी मृत्यु हो गयी थी। यह मस्जिद पत्थर काटने वालो के नाम से ही जानी जाने लगी।[21]

जिस समय अकबर अपनी विजय और सफलता के चरमोत्कर्ष पर था। राजपूत राजकुमारी के अलावा अन्य पत्नियों में से किसी को अभी कोई पुत्र नहीं प्राप्त हुआ था। 1564 ई. में इसको दो जुड़वा पुत्र पैदा तो हुए पर वे कुछ ही सप्ताह में गर गए।[22] अकबर ने पुत्र प्राप्ति हेतु बहुत से पवित्र स्थलों और सूफियों से आर्शीवाद लिया पर उसे कुछ हासिल न हुआ। उसने सूफी सन्त शेख चिश्ती सलीम की महिमा के बारे में बहुत सुन चुका था। अत: 1568-69ई. के ठण्डी के मौसम में वह उनसे मिलने गया।[23] उसने शेख से आर्शीवाद माँगा और शेख को अपनी परेशानिया बतायी। शेख ने उससे कहाँ कि उसे तीन पुत्र रत्न प्राप्त होंगे। यह सुनकर अकबर प्रसन्न हुआ। अकबर ने उनसे यह कहा कि वह उनकी प्रसिद्धि का संरक्षक और प्रचारक बनेगा, तथा अपने पुत्र का नाम उनके नाम पर रखेगा। इसके तुरन्त बाद ही उसने शेख की खनकाह के दक्षिण-पश्चिम में उसने एक आकर्षक महल बनवाया। अकबर को जब यह पता चला कि उनकी राजपूत रानी गर्भवती है तो उसने सभी सुख-सुविधाओं के साथ अपने कुछ अनुचरों के साथ गर्भवती रानी को वहाँ भेजा दिया। इनको रहने के लिए जो महल बना वहीं महल 'रंग महल'

के नाम से जाना गया। अकबर ने यह भी आदेश दिया कि शेख की देख-रेख में उनकी खानकाह को एक बड़ी मस्जिद के रूप में परिवर्तित कर दिया जाय। 30 अगस्त 1569 ई. को जिस अवसर का लम्बे समय से इन्तजार था, खत्म हो गया और अकबर को एक पुत्र प्राप्त हुआ।[24] आगे चलकर वह सम्राट जहाँगीर के नाम से गद्दी पर बैठा। उसकी माँ को 'मरियम उज्जयनी' की उपाधि दी गयी।[25] अकबर ने फतेहपुर सीकरी की नीव 1569 ई. में अपने पुत्र सलीम के जन्म के बाद रखा और उसे अपनी राजधानी बनाया। इसकी योजना को कार्यान्वित करने का कार्य कला विशेषज्ञ 'बहाउद्दीन' को मिला। जिसके संरक्षण में फतेहपुर सीकरी को योजनाबद्ध रूप से निर्मित किया गया।[26]

इस नई राजधानी में अनेक महल, आवासीय भवन, सरकारी और धार्मिक प्रयोग आदि के लिए भवनों को बनाया गया। अकबर के लिए फतेहपुर सीकरी का विशेष महत्त्व था। क्योंकि सीकरी नामक इस गाँव के पहाड़ी पर रहने वाले सूफी संत सूफी सन्त शेख चिश्ती ने भविष्यवाणी की थी कि उसे तीन पुत्र प्राप्त होंगे। इसके कुछ समय बाद राजपूत राजकुमारी आमेर के राजा भारमल की कन्या से 30 अगस्त 1569 ई. को अकबर के ज्येष्ठ पुत्र सलीम का जन्म हुआ। अकबर ने पुत्र जन्म से पहले ही हरखाबाई को शेख के निवास स्थान पर भेज दिया था। इस पुत्र का नाम सूफी सन्त शेख चिश्ती के नाम पर सलीम रखा गया। अबुल फ़ज़ल के अनुसार- ''चूँकि अकबर के ज्येष्ठ पुत्र (सलीम, मुराद) ने सीकरी में जन्म लिया था और सूफी सन्त शेख चिश्ती के कारण इस वैभव पूर्ण स्थान को भौतिक वैभव प्रदान करने का आदेश कारीगरों को दिया।''[27]

जहाँगीर भी अपनी आत्मकथा में यह लिखता है कि-''मेरे पिता की आयु 28 वर्ष की हो गयी थी। तब तक उनका कोई बच्चा जीवित नहीं था। वे दरवेसो और फकीरों से निरन्तर प्रार्थना किया करते थे कि एक पुत्र तो जीवित रहे उनका ख्याल था कि इन व्यक्तियों की ईश्वर के सिंहासन तक पहुँच होती है। ख्वाजा मुइनुद्दीन चिश्ती भारत में अधिकांश मुस्लिम सूफी सन्तों के मुखियाँ थे। मेरे पिता जी ने सोचा कि अपने उद्देश्य की प्राप्ति के लिए इस चिश्ती के दरगाह पर जाएगा। यदि सर्वशक्तिमान ईश्वर उनको पुत्र प्रदान करेगा, तो वह अत्यन्त विनीत भाव से पैदल चलकर आगरा से उसके पवित्र दरगाह पहुँचेगा जो 140 कोस की दूरी पर है। 30 अगस्त 1569 ई.

का जब इस दिन की सात घड़ी व्यतीत हो चुकी थी। तब मेरा जन्म हुआ।[28] मेरे पूज्य पिता जी को पुत्र प्राप्ति की बड़ी अभिलाषा थी तो सूफी सन्त शेख चिश्ती नामक एक दरवेश जो भावातिरेक की अवस्था में पहुँच चुका था और जो आयु के कई सोपान देख चुके थे। आगरा के निकट सीकरी गाँव की एक पहाड़ी पर रहते थे और आस-पास के लोग उनमें पूर्ण विश्वास रखते थे। मेरे पूज्य पिताजी इन दरवेशों से बड़ी नम्रतापूर्वक मिला करते थे। वे इस दरवेश से भी मिले। एक दिन जब वे परेशानी की हालत में इस दरवेश के पास बैठे हुए थे तो उन्होंने पूछा कि कितने पुत्र होंगे तो दरवेश ने कहा ''ईश्वर माँगे बिना ही देने वाला है वह आपको तीन पुत्र प्रदान करेगा''। मेरे पिता जी ने उत्तर दिया कि मैने व्रत ले लिया है कि मै अपने पुत्र को आपकी कृपा पर छोड़ दूँगा। आपकी मैत्री और कृपा उसकी रक्षा करेगी। शेख ने इस विचार को स्वीकार करके मेरे पिता को बधाई दी और कहा मैं आपके पुत्र का नाम अपने नाम पर ही रखूँगा। जब मेरी माता के प्रसव का समय समीप आया तो मेरे पिता ने उसको शेख के मकान पर भेज दिया। वे चाहते थे कि मेरा जन्म वहीं हो मेरे जन्म के बाद मेरा नाम सुल्तान सलीम रखा गया। परन्तु मेरे पिता जी को मुझे मुहम्मद सलीम या सुल्तान सलीम कहते किसी ने नहीं सुना होगा। मद्यपान करते समय भी वे मुझे सदैव 'शेखू बाबा' कह कर पुकारा करते थे। मेरे पिताजी ने सीकरी को जो मेरा जन्म स्थान था को शुभ समझकर अपनी राजधानी बनाया। 14 या 15 वर्षों में यह पहाड़ी हृदय को आकर्षित करने लगी। जिस पर पहले वन के पशु विचरा करते थे। अब उस पर कई प्रकार के मार्ग, मकान, विशाल और सुन्दर भवन और सुखद स्थान बन गया।[29] गुजरात विजय के बाद इस गाँव के नाम को परिवर्तित कर 'फतेहपुर' कर दिया गया।[30]

वयोवृद्ध संत सलीम ने चट्टानों और जंगली जानवरों के मध्य में वनवासी के रूप में 1537-38 ई. में रहना आरम्भ किया और आगामी वर्ष में वहाँ एक मदरसा तथा आश्रम बनवा लिया। स्थानीय कारीगरों ने जो उपलब्ध लाल बलुआ पत्थरों को निकालने और तरासने का काम करते उसी समय सन्त के उपयोग के लिए एक मस्जिद बनायी गयी। जो 'संग तराशों' की मस्जिद कहलाती है। जो फतेहपुर सीकरी की अन्य किसी भी इमारत से तीस साल पुरानी है। भारतीय-इस्लामी स्थापत्य के इतिहास में प्रगति स्तम्भ के रूप में महत्त्वपूर्ण स्थान रखती है।[31]

इस पर समकालीन इतिहासकारों का यह मानना है कि अकबर ने फतेहपुर सीकरी का निर्माण सूफी सन्त शेख चिश्ती के प्रति आदर प्रकट करने के उद्देश्य से कराया था। लेकिन जे. एफ. रिचार्डस आदि आधुनिक इतिहासकारों ने सूफी सन्त शेख चिश्ती के प्रति किए गए सम्मान को अपेक्षाकृत अधिक व्यापक सन्दर्भों में देखा है। उनके विचार में फतेहपुर सीकरी को राजधानी बनने में बादशाह और संभ्रांत शासक वर्ग के लिए रणनीतिक, राजनीतिक, वैचारिक रूप से भी हितकर था। पश्चिम में बादशाह के शत्रुओं ने तथा पूर्व में राजपूतो का स्थान अफ़गानों ने ले लिया था। राजपूतों के साथ शान्ति स्थापित हो चुकी थी। सीकरी, अजमेर और आगरा के बीच एक गलियारे के रूप में स्थित था। इस दृष्टिकोण से देखा जाय तो राजस्थान और उत्तर प्रदेश से होकर पूर्व की ओर बंगाल की गंगा घाटी में पड़ने वाले मैदानों की ओर प्रसार करने की योजना के लिए फतेहपुर सीकरी उपर्युक्त था। इतना ही नहीं राजस्थान के दक्षिण-पश्चिम में गुजरात जैसा समृद्ध क्षेत्र था। इस वजह से बादशाह इसे अपने साम्राज्य में मिलाने के लिए प्रेरित हुआ होगा। इस प्रकार पश्चिम में तथा बंगाल और बिहार के लिए एक सुरक्षित गलियारे की जरूरत थी। जो आवश्यकता पड़ने पर अकबर यहाँ से दोनों तरफ शीघ्रता से सेना और रसद भेज सकता था।[32]

रणनीतिक कारणों के अतिरिक्त रिचार्डस यह भी मानते हैं कि "फतेहपुर सीकरी के निर्माण से अकबर के वैचारिक हितों की पूर्ती भी हो सकती थी। रिचार्डस के इस विचार में यह है कि महलों के बीच बनी मस्जिद में चिश्ती का मकबरा बनाकर अकबर ने राजनीतिक और आध्यात्मिक सत्ता का परस्पर संयोजन किया है। इस प्रकार हम यह कह सकते हैं कि—"अकबर द्वारा निर्मित फतेहपुर सीकरी उसकी राजनीतिक, रणनीतिक और आध्यात्मिक एवं साम्राज्यवादी नीतियों का आपस में समन्वय का एक अच्छा प्रारूप था"। जो उसको अन्य मुगल बादशाहों से श्रेष्ठ तथा इसकी उदारवादी और सुलह-ए-कुल की नीति को उच्च स्थान प्रदान करती है।

मिचेल ब्रांड और ग्लेन डी लारी यह मानते हैं कि "सूफी सन्त शेख चिश्ती के मकबरे तथा फतेहपुर सीकरी के शाही महलों में विचार धारा की दृष्टि से समानता का इसमें स्पष्ट सम्बन्ध था। युद्ध समाप्ति राजनीतिक और सैनिक स्थिरता और धार्मिक निराकरण से सीकरी बहुत सरलता से बादशाह की सुलह-ए-कुल की अभिव्यक्त बन गया।[33]

इस प्रकार से हम कह सकते हैं कि "फतेहपुर सीकरी को बसाने के पीछे अकबर की भावनात्मक, राजनीतिक तथा साम्राज्यवादी एवं उसकी धार्मिक सहिष्णुता की नीति का परिणाम थी।"

अकबर पुत्र प्राप्ति की खुशी और नए नगर निर्माण के आदेश के बाद एक बार पुन: अजमेर की धार्मिक यात्रा के लिए 20 जनवरी 1570 ई. को चला।[34] इससे पूर्व 21 नवम्बर 1569 ई. को उसे एक पुत्री पैदा हुई थी जिसका नाम 'शाहजादी खानम' रखा गया।[35] इसी क्रम में 7 जून 1570 ई. को उसके दूसरे पुत्र का जन्म हुआ जिसका नाम मुराद रखा गया।[36] इसके बाद बादशाह ने दुबारा अजमेर की यात्रा शुरु की ताकि सूफी सन्त शेख फरीदउद्दीन जो पाकपाटन के थे, को धन्यवाद दे सके। लौटते समय उसने 9 अगस्त 1571 ई. को शेख के साथ कुछ रातें वहाँ बितायी। इस अवसर को यादगार बनाने के लिए उसने अपने स्वयं के उपयोग के लिए और अपने घनिष्ठ परिजनों और सहयोगियों के लिए शानदार आवासों के निर्माण का आदेश दिया।[37] ज्यादातर काम एक साल में पूरा कर लिया गया। अकबर ने पुन: सीकरी पर ज्यादा ध्यान दिया और उसने साम्राज्य के सबसे उत्कृष्ट स्थापत्य प्रतिभा वाले लोगों को इस किले के महान कार्य के लिए आगरा से यहाँ पर बुलाया। अकबर प्रतिभाओं को खोजने की उच्च शक्ति रखता था। जिसका अच्छा प्रयोग अपने यहाँ पर किया। यह मिश्रित महल वाला स्थान शेख की खनकाह से पूर्वी किनारे पर खड़ा किया गया। इसकी जमीन का स्तर एक ऊँचाई तक किया गया और इस प्रकार नीचे का दृश्य एक नगर का बन गया, जहाँ पर शाही भवन व राजकुमारों और अकबर के करीबियों के महल बने।[38] अकबर ने इन महलों और बगीचों को अपने बाबा बाबर द्वारा बनाए गए बगीचों से जोड़ दिया।[39]

आरिफ कंधारी ने लिखा है कि - "सभी महल एक व्यवस्थित क्रम में बने हुये थे जो उस समय के नगर उदय को दिखा रहा था। इन भवनों के निर्माणकर्ता को कुछ शुल्क अदा करने के बाद क्षेत्र का अधिकार दिये जाते थे।[40] नगर योजना प्रारूप को तैयार किया गया था। जिसका विस्तृत विवरण अबुल फ़ज़ल 'आइन-ए-अकबरी' में देता है। यहाँ पर साहिवास्तान-ए-इकबाल (शयन कक्ष, हरमशारा) दौलतखाना (सम्राट का महल) और नक्कारखाना (जहाँ वाद्य यन्त्र बजाए जाते थे) ये सभी भवन 1530 गज की दूरी पर एक खुला स्थान था जो 360 गज का था। पहरेदारों के लिए सुरक्षित

था। इसका मुख्य घेरा केन्द्र से 100 गज की दूरी पर था। जहाँ मरियम मकानी, गुलबदन बेगम, तथा अन्य मुख्य शाही परिवार की औरतों का मकान बनाया गया था। इसके साथ ही राजकुमार सलीम का महल राजकुमार दनियाल का महल तथा राजकुमार शाह मुराद के महल के पीछे कुछ दूरी पर खानकाह था जो उनसे कुछ गज की दूरी पर था। इस प्रकार इन महलों के चारों तरफ बाजार बनाया गया था। इनके चारों ओर सामन्तों के महल बने हुए थे। इसके उपयोग के बाद जो भूमि बची थी। उसको साम्राज्यी उपयोग हेतु रखा गया था।[41]

सम्राट का तीसरा पुत्र दनियाल 9 सितम्बर 1572 ई. को अजमेर में पैदा हुआ था। राजकुमार सलीम और मुराद इस समय तक मस्जिद के उत्तरी दीवार से सटे प्रारम्भ वाले घर में रहते थे, जिसे अब अबुल फ़ज़ल के घर के नाम से जाना जाता है। अब तक राजकुमारों के लिए अलग-अलग आवासों की जरूरत अभी कुछ वर्षों तक नहीं पड़ी लेकिन महलों का दृश्य कुछ ऐसा था जिसमें पहले ही संगीन बुर्जों को उनके प्रारम्भ और मध्य के क्षेत्र में संरक्षित कर दिया गया था।

दौलत खाना 'दीवान-ए-आम' और हरमशारा को एक इकाई में बना दिया गया। उनकी बाहरी दीवारें उन्हें खानकाह और शेष महलों से अलग करती है। यद्यपि ये किसी सुरक्षा के लिए नहीं था। बल्कि हाथी स्तम्भ तथा मुख्य द्वार ये सभी क्षेत्र सम्राट और हरमशारा की महिलाओं के लिए आरक्षित कर दिया गया था। जो सिर्फ उन्हीं के लिए था तथा बाहरी प्रवेश निषेध कर दिया गया था। इन भवनों को देखने से पता चलता है कि अकबर ने इसमें अत्यधिक रुचि ली। पत्थरों को आकार देने वाले और उन्हें नुकीला करने वाले सभी उसकी उपस्थिति में एकत्र होते थे। यह कार्य 4 जुलाई 1572 ई. तक पूरा कर लिया गया जब अकबर ने फतेहपुर सीकरी से गुजरात के लिए पहली बार प्रस्थान किया।[42] कुछ समकालीन प्रमाण इसकी जानकारी देते हैं कि सम्राट ने कुछ चुने भवनों के निर्माण के लिए कुछ जगहों को चुना था उनमें एक क्षेत्र राजधानी आगरा और दूसरा फतेहपुर सीकरी का क्षेत्र था। जहाँ पर सूफी सन्त शेख चिश्ती का घर था। ये दोनों शहर स्वर्ग की तरह श्रेष्ठ और चमत्कारी स्थानों जैसे है।

यहाँ पर कुछ पत्थरो को कारीगरों द्वारा काटकर उस पर 'नागरिक लिपि' में अकबर का नाम और दिनांक 1629 संवत लिखा है। यह

हरमशारा के महल के अन्दर की तरफ है। इसे बीरबल का महल कहा जाता था। जो पश्चिमी दीवार की तरफ था।[43] महल के उत्तर-पश्चिम कोने का क्षेत्र जहाँ पर महल की दीवारें थी। जो 'बयूतात' और 'कारखाना' के लिए संरक्षित था। जहाँ पर लार्ड कर्जन ने डाकखाना बनाया और इस प्रकार यह भवन किसी तरह बचा रहा। आज इसे किसी और नाम से पुकारा जाता है। यहाँ पर करघा के कारीगर आए और शानदार दरियों का निर्माण किया और इनमें कदाचित कुछ चाँदी और सोने के जड़ाऊ का भी काम इसके अन्तर्गत हुआ। यह अकबर के कारखाना विभाग के देखरेख की सीधी झलक प्रस्तुत करता है। ये कारीगर इन कार्यों में बहुत रुचि लेते थे और इस प्रकार इस कार्य को यह बहुत आगे ले गए। उसने कारखाना और कारीगरों को उनकी उच्च गुणवत्ता सिद्ध करने का उचित अवसर दिया। सामन्त वर्ग को साम्राज्य के उत्कृष्ट कोटी के कारीगरों को साम्राज्य के कारखानों में प्रस्तुत करने को कहा गया। जो मुगल कारखानों की महत्ता को प्रकट करता है।

उसी प्रकार पूर्व की ओर मस्जिद के पूर्वी गेट पर नौबतखाना और बादशाही दरवाजा के दक्षिण की तरफ सामने की चोटी के ढाल पर आगरा, बयाना रेलवे लाइन जो वर्तमान में है। ये सभी साम्राज्य को एक मनोरम दृश्य प्रस्तुत करते हैं। यह रोड आगरा के आगरा गेट से होकर गयी है जो आज तक विद्यमान है।

इसी प्रकार 'यतीशखाना' को भी फतेहपुर सीकरी की नगर योजना के निर्माण में महत्त्वपूर्ण स्थान दिया जाता है। जैसा कि फादर मोंसरात कहते हैं कि—"एक आदेश दिया गया कि जो व्यक्ति या अधिकारी राज्य की स्थायी सेवा में लगे थे और महल में ठीक प्रकार अपना कार्य कर रहे थे। सम्राट ने उनके लिए महल में एक छोटे कार्यालय की व्यवस्था कर रखी थी। जहाँ पर वे बिना किसी व्यवधान के अपना कार्य कर सकते थे। जिसको 'इटेक्सखान' नाम दिया गया था। उन्हें प्रदान कर दिया गया था।[44]

इन सभी भवनों के आकार अलग-अलग थे। ये भवन अब मुहम्मद बाकीर का हमाम तथा यह 'यतीशखानों साम्राज्य के दरबारी मुहम्मद वाकीर के नाम से जाना गया। ये प्रमाण और व्याख्या मुहम्मद सईद के द्वारा दिया गया है जो बहुत अधिक पुराने प्रतीत होते हैं।[45] इसी प्रकार हकीम अबुल फतह, हकीम हुकाम और हकीम नरुद्दीन इन सबके नाम यतीशखाना से

जुड़े हुए थे।[46] यह भवन कारखाना के सामने था जो सम्भवत: राजकोष के नाम से जाना जाता था। जो 'हाकीम फतुल्लाह सिराजी' जो ईरानी विद्वान था 1582 ई. में दरबार में आया बहुत प्रभावशाली व्यक्ति था जिसने इस पद को ग्रहण किया और इसके नियम और सीमाओं को बनाया।

मुगलकालीन कोई भी नगर योजना का कार्य बिना बगीचे के पूरा नहीं होता था। इसी क्रम में दौलत खाना के पास एक बड़ा बगीचा बनवाया गया था। जब कि 'दीवान-ए-आम' के बगल के दीवार के बगीचे की एक पतली पट्टी थी। लेकिन हरमशारा के पास एक भव्य बगीचा और मछलियों का तालाब 'चारबाग' के सिद्धान्त पर विकसित किया गया था। जो सोनहरा मकान या मरियम के घर के उत्तर-पश्चिम की तरफ था। इसको फिर से संरक्षित किया गया और इसकी मुख्य रूप से उचित देख भाल की जाती थी।[47] इस प्रकार हरमसारा की शान-शौकत साफ तौर पर दिखाती थी। 'दौलतखाना' और 'हरमसारा' तथा उत्तर पूर्व के मैदान भी बगीचे से सजे थे।

यद्यपि पूर्वी किनारे के भवनों को ध्यान से देखा जाय जहाँ पहले सामन्त वर्ग रहते थे। इन भवनों को भी बगीचो और दीवारों से घेर दिया गया था।[48] बारदारी के अनुसार मैदानों पर सभी दिशाओं में सिवाय झीलों के लिए छोड़े गए क्षेत्र पर सामन्तों ने बगीचे लगाये थे उन्हें दीवारों द्वारा घेर दिया गया था। इनके साथ कुछ खुले मैदान भी थे।[49]

फतेहपुर सीकरी के बाहर के क्षेत्रों में भी बगीचे थे। शासकीय महिलाओं और प्रशासक वर्ग के अपने जो घर थे उनमें भी उन्होंने बगीचे लगवाए थे। बाबर ने खानवा विजय के बाद 'बाग-ए-फतह' बनवाया। अकबर ने जब इसको राजधानी बनाया तो यहाँ पर नौ जगहों पर बागों को विकसित किया जिनमें महलों का बाग, फूलों का बाग और चारबाग आदि थे। आगरा से अजमेर तथा धौलपुर से ग्वालियर एवं बयाना तक लम्बे चौड़े बगीचे लगाये गए। समकालीन फारसी साहित्य और यात्रियों के द्वारा भी इसका विवरण मिलता है। जो यह बताता है कि फूलों और बगीचो के बीच में उनके मालिक के उस समय के खुबसूरत दिनों को बताते हैं। उस समय के बहुआयामी कार्यों के लिए उपयोग होने वाले बगीचे फतेहपुर सीकरी को एक सम्पूर्ण राजधानी की खुबसूरती को दर्शाते हैं। विलियम फ्रिंच ने 29 बगीचो का वर्णन किया है। उसके अनुसार महत्त्वपूर्ण खुबसूरत बाग अजमेरी दरवाजा और हाथी स्तम्भ के बीच में थे।[50]

मनसबदारों तथा अन्य महत्त्वपूर्ण व्यक्ति को भी बागों के लिए जगह उपलब्ध कराया गया था। डाक बगलें के किनारे से आगरा गेट तक का स्थान मुस्लिम सामन्तों के लिए था। जबकि बाबर के बगीचे और अजमेरी गेट के मध्य का स्थान राजपूत सामन्तों के लिए था। टोडरमल बीरबल तथा अन्य हिन्दू-मुस्लिम सामन्त थे। सभी बड़े-बगीचों को रखते थे। यह बगीचा दक्षिण और पश्चिम बीरबल गेट के मध्य चन्दन पोल, ग्वालियर गेट और तेरह दरवाजा के मध्य तक फैला हुआ था।

राजधानी में बूचड़खाना था। उसको राजधानी की सीमा से बाहर विकसित किया गया था। जिसको एक साम्राज्यी राजधानी के बेहतर योजना के रूप में देखा जा सकता है। ऐसा इसलिए किया गया था। क्योंकि पूरब की तरफ शेख मूसा का मकबरा था तथा नीचे की तरफ 'मोरिया बैराज' था। जो झील में प्रदूषण को बढ़ने से रोकने के लिए बनाया गया था क्योंकि यही से मीट को नदी से साफ किया जाता था उसके बाद इसे शील बन्द कर रसोइये घर 'हौजे शीरिन' के नजदीक भेज दिया जाता था।

फतेहपुर सीकरी में उस समय पानी की प्रचुर मात्रा में उपलब्धता 'खारी नदी' के द्वारा की जाती थी। जो बाबर के समय एक छोटी झील के रूप में हुआ करती थी। यहाँ से हाथियों, घोड़ों और ऊँटों तथा अन्य जानवरों के लिए उत्तर-पश्चिम किनारा पानी की पूर्ति का नजदीकी स्रोत था। अकबर के समय में ही फतेहपुर सीकरी में पानी की कमी देखी जा रही थी। अकबर ने इसका बेहतर प्रबन्धन किया था। पर्शियन विद्वानों ने यह माना है कि पहाड़ियों की ऊँचाई पर वर्षा के पानी का भण्डारण अच्छी तरीके से किया जाता था। फतेहपुर सीकरी के दक्षिण पूर्व किनारे की जामी मस्जिद जिसे 'आरिफ कंधारी 'सरदावा' कहते हैं। वहाँ पर पानी को इकट्ठा किया जाता था। जिसका सार्वजनिक उपयोग बड़े पैमाने पर किया जाता था। इसे मस्जिद के नीचे चौकोर में बनाया गया था। पानी को पहुँचाने का कार्य नालियों के मध्य से किया जाता था। नालियों को बड़े-बड़े पत्थरों से बनाया गया था। जिसके द्वारा इसे भरा जाता था।[51]

जहाँगीर के समय तक इस पूरे क्षेत्र को मस्जिद प्रांगण के लिए विकसित किया गया।[52] बुलन्द दरवाजा के दक्षिण-पश्चिम भाग को 'जहाँलरा' नामक एक कुआँ से जोड़ा गया था। जिसको भूमि के अन्दर से नहरों द्वारा बरसात

के पानी को लाने के लिए बाहरी रास्तों से जोड़ा गया था। जो वहाँ पर रहने वालों को पानी की अपूर्ति करता था।

राजमहल के लिए भूमि के अन्दर से पानी सार्वजनिक भवनों से होते हुए ''चहार चाहमण्ड'' नामक तालाब से भेजा जाता था। इसके पानी का उपयोग दीवान-ए-खास, हिरन महल और हाथी पोल तक किया जाता था। 'चहार चाहमण्ड' तालाब को 'अनूप तालाब' के नाम से भी जाना जाता है।[53]

जहाँगीर का दुधमुहा भाई कोका ने अपना व्यक्तिगत 'तालाब' बनवाया। जिसे उसने अपने घर में पानी लाने के लिए उपयोग किया। इसी प्रकार दौलत-ए-खाना का पानी हौज-ए-शरीन में भेजा जाता था। जो लेखा भवन के उत्तरी दीवार के पीछे था। राज रसोई घरों मे इस पानी का उपयोग भोजन बनाने के लिए किया जाता था।[54] जिसमें सदैव कुछ मात्रा में गंगा जल मिला दिया जाता था। जो सामान्त सीमाओं पर रहते थे। वह निजी रूप से बरसात के पानी के भण्डारण की व्यवस्था करते थे।

हाथी पोल से झील तक का जो क्षेत्र पूरब में था। वहाँ पर एक शानदार बाउली स्मारक के रूप में बनवायी गयी। यह कार्य आदमियों के द्वारा किया गया था। हरमशारा और यतीशखाना के लिए स्थायी रूप से घाटों के पाँच विभिन्न चरणों से जल को लाया जाता था। ये सभी कार्य मानव शक्ति द्वारा ही पूरा किया जाता था। ये नहर ऊँचाई वाले पोखरे से पानी पहली मीनार तक जाता था। इन नहरों को कई भागों में बाट दिया जाता था। एक बगीचों को जल देने के लिए होता था जिसे मरियम कहा जाता था। दूसरा बगीचों के लिए स्वयं था। एक अन्य महल जिसे पंचमहल कहा जाता था। यहाँ के सुन्दर फब्बारों में पानी की पूर्ति करता था। अनूप तालाब का उपयोग इन पानी की पूर्ति के लिए किया जाता था।[55]

उत्तर-पश्चिम के अन्तिम किनारे पर भी पानी की पूर्ति के कुछ कार्य कराया गया। जहाँ सूफी सन्त शेख चिश्ती के अनुयायी रहते थे। उनके घरों में पानी की पूर्ति के लिए व्यवस्था की गयी थी। दक्षिण के तरफ पानी के कार्य के लिए अकेली एक बड़ी बाउली का कार्य होता था। जो शाहकुली महाराज बहराजू के भवनों से जुड़ा हुआ था। दक्षिण ढाल के किनारे पर घरों में पानी की पूर्ति के लिए इसका मुख्य उपयोग किया जाता था। इसका उपयोग दफ्तर खाने में पानी की पूर्ति के लिए भी किया जाता था। सम्राट के निजी स्नानघर

(जिसे तुर्की सुल्ताना का स्नानघर कहा जाता था) इसमें पानी की पूर्ति उत्तर-पूर्वी किनारे पर स्थित एक छोटे से कुए से होती थी।[56]

सुखताल भी दक्षिण में एक तालाब से जुड़ा हुआ था जो पानी की पूर्ति नहरों द्वारा मीनारों को कराता था। 1579 ई. में दक्षिणतम ढाल का किनारा एक सुन्दर हमाम के लिए मुख्य रूप से चुना गया। यह हमाम भी फतेहपुर सीकरी के महत्त्वपूर्ण भवनों में से एक है जो इसे सांस्कृतिक नगर योजना को देखने में एक स्मारक की तरह है। बुलन्द दरवाजा और उसके आस-पास की जगह उचित वार्तालाप के लिए प्रयोग में लायी जाती थी। हकीमवास जिसका वर्णन स्मिथ ने किया है और उसकी तुलना रोम में 'कार्ककला' से की है' जो सम्राट और महत्त्वपूर्ण सामन्तों के लिए बनाए गए थे। यहाँ पर सम्राट नहाने के अलावा आराम करता और अपने दरबारियों से हँसी मजाक की बातें करता था।[57]

फादरमोंसरात ने अकबर की निर्माण शैली पर रुचिकर प्रकाश डाला है। वह बताता है कि 200 वर्गाकार क्षेत्र और कुछ घर 300 वर्ग में है। कपड़ा बदलने वाला घर, निजी भवन और बहुत से पानी की नहर छः महीनों में बनी। जहाँ पर वह स्नान करता था। उसने वहाँ पर पत्थरों की दीवार खड़ी कराया था।[58]

अकबर 3 जून 1573 को गुजरात विजय करके वापस लौटा तो उसने इस शहर का अपनी विजय की खुशी मनाने के लिए इसका नाम 'फतेहाबाद' कर दिया।[59] जिसका मतलब विजय का शहर होता है।[60] इस प्रकार इस शहर का निर्माण एक नई ऊर्जा और उत्साह के साथ फिर से किया गया। 1574-75 ई. में एक नए कार्यालय भवन का निर्माण कराया गया[61] तथा दीवान-ए-खास के दक्षिण दीवार के पास जो मैदान खाली था उसको बन्द कर दिया गया। इसमें सम्राट ने सीधे तौर पर एक प्रवेश द्वार का निर्माण करवाया जहाँ पर अकबर योगियों और पथ प्रदर्शकों के साथ बैठता था।

मार्च 1575 ई. में शेख अब्दुल्ला निजामी हरमशारा (जोधाबाई महल का प्रधान था) ने इबादत खाना के बगल में खाली जगह पर अनूप तलाब तथा विश्राम-स्थल और इसके उत्तर पूर्व हिस्से पर तुर्की सुल्ताना के महल को पूरा कराया गया।[62] इस प्रकार झील के किनारे का निर्माण कार्य अकबर के गुजरात से लौटने तक निरन्तर चलता रहा। 1574-75 ई. में कोस मीनार का निर्माण आगरा से अजमेर वाली रोड पर किया गया।[63] इसी समय हिरन

मीनार के नाम से जानी जाने वाली एक मीनार को बनाया। यह दोनों स्थान ऐसी जगहों पर थे जहाँ पर वह निर्देशक रहते थे जो मंत्रियों की मदद किया करते थे।[64] इस मीनार से सम्राट और राजपरिवार की औरतें पोलो मैच और हाथियों की लड़ाईयाँ देखा करती थी। यह मैदान इस मीनार के नजदीक में थे। जो अकबर की नगर निर्माण योजना को यादगार बना देता है। इस प्रकार के खेल के मैदान प्राय: शहर के बाहर विकसित किया। अकबर ने ऐसी व्यवस्था बनाया कि औरतें भी खेल खेलने में समर्थ हो। जब वे चाहे तब खेल के मैदान में जा सके ऐसे अवसरों पर पुरुषों को उन क्षेत्रों से दूर रखा जाता था।

शहर के उत्तर तरफ रसूलपुर गाँव के सामने एक बड़ा तालाब बनवाया गया। इसके पास में ही एक 'तेरहमुरी' का पुल बनाया गया जो बूचड़खाने और 'खारी नदी' के पानी को बनाए रखता था। ये जल बड़ी मात्रा में 'बाबर झील' से निकलती थी और उत्तरी किनारे के पूरे क्षेत्र की जलपूर्ति करती थी। यह नई झील जहाँगीर के मापानुसार साठ कोस घेरे में थी।[65] अजमेरी गेट के नजदीक जो खूबसूरत और भव्य खेल का मैदान था। उसे अब 'हाडामहल' और 'कौच खाना' के रूप में अनुमोदित किया गया। जो 'कोशखान' झील के किनारे स्थित था। इस प्रकार के भवन मुगलों द्वारा इनके बगीचों और भव्यता वाले स्थान पर बनाए गए ताकि वह अपनी जिन्दगी खुशहाली की आत्म दृष्टि से जोड़ सके।

1575-76 ई. में अकबर के आदेश पर दीवान-ए-आम और आगरा गेट के बीच में ईंट और पत्थरों से दुकानों का निर्माण कराया गया।[66] फादर मोंसरात जो 1580-82 ई. तक दरबार में रहा इसे आधा मील लम्बा बताता है।[67] विलियम फ्रिंच जो नवम्बर 1610 ई. में फतेहपुर सीकरी की यात्रा पर आया था ने अपनी व्याख्या में यह बताया है कि -''यह बाजार आधा मील की लम्बाई में था तथा अति महत्त्वपूर्ण राहगीरों के लिए सीधी सड़कें तथा इसके किनारे सुन्दर भवन था।''[68]

इस प्रकार नगर में चारों तरफ एकरूपता में भवनों को इस प्रकार से एक स्मारक चौराहों के बीच में बना था। जहाँ से सड़कें गुजरती थी। इसके उत्तरी छोर पर सामाजिक बेड़े थे जो कुछ अन्तरालों पर बने होते थे तथा दुकानदारों के लिए दोनों किनारों पर सटे हुए अड्डे बनाए गए थे। इस प्रकार की बाजार की योजना से फादर मोंसरात और राल्फ फ्रिंच दोनों प्रभावित हुये। प्राइस्ट

यह बताता है कि "यह स्थान आश्चर्य चकित करने वाली विभिन्न प्रकार की बाजारू वस्तुयें अनगिनत रूप से भरी पड़ी थी।[69]"

राल्फ फ्रिंच यह बताता है कि—"हिथर व्यापारियों के लिए एक बड़ा सहारा था। जो पर्शिया तथा अन्य देशों के व्यापारी जो भारत आए थे। इन व्यापारियों के लिए बनाया गया था। जहाँ पर बहुत बड़ी मात्रा में शिल्क और कपड़े बहुमूल्य किस्म के पत्थर, रुवी, हीरा तथा मोतियाँ होते थे।[70] यहाँ पर दो महत्त्वपूर्ण सरायें थी जो व्यापारियों और यात्रियों को सुविधायें देती थी।[71] ये बहुत बड़े पैमाने पर पत्थरों के द्वारा बनाए गए थे जो बाद में राबिंस के ढेर हो गए । दूसरा स्थान जिसे एक किले के रूप में परिवर्तित किया गया था। यह हाथी पोल और हिरन महल के नजदीक था।[72]

अकबर सम्राट भवनों के प्रति इतना समर्पित था कि वह इन पत्थरों से तथा इनमें काम करने वाले लोगों से बात-चीत करता था। वह ना सिर्फ काम देखता बल्कि कभी-कभी खुद भी कलाकारों के सामान्य कलाओं और सामानों को इधर-उधर करने में सहयोग करता था। इस उद्देश्य की पूर्ति के लिए उसने अपने महल के बगल में एक कारखाना बनवाया जहाँ पर एक व्यवस्था करने का कमरा और कारीगरों के कमरे होते थे। जहाँ पर अच्छे प्रकार कि कलायें पेंटिंग सोनारी का काम, पर्दा पर बेलबूटा का काम, दरियों और परदों के बनाने आदि से सम्बन्धित विभिन्न विभागों का काम करने वाले लोगों और उनकी कलाओं को देखता था। जिसको देखने के बाद उसको सुकून महसूस होता था।[73]

मनसबदारों को भवन देने के बारे में कौन सा सिद्धान्त लागू होता था। इसका विवरण हमें किसी भी समकालीन स्रोत में नहीं मिलता है। अकबर ने नगर को भव्य और सुन्दर दिखने के लिए पूर्वी किनारे पर स्थित सभी भवनों को सुन्दर बनाने का आदेश दिया तथा प्रवेश द्वार के पास 'अब्दुल रहीम खान-ए-खाना' के महल को बनाने की अनुमति दी। यहाँ पर सभी सामन्तों के महल दीवारों से घेर करके अच्छे तरीके से बनाए गए थे तथा इन सभी में समान दरवाजा लगे हुए थे। उत्तरी छोर जो झील की ओर था। उसकी देख-रेख का काम 'दयमुना' जो आगरा में था के कारीगरों को दे दिया गया। छोटे मनसबदारों के घरों में कोई विशेष दृश्य देखने को नहीं मिलता है।[74]

अकबर ने फतेहपुर सीकरी की घेराबन्दी दीवारों तथा दरवाजों के द्वारा किया था। फादरमोन्सोरात चार दरवाजों का नाम बताता है जिनमें अग्रीना

(आगरा), अजमेरियन (अजमेर), धैपुरम (धौलपुर) जिसे अब ग्वालियर द्वार के नाम से जाना जाता है। इसे हाथी गेट या सर्कस गेट' भी कहा जाता है। चौथा गेट को 'कीटाडेला' कहा जाता था।''[75]

इस प्रकार अकबर ने फतेहपुर सीकरी नगर को स्थापित कर अपनी राजधानी बनाने के बाद जो इमारतें बनवाई उनमें मुख्यत:-आवास गृह, सराँय, मस्जिद, सभा गृह, सरकारी कार्यालय, विद्यालय, अस्पताल आदि है। ये सभी मुख्यत: लाल पत्थर की बनी हुई है और केवल सजावट के लिए ही इनमें संगमरमर का प्रयोग किया गया है। जामा मस्जिद को छोड़कर सभी भवन खम्भों पर आधारित है और उनकी छतें चपटी बनी हुई है। खम्भों के ऊपर सुन्दर कोष्ठ है। ये सब हिन्दू शैली के अंग है। मेहराबों का प्रयोग किया गया है जो मुस्लिम शैली का तत्व है। इसी प्रकार यहाँ के स्थापत्य में हिन्दू-मुस्लिम शैली का मिला-जुला रूप दिखाई पड़ता है। यहाँ की स्थापत्य में हिन्दू मुस्लिम शैली के अलावा जैन और बौद्ध शैली का भी भरपूर प्रयोग किया गया है। फतेहपुर सीकरी के मुख्य भवन जैसे-दीवान-ए-आम, दीवान-ए- खास, पंचमहल, तुर्की सुल्ताना की कोठी, खास महल, जोधाबाई महल, मरियम की कोठी, बीरबल की कोठी, जामा मस्जिद, बुलन्द दरवाजा, सूफी सन्त शेख चिश्ती का मकबरा, इबादतखाना, तथा कुछ अन्य भवन है।[76]

जो फतेहपुर सीकरी की सुन्दर स्थापत्य के नमूना की व्याख्या करते हैं। इस प्रकार फतेहपुर सीकरी में अकबर द्वारा किए गए निर्माण कार्य की जितनी भी प्रशंसा की जाय उतनी कम है। इसकी प्रशंसा में विसेन्ट स्मिथ कहते हैं कि -''फतेहपुर सीकरी के समान न तो पहले कभी कुछ निर्मित हुआ और न फिर से निर्मित हो सकता है। यह पत्थर में रोमांस है जो अकबर के अद्‌भुत स्वभाव का ऐसा प्रस्तुतीकरण है जो उस मन:स्थिति के दौरान तेजी से प्रारम्भ होकर समाप्त हुआ और किसी अन्य काल में या अन्य परिस्थिति में अकल्पनीय और असंभव है।[77]

निश्चित रूप से फतेहपुर सीकरी की ये इमारतें अकबर को महान निर्माता साबित करती हैं। इतने सुनियोजित और सुन्दर निर्माण इतने व्यापक पैमाने पर कभी नहीं हुआ। यह निर्माण अकबर के शासनकाल के अत्यन्त महत्त्वाकांक्षी वास्तु योजना है। जिसे फग्यूसन ने कहा है-''फतेहपुर सीकरी को पाषाण का रोमांच बताते हैं जो निर्माता के महान मस्तिष्क की

ऐसी प्रतिछाया है जैसा कि अन्य स्रोत से सरलता से उपलब्ध नहीं हो पाती है।''[78]

फतेहपुर सीकरी 1571 ई. से 1585 ई. तक मुगल साम्राज्य की वास्तविक राजधानी बनी रही। इस समय तक फतेहपुर एक उत्कृष्ट नगर का दृश्य प्रस्तुत कर रहा था। जो अकबर के उत्कृष्ट दिमाग की झलक थी। क्योंकि यह नगर निर्माण उनके दिमाग की उपज थी।[79] अकबर फतेहपुर सीकरी की उत्कृष्ट और भव्य इमारतें उसकी विजयों और पराक्रम की नीति को प्रदर्शित करती है। फतेहपुर सीकरी अकबर की सुलह-ए-कुल नीति और उसकी सह अस्तित्व का उत्कृष्ट उदाहरण प्रस्तुत करता है। जो आज भी धर्म निरपेक्षता की मिशाल है। लेकिन अकबर को 1585 ई. के पश्चात् उत्तर पश्चिम सीमा की सुरक्षा और बढ़ते उजवेकों के प्रभाव के कारण सीमा की सुरक्षा के लिए फतेहपुर छोड़कर लाहौर जाना पड़ा। आने वाले वर्षों में उसने अफ़गान प्रान्तों कश्मीर घाटी पर्शिया से कंधार और सिंध तथा उसके पड़ोसी शासकों पर विजय प्राप्त की और लाहौर को अपनी राजधानी बनाकर 1598 ई. तक वह उत्तर में रहा। उसने अपने विजित क्षेत्रों पर 'सुलह-ए-कुल' जैसी नीति अपनायी। ईरान से होने वाले लाइलाज खतरा को देखते हुए अकबर ने बुखारा और समरकन्द के शासक अब्दुल्ला खाँ उजवेक से संधि कर लिया और अपनी स्थिति मजबूत की।[80]

इस प्रकार फतेहपुर सीकरी इस बीच कुछ समय तक उपेक्षित जरूर रहा पर शेख इब्राहिम की देख-रेख में राजकीय भवनों की स्थिति अच्छी थी। पर वह स्थिति नहीं थी जो राजधानी काल में थी। खाली पड़े सामान्तों के घर जल्द ही निर्माण कार्य और देखरेख की जरूरत महसूस कर रहे थे। 14 अगस्त 1591 ई. को शेख इब्राहीम की मृत्यु के बाद जब फैजी को दक्षिण के दूतावासों का कार्य सौंपा गया तो उसने अपना कुछ समय फतेहपुर सीकरी में बिताया और उसने देखा कि भवनों के छतों की ईंट खत्म हो चुकी है।[81]

अकबर 1598 ई. में लाहौर से लौटने के बाद अपनी राजधानी को आगरा में स्थापित कर लिया। वहाँ से वह फतेहपुर सीकरी को पुनः राजधानी स्थापित किया हो ऐसा कोई ऐतिहासिक प्रमाण नहीं मिलते हैं। हालांकि 16 सितम्बर 1599 ई. को दक्षिण में हो रहे युद्धों की सुरक्षा और देख भाल के लिए दक्षिण गया। 1601 ई. में असीरगढ़ की विजय से वापस आते समय उसने अपना कुछ समय फतेहपुर सीकरी में बिताया। उसने आगरा में

शहजादा सलीम से एक संधि की, जो इलाहाबाद में विद्रोही हो गया था और यहाँ पर 7 अक्टूबर 1605 ई. को अपनी मृत्यु तक रहा।[82]

सलीम जहाँगीर के नाम से शासक बना। 1619 ई. में मालवा और गुजरात से लौटते समय वह कुछ समय तक फतेहपुर सीकरी में रहा क्योंकि उस समय आगरा में कुछ परेशानियाँ व्याप्त थी। राजकुमार खुर्रम जब अपना 28वाँ जन्मदिन मना रहा था। उस समय जहाँगीर ने उसे अकबर के महल को दिखाया और सूफी सन्त शेख चिश्ती की दरगाह की यात्रा करने को कहा। जहाँगीर ने 1619 ई. में पारसी, नए साल और कुछ मनोरम त्यौहारों को मनाया तथा अकबर के भवनों तथा अन्य भवनों को सुसज्जित किया और उपयोग के लायक बनाया।[83]

फतेहपुर सीकरी की महत्ता अकबर द्वारा राजधानी परिवर्तन के बाद इसकी महत्ता कम होने लगी। इसके बाद के बादशाहों द्वारा इस स्थान को ज्यादा महत्त्व नहीं दिया गया। जिसके कारण फतेहपुर सीकरी अपनी उस अवस्था को कभी प्राप्त न कर सका जो अकबर के समय थी। वर्तमान समय में फतेहपुर सीकरी भारतीय पुरातत्व सर्वेक्षण विभाग के संरक्षण में यूनेस्को की धरोहर के रूप में संरक्षित है, जो इसकी देख-रेख की जिम्मेदारी लिए हुए है।

निष्कर्ष रूप में यह कह सकते हैं कि फतेहपुर सीकरी जिसकी सुन्दर योजना बनाकर अकबर ने निर्माण कराया और उसको अपनी राजधानी बनाया था, वह समकालीन विश्व के महानतम् नगरों में से एक माना जाता था। यह नगर आज भी अपने साथ अकबर के समय की बहुत सी यादें सजोये हुए है। जो अपनी अद्भुत नगर निर्माण के मनोरम दृश्य को प्रस्तुत करता है। पर अकबर द्वारा यहाँ से अपनी राजधानी वापस ले जाना और फिर यहाँ अपनी राजधानी कभी न लाना एक अबूझ पहेली बन कर रह गयी हैं यद्यपि यह सामरिक एवं राजनीतिक कारणों से हुआ था। फतेहपुर सीकरी आज भी एक व्यवस्थित नगर की तरह यूनेस्कों की धरोहर के रूप में ख्यात है।

सन्दर्भ

1. चौब सिंह वर्मा-स्पलेन्डर आफ फतेहपुर सीकरी, पब्लिकेशन अगम काला प्रकाशन दिल्ली-1999, पृ.- 2-3.
2. सैय्यद अहतर अब्बास रिज्जवी-फतेहपुर सीकरी, पब्लिकेशन, डाइरेक्टर जनरल, आर्कोलाजी सर्वे आफ इण्डिया-1972, पृ. 1

3. वही, पृ.-2
4. वही, पृ.-3
5. वही,
6. गुलबदन बेगम-'हुँमायूनामा' अंग्रेजी अनुवाद-एन्नटी. एस. वेवरिज, लो प्राइज पब्लिकेशन -दिल्ली-2006, पृ.-12
7. मोहम्मद हबीब, खालीद अहमद निजामी-दिल्ली सल्तनत, हिन्दी अनुवाद-डॉ. एस. वी0 पी0 निगम भारतीय इतिहास अनुसंधान परिषद-प्रथम हिन्दी संस्करण-1978 पृ.-598-599।
8. तुज़ुक-ए-बाबरी-जहीरुद्दीन मुहम्मद बाबर-हिन्दी अनुवाद-डॉ. माथुरा लाल शर्मा राधा पब्लिकेशन्स-नई दिल्ली-2009 पृ.-48-49.
9. मोहम्मद हबीब, खालीद अहमद निजामी-दिल्ली सुल्तनत, हिन्दी अनुवाद-डॉ. एस. बी0 पी0 निगम, भारतीय इतिहास अनुसंधान परिषद, प्रथम हिन्दी संस्करण-1978 पृ. 592
10. गुलबदनबेगम-हुँमायूनामा-अनुवाद-एन्नी.टी.एस. बेवरीज, पब्लिकेशन, लो प्राइज पब्लिकेशन पब्लिकेशन नई दिल्ली'-2006 पृ. 12
11. वही पृ.-22
12. वही
13. सैय्यद अहत्त अब्बास रिज्जवी-'फतेहपुर सीकरी', पब्लिकेशन, डाइरेक्टर जनरल आर्कोलाजी सर्वे आफ इण्डिया-1972-पृ.-5
14. गुलबदन बेगम-हुँमायूनामा-अनुवाद एन्नीटी एवं बेवरीज लो प्राइज पब्लिकेशन पब्लिकेशन-नई दिल्ली पृ. 27-28
15. अबुलफ़ज़ल-अकबरनामा-भाग-1, हिन्दी अनुवाद-डॉ. माथुरा लाल शर्मा, राधा पब्लिकेशन नई दिल्ली-2008 पृ. 194-195
16. वही
17. वही पृ.-197
18. सतीश चन्द्र, मध्यकालीन भारत भाग-2, जवाहर पब्लिशर्स एवं डिस्ट्रीब्यूटर्स नई दिल्ली, पृ. 108-109 द्वितीय संस्करण-2005
19. सैय्यद अहत्तर अब्बास-फ. सी. ASOI नई दिल्ली-1972 पृ. 6
20. वही
21. सैय्यद अहत्तर अब्बास-फ. सी. नई दिल्ली, 1972-पृ. 7
22. अबुलफ़ज़ल-आइने-ए-अकबरी, अनुवाद-एच. वलूचमैन-लो प्राइज पब्लिकेशन -दिल्ली-2008, पृ. 321
23. वही 322
24. वही
25. वही
26. विसेन्ट स्मिथ, अकबर द ग्रेट मुगल (1542-1605), विनोद पब्लिकेशन दिल्ली-1988

27. अबुलफ़ज़ल आइने-ए-अकबरी अनु. एच. बुलूचमैन-लो प्राइज पब्लिकेशन पृ.-333
28. जहाँगीर-तूजके-जहाँगीर-हिन्दी अनुवाद-माथुर लाल शर्मा-2008, पृ. 3
29. वही
30. वही
31 E.W. स्मिथ-'फतेहपुर सीकरी'-भाग-4 (V.A. Smith) अकबर द ग्रेट मुगल-विनोद प्रकाशन दिल्ली 1988 पृ.-75
32. हरिश्चन्द्र वर्मा-मध्यकालीन भारत-भाग-2, पब्लिकेशन-हिन्दी माध्यम कार्यान्वय निदेशालय दिल्ली विश्वविद्यालय-दिल्ली-2003, पृ. 497-98
33. मिचेल बाण्ड और ग्लेन डी0 लोरी-मार्ग पब्लिकेशन हार्वड विश्वविद्यालय-श्रन्छ 1986 -पृ.-14-15
34. चौब सिंह वर्मा-स्पलेन्डर आफ फतेहपुर सीकरी, पब्लिकेशन अगम काला प्रकाशन दिल्ली-1999 पृ.-2
35. वही,
36. गुलबदन बेगम-'हुँमायूनामा' अंग्रेजी अनुवाद-एनीटी. ए0 वेवरिज, लो प्राइज पब्लिकेशन पब्लिकेशन-दिल्ली-2006, पृ.-12
37. वही
38. सैय्यद अहत्त अब्बास रिज्जवी-'फतेहपुर सीकरी', पब्लिकेशन, डाइरेक्टर जनरल आर्कोलाजी सर्वे आफ इण्डिया-1572-पृ.-5
39. अबुलफ़ज़ल-अकबरनामा-भाग-1, हिन्दी अनुवाद-डॉ. माथुरा लाल शर्मा, राधा पब्लिकेशन नई दिल्ली-2008 पृ. 194-195
40. वही
41. वही पृ.-197
42. अबुलफ़ज़ल-आइने-ए-अकबरी, अनुवाद-एच. वलूचमैन-लो प्राइज पब्लिकेशन पब्लिकेशन-दिल्ली-2008, पृ. 321
43. विसेन्ट स्मिथ, अकबर द ग्रेट मुगल (1542-1605), विनोद पब्लिकेशन दिल्ली-1988
44. अहत्तर अब्बास रिजवी-लेख टाउन प्लानिंग ऑफ फतेहपुर सीकरी आस्ट्रेलियन नेशनल विश्वविद्यालय
45. अबुलफ़ज़ल-अकबरनामा-1, हिन्दी अनुवाद-डॉ. माथुर लाल शर्मा, राधा पब्लिकेशन नई दिल्ली-2008-295
46. अबुलफ़ज़ल-आइने अकबरी, लो प्राइज पब्लिकेशन-पृ.79
47. अबुलफ़ज़ल-अकबरनामा-भाग-1 हिन्दी अनुवाद-डॉ. माथुर लाल शर्मा, राधा पब्लिकेशन नई दिल्ली-2008 पृ.-305
48. ई. डबल्यू. स्मिथ-'फतेहपुर सीकरी' भाग-2-अहत्तर अब्बास रिजवी-लेख-टाऊन प्लानिंग आफ फतेहपुर सीकरी' आस्ट्रलियन नेशन विश्वविद्यालय
49. फादर मोन्सोरात-'द कमेन्टी आफ फादर मोन्सोरात' अनु.-जे. एस. होयलैण्ड और एस. एन. बनर्जी आक्सफोर्ड प्रेस, न्यूयार्क-1992, पृ. 206

50. सैय्यद अहत्तर अब्बास रिजवी-'लेख-'टाऊन प्लानिंग आफ फतेहपुर सीकरी।
51. वही
52. वही
53. सैय्यद अली नदीम रिजवी-लेख-एक्सपोरिंग द मुगल गार्डेन ऐट फतेहपुर सीकरी, प्रकाशित-इण्डियन हिस्ट्री कांग्रेस-58जी सेसन, बैंग्लोर-1997, पृ.-897
54. वही पृ. संख्या-899
55. निजामुद्दीन अहमद-तबकाते ए-अकबरी-सैय्यद अहत्तर अब्बास रिजवी-लेख-टाउन प्लानिंग आफ फतेहपुर सीकरी-आस्ट्रेलिया नेशन विश्वविद्यालय'
56. जहॉगीर-'तुजूक-ए-जहॉगीरी' (माइकल ब्राण्ड और ग्लेन डी लोरी-मार्ग पब्किेशन हार्वड विश्वविद्यालय-1986)
57. आर. नाथ-'फतेहपुर सीकरी एण्ड इट्स मोनूमेन्ट' पब्लिकेश-द हिस्टोरिकल रिसर्च डाक्यूमेन्टेशन प्रोग्राम'-आगरा-2000 पृ. 15
58. वही पृ. 17-18
59. वही पृ. 18-19
60. वही पृ. 20
61. वही पृ. 21
62. फादर मोन्सोरात-द कमेन्ट्री आफ फादर मोन्सोरात-अनुवाद जे. एस. होयलैण्ड और एस. एन. बनर्जी-ऑक्सफोर्ड प्रेस-न्यूयार्क-1992 पृ.-200
63. अबुलफ़ज़ल-अकबरनामा-भाग-2 पब्लिकेशन-राधा पब्लिकेशन- डॉ. माथुर लाल नई दिल्ली-2008 पृ. 339
64. विसेन्ट स्मिथ-अकबर द ग्रेट, विनोद पब्लिकेशन, दिल्ली-1988 पृ. 75-76
65. अबुलफ़ज़ल -अकबरनामा-टवस.प् अनु. अंग्रेजी-एच. वेवजरीज, पब्लिकेशन-जो. प्राइज पब्लिकेशन दिल्ली-2010 पृ. 31
66. अहत्तर अब्बास रिजवी लेख (टाऊन प्लानिंग आफ फतेहपुर सीकरी) आस्ट्रेलियन नेसन विश्वविद्यालय-कैनबरा- पृ. 1-15
67. वही
68. वही
69. जहाँगीर-'तुजक-ए-जहाँगीर' अनुवाद-'हेनरी बेवरीज' लो प्राइज पब्लिकेशन पब्लिेशन-दिल्ली-पृ.-259
70. तारीख-ए-अकबरी-निजामुद्दीन अहमद-'लेख-टाऊन प्लानिंग फतेहपुर सीकरी' अहत्तर अब्बास रिजवी-आस्ट्रेलियन नेशन विश्वविद्यालय।
71. फादर मोन्सरात-द कमेन्ट्री आफ फादर मोन्सरात अनु. जे. एस. होयलैण्ड और एस. एन. बनर्जी आक्सफोर्ड प्रेस न्यूयार्क-1992, पृ.-31
72. विलियम फोस्टर-अर्ली ट्रेवल इन इण्डिया-लो प्राइज पब्लिकेशन-दिल्ली- 2008 -पृ.-149
73. वही

74. वही पृ.-18
75. वही पृ.-179
76. वही पृ.-182
77. वही पृ.-179
78. वही पृ.-179
79. सुरेश मिश्र-'अकबर' पंचशील प्रकाशन-जयपुर-2001- पृ.-169
80. वही
81. विसेन्ट स्मिथ'-सुरेश मिश्र-अकबर महान' पृ.-175
82. फग्यूसन-सुरेश मिश्र-'अकबर महान-पृ. 175
83. सैय्यद अहत्तर अब्बास रिजवी-'लेख-टाऊन प्लानिंग आफ फतेहपुर सीकरी'' आस्ट्रेलिया नेशन विश्वविद्यालय- कैनबरा- पृ. 1-15

3

फतेहपुर सीकरी की स्थापत्य कला

अकबर द्वारा शाही नगर फतेहपुर सीकरी की स्थापना 1569 ई. में कि गयी थी तथा 1571 ई. में फतेहपुर सीकरी को मुगल साम्राज्य की राजधानी बना दी गयी। गुजरात विजय के बाद इस नगर को फतेहपुर सीकरी कहा जाने लगा। अगले 14 वर्षों के दौरान इस नगर का बहुत विकास हुआ। अकबर के द्वारा बहुत सारे निर्माण कार्य यहाँ पर कराये गए। इस निर्माण कार्य में हिन्दू-मुस्लिम शैलियों का व्यापक समन्वय दिखाई पड़ता है। अबुल फ़ज़ल कहता है कि ''सम्राट सुन्दर इमारतों की योजना बनाता है और अपने मस्तिष्क एवं हृदय के विचार से पत्थर एवं गारे का रूप देता है।''[1]

अकबर ने आगरा से 37 किमी. दूर फतेहपुर सीकरी में किलेनुमा महल का निर्माण आरम्भ किया। पहाड़ी पर बसा यह शहर अपनी कला और स्थापत्य के विकास के लिए बहुत प्रसिद्ध है। फतेहपुर सीकरी के विकास का सम्बन्ध मुख्य रूप से उसकी इमारतों से ही है। यहाँ पर बने भवनों में भारतीय और इस्लामिक शैली का भरपूर मिश्रण करके बनाया और सजाया गया है।[2] इस नगर में प्रवेश के लिए नौ दरवाजों को बनाया गया है जिनमें आगरा, दिल्ली, अजमेर, ग्वालियर और धौलपुर प्रमुख है।[3] फतेहपुर सीकरी अकबर की उस राजनीति का पारदर्शक वास्तुकलात्मक प्रतिबिम्ब है जिसके द्वारा वह अपने साम्राज्य के विविध तत्वों के मध्य एकता स्थापित करना चाहता था।

फर्ग्यूसन ने कहा है कि ''फतेहपुर सीकरी पत्थर में प्रेम तथा एक महान व्यक्ति के मस्तिष्क की अभिव्यक्ति है।''[4] फतेहपुर सीकरी नगर के निर्माण का कार्य वास्तुकला के विशेषज्ञ ''बहाउद्दीन'' द्वारा किया गया था।[5] फतेहपुर सीकरी की स्थापत्यकला सचमुच में एक महान समृद्धशाली तथा शक्तिशाली शासक के व्यक्तित्व का प्रतीक है। स्मिथ के अनुसार "फतेहपुर

सीकरी जैसी वास्तुकला की कृति न तो अतीत में हुई है और न भविष्य में होगी।''[6]

अकबर ने इस शहर की नींव रखी। कुछ ही वर्षों के अन्दर योजनाबद्ध तरीके से धार्मिक इमारतें, शाही इमारतों, नागरिक इमारतों तथा इनके अतिरिक्त अन्य विविध इमारतों का निर्माण कार्य किया गया। जो फतेहपुर सीकरी को स्थापत्य कला में एक उच्च स्थान प्रदान कराती है। अकबर का यह निर्माण कार्य और फतेहपुर सीकरी का विकास 1570 ई. से 1585 ई. तक किया जाता रहा। जब तक कि राजधानी का परिवर्तन लाहौर न हो गया।[7] हालाँकि उसके बाद ऐसा कोई विशेष निर्माण कार्य फतेहपुर सीकरी में नहीं किया गया। अत: कहा जा सकता है कि अकबर कालीन वास्तुकला का विकास हिन्दू शैली के आकारों, धार्मिक संकेतों और विशेषताओं से प्रभावित हुआ पर इसका मतलब यह नहीं है कि इस्लामिक शैली को कम महत्त्व दिया गया हो ऐसा नहीं है। फतेहपुर सीकरी में भारत की आंचलिक शैलियों का इस्लामिक शैली के साथ बड़ी खूबसूरत तरीके से समायोजन करके इण्डो-इस्लामिक संस्कृति के रूप में मुगल स्थापत्य कला को विकसित करती है।[8] इस प्रकार से फतेहपुर सीकरी नगर का विकास हुआ। फतेहपुर सीकरी एक योजनाबद्ध तरीके से बसाये जाने वाले नगरों में से एक हैं जिसका क्रमिक विकास अकबर द्वारा किया गया। प्रस्तुत ग्रन्थ में फतेहपुर सीकरी के सर्वेक्षण के परिणामस्वरूप निष्कर्षों पर पहुँचने का प्रयास किया गया है जिसमें फतेहपुर सीकरी के इमारतों को तीन श्रेणी में रखकर अध्ययन किया गया है। (1) धार्मिक भवन (2) शाही भवन (3) सार्वजनिक भवन तथा अन्य विविध भवन जिसका क्रमिक विकास फतेहपुर सीकरी में किया गया है, को दिखाने का एक प्रयास किया गया है। चूँकि यहाँ महलों का स्तर पहाड़ी की ढलान के हिसाब से निर्धारित किया गया है। प्रथम स्तर पर धार्मिक भवन है। दूसरे स्तर पर शाही भवन और तीसरे स्तर पर सार्वजनिक भवनों को विकसित किया गया है।

(i) धार्मिक भवन

फतेहपुर सीकरी के भवनों के विकास में धार्मिक भवन का स्थान सबसे पहले आता है। यह भवन पहाड़ी पर सबसे ऊँचे स्तर पर बनायी गया है। अकबर द्वारा यहाँ पर जिन भवनों का निर्माण किया गया उसका सम्बन्ध सूफी सन्त शेख चिश्ती के मकबरा और जामा मस्जिद के परिसर या उसके

पास बनायी गयी इमारतों से है। अतः इस कारण इसे धार्मिक भवन कहा जाता है। इनमें रंगमहल, बुलन्द दरवाजा, इस्लाम खाँ का मकबरा आदि इमारतों का सम्बन्ध इससे है।[9]

(1) पत्थर काटने वालों की मस्जिद

फतेहपुर सीकरी में जामा मस्जिद और रंगमहल के पश्चिम परिसर में यह एक छोटी सी मस्जिद बनायी गयी है। इसके बारे में यह कहा जाता है कि यह मस्जिद जहाँ बनी है । वहाँ पर पत्थर की कटाई और पालिस का कार्य करने वाले लोग यहाँ समूह में निवास करते थे। सर्वप्रथम सूफी सन्त शेख चिश्ती फतेहपुर सीकरी आए तो यहीं पर अपना निवास बनाया और नमाज अदा करने के लिए इस छोटी मस्जिद को 1562 ई. में बनाया गया। यह मस्जिद पत्थर काटने वालों के निवास स्थान के पास होने के कारण इस मस्जिद को पत्थर काटने जाने की मस्जिद के नाम से जाना लाने लगा।[10]

(2) जामा मस्जिद

फतेहपुर सीकरी में अकबर द्वारा बनवायी गयी महत्त्वपूर्ण स्थापत्य में जामा मस्जिद का महत्त्वपूर्ण स्थान है। जामा मस्जिद की बनावट मक्का के सुप्रसिद्ध मस्जिद के समान है। इसका एक बड़ा आयताकार आँगन है। इसके उत्तर-दक्षिण तथा पूर्व में प्रवेश द्वार बनाया गया है। मस्जिद के आँगन में सूफी सन्त शेख चिश्ती तथा इस्लाम खाँ का मकबरा स्थित है। यह मस्जिद पर्वत के ऊँचे वाले स्थान पर बनायी गयी है। यह 133.60 मीटर उत्तर-दक्षिण और 165.20 मीटर पश्चिम-पूर्व दिशा में बनाया गया है। इस मस्जिद के ऊपर तीन गुम्बदों का निर्माण किया गया है।[11] जिसमें बीच का गुम्बद किनारे के दो अन्य गुम्बदों से बड़ा है। मस्जिद के भीतरी भाग में बरामदों कक्षों तथा आँगन की सुन्दर योजना है।

इसके मेहराबों को कुशल शिल्पकारी द्वारा सुसज्जित एवं कलात्मक बनाने का प्रयास किया गया है। इसका अग्र भाग बहुत महत्त्वपूर्ण है। यद्यपि इसकी योजना इस्लामिक है किन्तु इसमें भारतीय स्थापत्य कला के तत्वों को भी अपनाया गया है। इसके स्तम्भ छत्ते तथा कोष्ठकों का प्रयोग इसकी भारतीयता का परिचय प्रदान करते हैं। मस्जिद को सुसज्जित एवं कलात्मक बनाने के लिए खुदाई का काम किया गया है। यह मस्जिद सीकरी के महत्त्वपूर्ण इमारतों में से एक है। पर्सी ब्राउन के अनुसार ''इस सुन्दर भवन

में जो रचना की विभिन्नता है उसका उसी के अनुरूप कोई वर्णन नहीं है। इससे ऐसा ज्ञात होता है कि कलाकारों ने भी अति सुन्दर हस्तलिखित ग्रन्थों को अपना आदर्श माना हो और उन्हें अपनी स्वर्ण रेखागणित तथा रंगों द्वारा रिक्त स्थानों को सुसज्जित किया गया है।[12]

इसकी लम्बाई 87.78 मीटर और चौड़ाई 19.8 मीटर है। मध्य भाग में स्थित मुख्य कक्ष के ऊपर 12.49 मीटर व्यास का एक गुम्बद है जो सामान्यतः भारतीय प्रकृति और रचना पर बना है। किन्तु इस पर अरबी शैली का भी प्रभाव है। उसके बराबर में स्थित दो कक्षों के ऊपर 7.6 मीटर ब्यास के इस प्रकार के गुम्बद हैं। कक्ष के शेष भाग पर एक सपाट छत है जो हिन्दू आकार-प्रकार के खम्भों तथा कोनियों के आधार पर टिकी है। चौखट आँगन की लम्बाई उत्तर से दक्षिण को 108.50 मीटर और पूर्व से पश्चिम की ओर 133.50 मीटर के आकार का है।[13]

बदायूँनी यह बताता है कि "पाँच वर्षों तक इसको बनाया गया और 1571-72 ई. में इसके कार्य को पूर्ण किया गया। इसके दूसरी तरफ प्रार्थना करने वाले स्थान को बनाया गया है। यह मस्जिद मक्का के मस्जिद की नकल है यह मस्जिद सूफी सन्त शेख चिश्ती के मकबरे के नजदीक बनायी गयी है। इस मस्जिद को आगरा गेट से प्रवेश करते समय ही देख सकते हैं। इसका एक दरवाजा जो दरबार की तरफ जाता था। उसे बादशाही दरवाजा कहते हैं। इस दरवाजे से अकबर प्रार्थना करने को जाता था। इस मस्जिद के दीवार की बनावट अष्टकोणीय द्वारमण्डल द्वारा बनाया गया है। यह 13.25 मीटर तथा 18.59 मीटर ऊँचा है।[14]

मस्जिद परिसर में आँगन है। यह 109.68 मीटर × 133.52 मीटर के मेहराब के बीच में प्रार्थना घर है। इसके बगल में बुलन्द दरवाजा है जो इसकी आस्था को प्रकट करता है।[15]

आँगन के दक्षिण पूर्वी कोने पर एक छोटा सा तलाब हैं। इसको वर्षा के पानी द्वारा भरा जाता था। इसमें सूफी सन्त शेख चिश्ती तथा मस्जिद परिसर की अन्य इमारतों का पानी इकट्ठा होता था। यहाँ पर मस्जिद का पानी सीधे गहरे तलाब में चला जाता था। इसी आँगन के मध्य में एक अन्य धार्मिक तालाब है जो लाल बलुआ पत्थर से 8.68 मीटर और 1.22 मीटर गहरा है।[16] इसमें सुगन्धित फूल और कमल का पौधा लगाया गया है। यह तलाब प्रत्येक धार्मिक गतिविधियों तथा प्रार्थना कार्यों के लिए प्रयोग में लाया जाता था।[17]

यह मस्जिद फतेहपुर सीकरी की मुख्य मस्जिद थी। जिसमें शुक्रवार को जुमा की नमाज पढ़ी जाती थी। इसी कारण इस मस्जिद को जामा मस्जिद का नाम दिया गया। यह मस्जिद मुस्लिम संसार जगत में महत्त्वपूर्ण मस्जिदों में से एक है जो इस शहर में है। विश्व के तमाम जगहों से धार्मिक लोग यहाँ पर प्रार्थना करने आते हैं।

(3) सूफी सन्त शेख चिश्ती का मकबरा

सूफी सन्त शेख चिश्ती का मकबरा सीकरी की स्थापत्य कला का एक सुन्दर उदाहरण है।[18] इसका निर्माण जामा मस्जिद के आँगन में उत्तरी कोने पर किया गया है। सीकरी के अधिकतर भवनों का निर्माण लाल बलुआ पत्थरों के द्वारा किया गया है, पर इस भवन में संगमरमर का प्रयोग किया गया है। इसमें लाल पत्थर का प्रयोग नहीं किया गया है। ऐसा माना जाता है कि अकबर ने इस मकबरा को 1581 ई. जब बनवाया तब लाल बलुआ पत्थरों के द्वारा ही बनवाया गया था पर बाद में जहाँगीर ने 1619 ई. में इसके मूल ढाँचा में बिना परिवर्तन किए संगमरमर में परिवर्तन करवा दिया। जिसका विवरण जहाँगीर स्वयं अपनी आत्मकथा में देता है।[19] आधुनिक इतिहासकार पर्सी ब्राउन यह कहते हैं कि "फतेहपुर सीकरी की अन्य इमारतों की भाँति यह इमारत भी लाल बलुआ पत्थर से बना हुआ था। किन्तु जहाँगीर अथवा शाहजहाँ के शासन काल में इसकी रचना में बिना किसी परिवर्तन किए ही इसको ज्यों की त्यों परिवर्तित कर दिया गया।[20] इस मकबरे की योजना वर्गाकार है इसको सुसज्जित करने के लिए सुन्दर स्तम्भों तथा छज्जों का निर्माण किया गया है। इसमें कोष्ठकों का भी प्रयोग किया गया है। भारतीय स्थापत्य के इन्हीं तत्वों के आधार पर स्मिथ ने इसे "हिन्दू स्थापत्य कला की अनुभूति बतायी है"।[21]

इस मकबरे के भीतरी भाग में सुन्दर जालियों, सुन्दर दीवारों तथा फर्शों को रंग-बिरंगी कलाकृतियो के द्वारा सुसज्जित एवं अलंकृत करने का प्रयास किया गया है। इसकी स्थापत्य कला शैली "इस्लाम की बौद्धिकता की अपेक्षा मंदिर निर्माता की परिकल्पना का परिचय प्रदान करती है।[22]

फादर मोन्सरात कहते हैं कि "फतेहपुर सीकरी महत्त्वपूर्ण इमारत है और बड़ी जगह है। यह एक महान दार्शनिक का मकबरा है। जिनके प्रभाव में आकर बादशाह ने दरबार यहाँ परिवर्तित किया था।"[23] फतेहपुर सीकरी में

बना यह संगमरमर का मकबरा सूफी सन्त शेख चिश्ती का है और यह वहाँ की सर्वोच्च इमारत है और भावनात्मक रूप से महत्त्वपूर्ण है। यह संगमरमर की अपनी कृति के लिए भारत के महत्त्वपूर्ण इमारतों के रूप में जानी जाती है।

(4) इस्लाम खाँ का मकबरा

फतेहपुर सीकरी में स्थित यह मकबरा जामा मस्जिद के आँगन में और सूफी सन्त शेख चिश्ती के मकबरे के दक्षिण में स्थित है। इस्लाम खाँ सूफी सन्त शेख चिश्ती के नाती थे और मुगल मनसबदार थे। उसकी मृत्यु के बाद उनको जामा मस्जिद के आँगन में सूफी सन्त शेख चिश्ती के मकबरे के बगल में दफनाया गया जहाँ पर शेख परिवार के अन्य लोगों को दफनाया गया था। यही पर लाल बलुआ पत्थर का एक मकबरा बनाया गया जिसे इस्लाम खाँ के मकबरे के नाम से जाना गया।[24]

जहाँगीर अपनी आत्मकथा में यह बताता है कि ''सूफी सन्त शेख चिश्ती के मकबरे के पश्चिम में कुछ दूरी पर एक अन्य मकबरा बनाया गया है जिसमें शेख के परिवार के नाती और पुत्रों आदि को दफनाया गया है। जिसमें कुतुबुद्दीन खान, इस्लाम खान, मुअज्जम खान और शेख परिवार के अन्य लोगों को दफनाया गया है। यह इमारत शेख इस्लाम खान के मकबरे के नाम से ही मशहूर है।[25]

शेख इस्लाम खाँ के मकबरे की विशेषता यह है कि लाल बलुआ पत्थर से बनाए गए इस मकबरे में पहली बार मेहराब का प्रयोग किया गया है जो स्थापत्य कला के लिए बहुत ही महत्त्वपूर्ण है।

(5) बुलन्द दरवाजा

फतेहपुर सीकरी की स्थापत्य कला के विकास में बुलन्द दरवाजा का महत्त्वपूर्ण स्थान है। बुलन्द दरवाजा जामा मस्जिद में प्रवेश करने के लिए दक्षिण दिशा में बनवाया गया एक महान दरवाजा है। बादशाह इसको अपनी दक्षिण विजय के उपलक्ष में बनवाया था।[26] समतल भूमि से 12 मीटर ऊँचे सीढ़ीदार चबूतरे पर बनाया गया यह विशाल प्रवेशद्वार 40 मीटर ऊँचा और 39 मीटर चौड़ा इस पार से उस पार तक 37 मीटर लम्बा है बुलन्द दरवाजा 42 सीढ़ियों के ऊपर स्थित अपनी इस विशालता के कारण बुलन्द दरवाजा भारत और विश्व में ऊँचे दरवाजा के रूप में प्रसिद्ध है। यह भारत में स्थापत्य कला की अद्भुत मिशाल है।[27]

बुलन्द दरवाजा अपनी इस विशालता के कारण अपने आस-पास के हर निर्माण पर छा जाता है। फार्ग्युसन कहते हैं कि ''इस दरवाजा के सभी माप को सन्तोषजनक रूप से एकदम सही रूप में दे पाना कठिन है"।[28] यह दरवाजा अपनी निर्माण योजना के कारण स्वयं में अत्यन्त प्रभावशाली और आकर्षक है। पर्सी ब्राउन कहते हैं कि ''यह एक शक्तिशाली निर्माण है। मैदान से देखने पर यह बिना कठिनाई के आराम से दिखाई देता है।[29]

बुलन्द दरवाजे के सामने का भाग तीन सतहों से उभारा गया है। बीच का भाग लगभग 26 मीटर चौड़ा है तथा उसमें से होकर मेहराबी अर्द्धगुम्बद के नीचे से होकर मस्जिद का मार्ग खुलता है जबकि अगल-बगल के भाग सकरे तथा तिमंजिले है। दरवाजे के अग्रभाग के एक बड़े भाग में अर्द्धगुम्बद है जो पाँच भुजाओं में नीचे आता है और फर्श से छोटे द्वार की ओर ले जाता है। सामने कंगूरेदार प्राचीर है जिस पर 12 गुमतियाँ (छोटे गुम्बद) बनी है। इसके पीछे कलश युक्त तीन सुन्दर छतरिया बनी है तथा इसके पीछे दो छतरी और है। सामने के विशाल दरवाजे और मेहराब के चारों ओर आयताकार हाशिये पर कुरान की आयते लिखी हुई है।[30]

बुलन्द दरवाजा के पिछले हिस्से को दो छतों में बांटा गया है जिसमें पिछली छत (निचली छत) मस्जिद के आकार के अनुपात में है और आगे वाला छत मस्जिद के आकार से ऊँचा है। पिछला भाग सादा है और इसमें तीन मेहराबदार प्रवेश द्वार है जिसके ऊपर गुमतियों (छोटे गुम्बद) की सुन्दर कतार है।[31] इस प्रकार बुलन्द दरवाजा अपनी विशालता और स्थापत्य कला की बनावट का विशाल उदाहरण है। हावले इसे ''बनावट और अलंकृत सजावट को स्थापत्य कला की अद्‌भुत मिशाल मानते हैं"।[32]

इस प्रकार धार्मिक भवनों के परिसर में बुलन्द दरवाजा अपनी स्थापत्य कला और बनावट के लिए फतेहपुर सीकरी की इमारतों में बहुत ही महत्त्वपूर्ण बनावट है।

(ii) शाही भवन

फतेहपुर सीकरी में बनवायी गयी इमारतों में शाही भवनों का भी महत्त्वपूर्ण योगदान है। शाही भवनों का सम्बन्ध सम्राट और उनके परिवार के सदस्यों तथा अमीरों के व्यक्तिगत निवास के लिए बनवायी गयी इमारतों से है। फतेहपुर सीकरी के इन भवनों में रंगमहल, रानीवास (जोधाबाई महल),

शाही बाजार, मीना बाजार, बीरबल महल, खास महल (बैठकं), हवा महल, मरियम का भवन, नगीना मस्जिद, आँख मिचौली, राजकुमारों की पाठशाला, शाही रसोई, समोसा महल, तानसेन की बारादरी, अबुल फ़ज़ल और फैजी का महल आदि महलों को बनाया गया था। जो अपनी कला स्थापत्य के साथ-साथ फतेहपुर सीकरी के विकास में भी अपना महत्त्वपूर्ण योगदान देती है।

(1) रंगमहल

अकबर द्वारा फतेहपुर सीकरी में बनवायी गयी इमारतों में सबसे पहली इमारत रंगमहल है जिसको 1556-70 ई. में बनवाया गया। यह महल जामा मस्जिद के पश्चिम में अकबर अपनी राजपूत पत्नी मरियम ज़मानी के लिए प्रश्रव की अवस्था में यहाँ पर सूफी संत के प्रार्थना घर के पास में बनवायी गयी थी। इसी महल में राजकुमार सलीम का जन्म 30 अगस्त 1569 ई. को, राजकुमार मुराद का जन्म 1570 ई. को हुआ।[33] यह भवन पत्थर काटने वालों की मस्जिद के दरवाजे के दक्षिण-पूर्व में लाल बलुआ पत्थर से बनवायी गयी एक साधारण छोटी इमारत है।

(2) जोधाबाई का महल (रानीवास)

फतेहपुर सीकरी में अकबर द्वारा बनवाए गए रानीवास को जोधाबाई का महल और ''शाविस्तान-ए-इकबाल" आदि नामों से जाना जाता है। यह महल अकबर द्वारा राजकुमार सलीम की माता मरियम उज्जमानी को रहने के लिए (1569-72 ई.) में बनवाया था।[34]

जोधाबाई महल स्थापत्य कला शैली के पूर्ण विकसित रूप का परिचायक है। यह एक आयताकार भवन है इसकी लम्बाई 97.53 मीटर (320 फिट) चौड़ाई 65.53 मीटर (215 फिट) तथा दीवार की ऊँचाई 9.75 मीटर (32 फिट) है। जोधाबाई के महल की चहारदीवारी अधिक सादी और सुदृढ़ है। महल के चारों कोने पर चपटें गुम्बद है इसका निर्माण इस भाँति हुआ है कि आवश्यकता पड़ने पर इसके सभी आवासगृहों को एक दूसरे से अलग किया जा सकता है। इसके साथ ही कमरों को मौसम के अनुसार ठण्ड और गर्म रखने की भी व्यवस्था की गयी है। यह दो मंजिला इमारत है। इसकी निर्माण शैली में भारतीय शैली के कोष्ठकों का प्रयोग किया गया है। इसमें महल के छज्जों एवं स्तम्भों की बनावट में गुजराती शैली का प्रभाव है।[35] इस महल के

भीतर की ओर चिकनी रंगीन टाइलों का प्रयोग किया गया है। जोधाबाई का महल अकबर की शाही आवास भवन का एक सुन्दर नमूना है।[36]

(3) बीरबल महल (महल-ए-इलाही)

फतेहपुर सीकरी की शाही इमारतों में बीरबल महल का महत्त्वपूर्ण स्थान है यह जोधाबाई महल के आँगन के उत्तर पश्चिम में एक खूबसूरत इमारत है जिसे राजा बीरबल के रहने के लिए अकबर द्वारा सन् 1572 ई. में बनवाया गया था।[37] राजा बीरबल अकबर के महत्त्वपूर्ण मनसबदारों में से एक थे। उसके दरबार के नौ रत्नों में थे।[38] यह महल दो मंजिला इमारत है जो लाल बलुआ पत्थर से कटाई गयी है इसको सुन्दर और कलात्मक बनाने के लिए इसके पत्थरों पर खुदाई की गयी है। नीचे के मंजिल में चार कमरे और दो बरसातियाँ है जबकि ऊपरी मंजिल पर सिर्फ दो कमरे है। जिनके ऊपर सुन्दर छतरिया बनायी गयी है जबकि बरसातियों पर पिरामिड जैसी छत है। इसके गुम्बदों और छतों में दोहरे गुम्बद का प्रयोग किया गया है।[39]

इस महल की सबसे बड़ी विशेषता यह है कि इसके कोष्ठकों पर शिल्पकारों द्वारा सुन्दर एवं सघन नक्काशी की गयी है। यह कार्य बहुत ही कुशलतापूर्वक किया गया है। फतेहपुर के किसी अन्य इमारत में इस प्रकार की रचनात्मक और अलंकारिक तत्व इतनी अधिकता से नहीं मिलते और न ही इतने विस्तार से आकृति दी गयी है। जितना कि इस छोटे किन्तु वैभवपूर्ण रूप नियोजित इस भवन में मिलता है।[40] मोन्सरात बताते हैं कि "अकबर ने यह आदेश दिया था कि जितनी जल्दी से जल्दी मुनकिन हो छोटी मगर शान शौकत वाली देशी मकान बनाने का हुक्म जारी किया था। कुछ अर्से बाद ही यह भवन बन गया।[41] इस प्रकार से फतेहपुर सीकरी के प्रारम्भ में बनने वाली इमारतों में बीरबल का महल भी एक है जो अपनी कलाकृति के लिए मशहूर है।

(4) शाही बाजार और मीना बाजार

फतेहपुर सीकरी में जोधाबाई महल के परिसर के पश्चिमी दीवार से जुड़ी हुई कुछ ढलान रूप में लाल बलुआ पत्थर के भवन एक क्रम में बनाए गए हैं जो दीवारों पर खम्भों के सहारे है इसको देखने पर यह पता चल जाता है कि यह बाजार है। यह जो आन्तरिक भवन है यही मीना बाजार है और जो अन्य भवन है वह शाही बाजार है। यह हरम में रहने वाली औरतों के लिए बनवाया गया था।[42]

अबुल फ़ज़ल 'आइन-ए-अकबरी' में बाजार का वर्णन करता है - ''प्रत्येक माह के पहले तीन दिन यहाँ पर विश्वभर के निर्मित बहुत सारे उत्पाद व्यापारियों द्वारा यहाँ लाया जाता और अपनी दुकानें लगायी जाती थी। पूरे देश के व्यापारी यहाँ पर बाजार लगाते हरम की महिलायें और पुरुष अपने पसन्द की वस्तुयें एवं उत्पाद खरीदते थे। इसका मूल्य निर्धारित होता था। बादशाह द्वारा यहाँ पर अच्छी और बुरी वस्तु को जाँचने के लिए एक कार्यालय खोला गया था।[43]

मीना बाजार सिर्फ महिलाओं के लिए था। यहाँ पर विश्वभर के नए-नए फैशन के उत्पाद और सामाग्री देशभर के व्यापारियों द्वारा लाया जाता था। यहाँ पर दरबार से जुड़े लोगों की औरतें ही अपनी आवश्यकता के हिसाब से अपने पसंद की उत्पाद खरीद सकती थी। यहाँ पर व्यापारियों को अपने व्यापार से अच्छा फायदा होता था।[44]

बदायूँनी यह बताता है कि ''मीना बाजार में व्यापारियों के इन छोटी दुकानों पर अलग-अलग तरह के सामान उपलब्ध रहते थे जो उस समय का सबसे मशहूर और सबसे नया उत्पाद होता था।''[45]

मोन्सरात मीना बाजार के बारे में बताता है कि ''यह बाजार औरतों के लिए बनवाया गया था जिनमें आधा मील के बड़े मैदान में अनेक उत्पाद और उनके व्यापारी तथा खरीदने वाले लोगों की भीड़ रहती थी।[46]

इसी प्रकार से विलियम फ्रिन्च और थामस हरवेट ने भी इस बाजार का वर्णन किया है। आरिफ कंधारी ने ''तारीख-ए-अकबरशाही" में बताता है कि ''नूर महमूद के नेतृत्व में फतेहपुर सीकरी का बाजार लगाया जाता था।[47]

(5) खास-महल (बैठक)

जोधाबाई महल के उत्तर-पूर्व में प्रवेश द्वार के समीप एक खूबसूरत इमारत लाल बलुआ पत्थरों द्वारा बनायी गयी है। यह एक शाही निवास की भवन है। इसमें दो कमरे भूमि तल पर बने हैं इसको ''खास महल" कहते हैं।[48] इस भवन के प्रथम तल पर बैठक बनायी गयी है। इस भवन के नीचे के कमरों में किताबें और एलबम रखने के जगह बने हुए है जिससे लगता है कि यह महल भोजन कक्ष है। बैठक को फूल और पत्तियों तथा गुलाब के फूलों के चित्रों द्वारा तथा दीवारों पर फारसी में कुरान की आयतें लिखकर सजाया गया है। इनकी रंगाई के लिए सोने का प्रयोग किया गया है। इसके

दक्षिण में जो खिड़की है उसका प्रयोग बादशाह द्वारा झरोखा दर्शन के लिए प्रत्येक सुबह किया जाता था।[49]

(6) हवा महल

हवा महल इमारतों का एक योग है। यह दो मंजिला इमारत है। इसको इस तरीके से बनाया गया है कि प्राकृतिक हवा आसानी से इसमें आ सके। इसके लिए इसकी दीवारों को जालीदार बनाया गया है। बादशाह अपने परिवार की औरतों के साथ यहाँ पर स्वच्छ हवा लेने के लिए आता था। यह एकान्त जगह थी इस कारण यह महल हवा महल या ठण्डी का स्थान के नाम से प्रसिद्ध है। इसकी बनावट में उत्तर भारतीय शिल्पकला का प्रयोग किया गया है। इस भवन को इस तरह से बनाया गया है कि इसमें चारों तरफ से हवा आती रहती थी।[50]

(7) मरियम का भवन

फतेहपुर सीकरी की इमारतों में मरियम का भवन अपनी स्थापत्य कला की वजह से जाना जाता है। यह भवन जोधाबाई महल के उत्तर-पूर्व में एक ढाँचा के रूप में खड़ा है जिसको ''मरियम भवन" या ''सुनहरा भवन" कहते हैं। यह साधारणतया मरियम का निवास स्थान माना जाता है जो अकबर की पत्नी थी।[51] यह भवन एक साधारण कुर्सी पर बना है। यह अपनी बनावट से सबको आकर्षित करता है। पत्थर की कोटी से चारों ओर मजबूत दीवार बनायी गयी है। इस पर खूबसूरत तरीके से पत्थरों को काटकर नक्क़ासी की गयी है चित्रकारी के लिए सोने से रँगाई की गयी है जो हमेशा चमकता रहता है। यह भवन दो मंजिला है पहली मंजिल पर एक ही कमरा बनाया गया है कोई आँगन वगैरह नहीं बनाए गए हैं। इसके बरामदों में खम्भों का प्रयोग किया गया तथा इन खम्भों पर खुदाई कर कलाकारी की गयी है[52] जो बहुत ही आकर्षक है। इस भवन की सबसे बड़ी विशेषता यह है कि इसकी भीतरी दीवार पर बहुत सुन्दर भित्ति चित्र बनाए गए है। पेड़-पौधे और पशु-पक्षियों के चित्रों से सजाया गया है। इसकी कारीगरी में पंजाब की कला का छाप है।[53]

पर्सी ब्राउन के अनुसार ''इसकी विषय वस्तु और इनकी शैली ईरानी है और ये अकबर के संरक्षण में विकसित मुगल चित्रकला के प्रारम्भिक नमूने है इस्लामी नियमों के विरूद्ध इसमें मानव आकृति भी अंकित है।[54]

(8) नगीना मस्जिद

फतेहपुर सीकरी में बनायी गयी यह मस्जिद साधारण रूप से मुगल हरम की औरतों के लिए बनायी गयी थी। साधारणतया इसको नगीना मस्जिद के नाम से जानते हैं।[55] इसकी इमारत छोटी है पर बहुत ही बहुमूल्य तरीके से इसको सजाया गया है। इसको लाल पत्थर से बनाया गया तथा पत्थरों को काटकर उस पर नक्कासी की गयी है। इसकी नक्कासी कला बहुत ही सुन्दर दृश्य प्रस्तुत करती है।[56]

(9) आँख मिचौली भवन

अकबर द्वारा फतेहपुर सीकरी में बनवायी गयी इमारतों में आँख मिचौली भवन का महत्त्वपूर्ण स्थान है। यह भवन अकबर की व्यक्तिगत आकर्षण के लिए जानी जाती है। यह भवन दीवान-ए-खास के पश्चिम में स्थित है। इस भवन का प्रयोग अकबर द्वारा लुका-छुपी (आँख मिचौली) का खेल खेलने के लिए बनवाया गया था। बादशाह अपने हरम की औरतों के साथ यहाँ पर यह खेल खेला करता था। जिसकी वजह से इस भवन को "आँख मिचौली" भवन कहा जाने लगा।[57]

(10) राजकुमारों की पाठशाला

जामा मस्जिद के दक्षिण में एक इमारत बनायी गयी है जो अबुल फ़ज़ल और फैजी महल के बिल्कुल पास है। इस भवन को राजकुमारों की पाठशाला के नाम से जाना जाता है। इस इमारत का दरवाजा पीछे की ओर परिश्चम की तरफ से बन्द कर दिया गया है। यहीं पर एक भूमिगत कमरा है जहाँ पर सूफी सन्त शेख चिश्ती विश्राम करते थे और विद्यार्थियों को कुरान और हदीश की शिक्षा देते थे।[58]

अकबर अपने पुत्रों की शिक्षा के लिए उचित प्रबन्ध किया था। इसमें लड़के और लड़कियाँ दोनों को ही सुविधा दी गयी थी।[59] अब्दुल कादिर बदायूँनी के अनुसार "बादशाह ने एक नए पाठ्यक्रम की व्यवस्था की थी।[60] अकबर ने मस्जिद के पीछे उत्तर पूर्व में कारवा सराय के पास छोटे राजकुमारों के लिए घरेलू कुटुम्ब बनवाया था। जहाँ 5-12 वर्ष तक राजकुमार पढ़ते थे। इससे ऊपर के उम्र वाले राजकुमारों की शिक्षा इस पाठशाला में होती थी।

(11) शाही रसोई

फतेहपुर सीकरी में दीवान-ए-आम के पीछे की दीवार से लगी हुई एक इमारत है जिसे शाही रसोई के नाम से जाना जाता है। यहाँ पर शाही भोजन बनाने का काम किया जाता था। इस भवन में छः बड़े चूल्हे थे तथा उसी के बगल में तीन और बड़े चूल्हे हैं जो पश्चिमी दीवार की तरफ है। इससे यह स्पष्ट हो जाता है कि यह खाना बनाने वाला घर हैं। इस भवन को अलग तरीके से बनाया गया है। इस भवन के दीवारों को ऊँचा बनाया गया है। यहाँ पर खाना कड़ी सुरक्षा के बीच बनाया जाता था।[61] यहीं से पिछले दरवाजा द्वारा भोजन ख्वाबगाह में पहुँचा दिया जाता था तथा हरम में भी इसी दरवाजा से खाना लाया जाता था।[62] यह सब कार्य नौकरों द्वारा किया जाता था।[63]

इस प्रकार शाही रसोई घर को बड़े ही वैज्ञानिक तरीके से बनाया गया था। यह फतेहपुर सीकरी की महत्त्वपूर्ण इमारतों में एक है।

(12) अब्दुल रहीम खान-ए-खाना का महल

फतेहपुर सीकरी के आगरा गेट के उत्तर पूर्व की ओर दीवान-ए-आम के मुख्य दरवाजे के पास एक महल है जिसको अब्दुल रहीम खान-ए-खाना के नाम से जानते हैं।[64] इसे "गवोरा महल" भी कहते हैं। 1561 ई. में बैरम खाँ की मृत्यु के बाद अकबर ने उसकी पत्नी सलीमा सुल्ताना बेगम से शादी कर लिया था अब्दुल रहीम खान-ए-खाना इन्हीं के पुत्र थे। अत: अकबर अब्दुल रहीम को अपने पुत्र की तरह पाला था।[65] ये उच्च मनसबदार और हिन्दी और पर्शियन के अच्छे कवि थे।[66]

अब्दुल रहीम खान-ए-खाना का महल लाल बलुआ पत्थर से बड़ी सुन्दर तरीके से बनाया गया था। यह महल भारतीय और इस्लामी स्थापना का उदभूत मेल है।

(13) अबुल फ़ज़ल और फैजी का महल

जामा मस्जिद के उत्तरी दीवार तथा बादशाही दरवाजा के पास नीचे यह भवन स्थित है। यह भवन सारी सुविधाओं से पूर्ण था। हमाम, बगीचा और पानी के आपूर्ति आदि की व्यवस्था पूर्ण थी। यह भवन अकबर के दरबार में रहने वाले सरदार अबुल फ़ज़ल और उसके भाई फैजी के नाम पर बनवाया गया था।[67]

अबुल फ़ज़ल और फैजी महल एक मंजिली इमारत है। यह निवास स्थान के रूप में बनाया गया भवन है। इसकी दीवारों पर उत्तर भारतीय कला

का प्रयोग किया गया है। भवन का बरामदा बहुत अच्छे तरीके से बनाया गया है तथा इस पर कलाकृति की गयी है। इस कलाकृति पर भारतीय कला का छाप पूरी तरह दिखाई देता है। ऊपर वाली मंजिल पर सिर्फ दो कमरा पूर्वी दिशा में बनाया गया है।[68] इस प्रकार अबुल फ़ज़ल और फैजी का भवन एक साधारण कलाकृति वाला छोटा भवन है।

(14) तानसेन बरदारी

आगरा दरवाजा के बगल में दायी तरफ खुले मैदान में पर्वत श्रेणी के पूरब तरफ अमीरों के बहुत सारे महल बनाए गए हैं। इन्हीं इमारतों में लाल बलुआ पत्थर से बनी एक इमारत है जिसमें एक मण्डप बनाया गया है जिसे ''तानसेन की बरदारी'' कहा जाता है,[69] जहाँ बैठकर तानसेन अपना अभ्यास करते थे। यह एक महत्त्वपूर्ण इमारत है जिसका निर्माण अकबर द्वारा अपने दरबार के महत्त्वपूर्ण संगीतकार तानसेन के लिए किया गया था।[70]

(15) समोसा महल

यह अमीरों के लिए बनवाया गया महल था जो पहाड़ी के पूर्वी ढाल पर बनवाया गया निवास स्थान था। इसके उत्तरी तरफ जामा मस्जिद की दीवार है, इस इमारत का आकार तिकोना है जिससे वर्तमान में इसे समोसा महल के नाम से जाना जाने लगा।[71] यह एक मंजिला इमारत है इसके प्रवेश द्वार पर एक बड़ा ढलान है जो पाँच खम्भों पर बनाया गया है। इस खम्भों पर कलाकृति बनायी गयी है, खुले मैदान में चारों तरफ कमरे बनवाए गए है जिससे इसका आकार समोसे की तरह हो जाता है। यह पूरा महल लाल बलुआ पत्थर से बनवाया गया और कहीं-कहीं पर हल्की भूरी रंग के पत्थरों का प्रयोग किया गया है। इस महल की बनावट साधारण है। इस भवन की स्थापना अमीरों के परिवार बच्चों और नौकरों तथा घोड़ों आदि को रखने आदि को ध्यान में रखकर बनाया गया है।जो स्थापत्य कला का एक अद्भुत उदाहरण पेश करता है।[72]

(iii) सार्वजनिक भवन एवं अन्य भवन

फतेहपुर सीकरी में कुछ भवनों का निर्माण किया गया है जिनका प्रयोग सभी वर्ग द्वारा सार्वजनिक रूप से किया जाता था। इन भवनों को सार्वजनिक भवनों की श्रेणी में रखा गया है। जिनका विकास फतेहपुर सीकरी में किया गया है। इन भवनों में पंचमहल, ख्वाबगाह, पुस्तकालय, मदरसा,

इबादतखाना, दफ्तरखाना, दीवाने-ए-आम, दीवाने-ए-खास, दौलत खाना, बालिकाओं की पाठशाला, तुर्की सुल्ताना की कोठी, ज्योतिषी की बैठक आदि इमारते हैं।

(1) पंचमहल

अकबर द्वारा बनवायी गयी फतेहपुर सीकरी की महत्त्वपूर्ण इमारतों में से एक है। यह पंचमंजिली इमारत है जो खुले स्थान में है। प्रत्येक मंजिल एक दूसरे से छोटे क्रम में बनायी गयी है। इसका निर्माण खम्भों पर किया गया है, कुल 176 खम्भे इस इमारत में है। पहली मंजिल में 56 खम्भे है, दूसरी मंजिल पर 20 और तीसरी मंजिल पर 12 और चौथी मंजिल पर 4 खम्भे है।[73] इसके ऊपर की प्रत्येक मंजिल क्रमशः छोटी होती गयी है और अन्तिम मंजिल के ऊपर एक चंदोवा है। भवन के प्रत्येक खम्भों की सजावट दूसरे से भिन्न है और सजावट में रुद्राक्ष की मालायें, घण्टियाँ, फूल, पत्तियों सहित कलश जैसे हिन्दू प्रतीक उल्लेखनीय है।[74] इसके दक्षिण पूर्व में एक व्यक्तिगत दरवाजा है जो "खास महल" का है।[75] इस पर हिन्दू मंदिर शैली का प्रभाव स्पष्ट रूप से दिखता है। इस महल का प्रयोग दरबार में होने वाले उत्सवों, खेलों आदि को देखने के लिए किया जाता था।[76]

इस प्रकार पंचमहल फतेहपुर सीकरी के इमारतों में अपनी कला और निर्माण की दृष्टि से महत्त्वपूर्ण इमारत है।

(2) ख्वाबगाह

फतेहपुर सीकरी दरबार के दक्षिण में एक भवन जिसमें कमरे, ढालान और बैठकें लाल बलुआ पत्थर द्वारा बनायी गयी है। इस मुख्य इमारत को ख्वाबगाह कहा जाता है। अकबर इसी भवन में सोता था। इसके कुछ कमरे हरम की महिलाओं के लिए थे। अकबर सोने से पहले यहाँ पर संगीत, सांस्कृतिक कार्यक्रमों को कराता तथा चित्रकला आदि को देखकर आनन्द लेता और सोने चला जाता था।[77]

(3) पुस्तकालय (खुतुबखाना):

ख्वाबगाह के उत्तर दिशा में पत्थरों से बनाया गया एक भवन है। जिसको अकबर की पुस्तकालय कहा जाता है। अबुल फ़ज़ल के अनुसार "यहाँ पर 25000 हस्तलिखित पुस्तकें अलग-अलग किस्म की है। अकबर इसमें बहुत ही दिलचस्पी रखता था।[78]

(4) मदरसा

फतेहपुर सीकरी के इस मदरसे का निर्माण अकबर द्वारा किया गया है। यह दो मंजिला मदरसा चारचहमान तालाब (अनूप तालाब) के उत्तर में है।[79] यह मूल रूप से अलग-अलग खम्भों कोष्ठकों, सपाट भाग और छज्जा आदि से बनाया गया था। यहाँ पर विद्यार्थियों को शिक्षा प्रदान करने का कार्य किया जाता था। फारसी में शिक्षा प्रदान की जाती थी।[80]

(5) दीवान-ए-आम

इसका निर्माण ऊँची कुर्सी पर किया गया है इसके सामने की ओर एक बरामदे की योजना है जिसके ऊपर लाल पत्थरों के छज्जे निर्मित है इसमें पत्थर की सुन्दर जालियाँ बनायी गयी है। यह भवन देखने में आयताकार कक्ष की भाँति है। इसमें बादशाह अपना दरबार किया करता था।[81] ऊँचे चबूतरे पर स्थित भवन में सघन नक्काशी वाला एक आयताकार कक्ष है। इसके सामने छप्पर युक्त एक बरामदा है। अकबर इस कक्ष में दरबार के समय बैठता और सामने खुले प्रांगण में शामियाने लगते थे।[82]

(6) दीवान-ए-खास

यह भवन लाल पत्थरों के द्वारा बनवाया गया है। यह एक लघु आकार का भवन है। इसकी निर्माण योजना सीकरी में निर्मित अन्य इमारतों से भिन्न है। यह 10मीटर (33 फिट) का वर्गाकार भवन है। इसमें एक डाटदार कक्ष की योजना है जिसकी छत पटी हुई है। इसके प्रत्येक कोण पर ऊपर की ओर एक स्तम्भ वाली छतरी है। इसकी आन्तरिक योजना सुन्दर और कलात्मक है।[83] यह स्तम्भ 36 संकीर्ण गठे हुए लहरदार ताड़ो पर आधारित एक चबूतरा है जिस पर सिंहासन रहता था। इस केन्द्रीय मंच को पत्थर के पुलों से कक्ष के चारों कोनों को जोड़ा गया है। बीच में मंच पर सम्राट बैठता था और चारों ओर विभिन्न धर्मों के विद्वान बैठकर सम्राट में चर्चा करते थे। इस स्तम्भ की अवधारणा मौलिक है और इसमें कालात्मक विशेषतायें भी है।[84]

(7) इबादत खाना

फतेहपुर सीकरी के महत्त्वपूर्ण इमारतों में से इबादत खाना एक था। वर्तमान समय में इसकी कोई इमारत मौजूद नहीं है।[85] इस इबादत खाना को ''कार्यशाला का घर'' भी कहा जाता था। यह भवन दीवाने-खास और अनूप

तालाब के बीच स्थित था। इबादत खाना फतेहपुर सीकरी का प्रतिनिधित्व करने वाली इमारतों में से एक थी। इसमें सामाजिक, धार्मिक और मानव कल्याण के लिए अकबर द्वारा विभिन्न धर्मों के विद्वानों को इसमें बुलाया जाता और गूढ़ चर्चायें की जाती थी तथा प्रश्नों पर वाद-विवाद होता था। इसका निर्माण 1575 ई. में किया गया। अब्दुल कादिर बदायूँनी द्वारा इस भवन को इबादतखाना कहा गया है।[86]

(8) दफ्तरखाना

फतेहपुर सीकरी में दीवान-ए-खास भवन और आँख मिचौली भवन के पूर्व में खाली जगह है यहीं पर दफ्तरखाना भवन है। दफ्तरखाना को "प्रमाण भवन" भी कहा जाता है। 1574 ई. में इसको बनाया गया था। यह भवन कार्यालय के रूप में प्रमाणों को एकत्र करने के लिए बनायी गयी थी। इस भवन में तीन कमरे थे। इसमें खम्भों का प्रयोग किया गया था। इन खम्भों पर चित्रकारी की गयी है।[87] इसी के बगल में 'मकताब खान' का भवन संलग्न है। यहाँ पर अकबर के अनुवाद विभाग से सम्बन्धित पुस्तकों को संरक्षित किया जाता था। अकबर द्वारा गठित अनुवाद विभाग यहीं पर अपना कार्य करता था।[88]

(9) दौलत खाना

फतेहपुर सीकरी में दीवान-ए-आम के पश्चिम में दो मंजिला भवन दौलत खाना है। इसको "संयोग का भवन" या "धन का भवन" कहा जाता है। यह एक छोटी इमारत है इस भवन को बनाने में भारतीय और इस्लामी शैली का प्रयोग किया गया है। पत्थरों को काटकर उसमें चित्रकारी की गयी है। यह पर्शीयन कला के लिए खास रूप से जाना जाता है।[89] मोन्सरात मुख्य रूप से दौलतखान और हरमसारा को असम्बद्धीकरण इमारत के रूप में देखते हैं।[90] अकबर के समय इन इमारतों को बड़ी सावधानी पूर्वक बनाया गया था। इसका बाहरी दीवार हाथी पोल से सटी हुई है।

(10) बालिकाओं की पाठशाला

दीवान-ए-खास के पश्चिमी कोने पर पत्थर से बनायी गयी दो मंजिला भवन है जो दौलतखाना के चहारदीवारी के पास है। इसको बालिकाओं की पाठशाला के नाम से पुकारते हैं।[91] यह तुर्की सुल्ताना भवन के साथ जुड़ी हुई है।

(11) तुर्की सुल्ताना की कोठी

तुर्की सुल्ताना की कोठी एक मंजिला इमारत है जो एक मठ की तरह है। इसमें खम्भों युक्त बरामदा है। यद्यपि इसकी रूपरेखा सादी है इसके पत्थरों में नक्कासी का काम उच्च कोटि पर किया गया है। प्रत्येक दीवारों पर पक्षियों, पेड़-पौधों और फल-फूल के चित्र उकेरे गए हैं। इस ढालू छज्जों में नीले चमकदार रंग के छप्पर लगाये गए है। पर्सी ब्राउन इसे "वास्तु कला का रत्न" बताते हैं।[92] बालिकाओं की पाठशाला इसी भवन से जुड़ी हुई है।

अन्य भवन— फतेहपुर सीकरी में इन भवनों के अतिरिक्त कुछ अन्य भवनों का निर्माण किया गया है जो फतेहपुर सीकरी के विकास में अपना महत्त्वपूर्ण योगदान देती है।

(1) हाथी गेट (हाथियाँपुर) सिंध बुर्ज और नक्कारखाना भवन

हाथी दरवाजा मुख्य रूप से शाही भवन में जाने का एक दरवाजा है। इसकी दिशा उत्तर दक्षिण की है इस दरवाजे के दोनों तरफ पत्थर द्वारा हाथी की मूर्तियाँ बनायी गयी है। आइने-ए-अकबरी में इसकी एक चित्रकला भी मौजूद है। इस दरवाजे का प्रयोग शाही, सार्वजनिक आदि भवनों के तरफ जाने के लिए किया जाता था। हाथियों की कलाकृति इस दरवाजे पर होने के कारण इसे हाथी दरवाजा और इस जगह को हाथियाँपुर कहा जाने लगा।[93]

पानी की आपूर्ति के लिए बनाया गया संगीनबुर्ज बाउली इस दरवाजे के दाहिनी तरफ है। यह लाल बलुआ पत्थर से बनाया गया है जहाँ से पानी की आपूर्ति का कार्य पूरी जगह पर किया जाता था। हाथी दरवाजा और संगीनबुर्ज के बगल में एक लाल बलुआ पत्थर से बनायी गयी इमारत है जिसको बदायूँनी "नक्कारखाना" या "नौबतखाना" कहता है। नक्कारखाना से बादशाह के दरबार में आने और शाही भवनों में प्रवेश करने पर नगाड़ा बजाया जाता था।[94]

(2) कारवां सराय

यह हिरन मीनार के पास स्थित है। यह चार चबूतरों वाला महल है। यह एक प्रकार का धर्मशाला है जहाँ आने-जाने वाले लोग ठहरते थे। इसकी ऊपरी मंजिल का स्तर संगीनबुर्ज के बराबर का है। यह हाथीयाँपुर के बगल में बायीं तरफ बना है। यह दो मंजिला भवन लाल बलुआ पत्थर का

प्रभावशाली भवन है। प्रवेश द्वार पर एक तोरण बनाया गया है। दूसरी तरफ पीठिका बनी हुई है। दरवाजे के अन्दर की तरफ तोरण द्वार पर कुंज बना हुआ है। यहीं पर धर्मशाला के लिपिक का कार्यालय और धर्मशाला स्थित है।[95]

यहाँ पर आने वाले विदेशी यात्री और व्यापारी ठहरते थे। किनारे की तरफ से एक रास्ता मैदान तक जाता है। जहाँ पर व्यापारियों के रहने का उचित प्रबन्धन किया गया था। देश-विदेश के व्यापारी यहीं आते और ठहरते थे। यात्रियों के ठहरने के लिए मैदान के चारों तरफ कमरा बनाया गया है। इसी के समान्तर बरामदा है जिस पर छज्जा लगाया गया है। उच्चतम सुविधा वाले कमरों को सराय के संरक्षक द्वारा उपलब्ध कराया जाता था। पानी और शौचालय की उत्तम व्यवस्था इस सराय में उपलब्ध थी। सराय अनुदान पर चलाया जाता था। राज्य द्वारा भी इसको सुरक्षा और सुविधा प्रदान किया जाता था। इसमें यात्रियों को निःशुल्क रहने की सुविधा दी जाती थी। इस सराय को पत्थर की सुन्दर जाली की पर्देदार गैलरी के द्वारा शाही हरम में मिलाया गया था।[96] सराय वर्तमान समय में खण्डहर अवस्था में है।

(3) हिरन मिनार

यह एक भारी भरकम चौकोर जो 21.95 मीटर चौड़ा और 3 मीटर ऊँचा चबूतरा पर बना वृत्ताकार स्तम्भ है। इसकी सहायता हेतु पत्थर के टोडा को इस पर छतरी रूप में आरोही क्रम में लगाया गया है। इस खम्भे की योजना एक घूर्णी आवृति पर है यह इसके मुकुट की तरह है।[97]

यह मीनार इण्डो-मुस्लिम स्थापत्य कला का अद्‌भुत नमूना है। इस मीनार की ऊँचाई 29.34 मीटर है। कहा जाता है कि अकबर इस पर से हिरण का शिकार तथा हाथियों का युद्ध आदि देखता था। इसका नाम हिरन के शिकार देखने की वजह से हिरन मीनार हो गया।[98]

(4) शाही अस्तबल

बीरबल कोठी से कुछ ही दूरी पर शाही हाथियों, ऊँटों और घोड़ों के अस्तबल का निर्माण किया गया है। यह एक विशाल आयताकार भवन है। इस भवन के मध्य एक आँगन तथा उसके दोनों ओर मेहराबदार बरामदे की योजना है।[99] इसमें घोड़ों, हाथियों आदि को बांधने के लिए व्यवस्था की गयी थी। इसको बनाने के लाल बलुआ पत्थरों का प्रयोग किया गया है। बरामदे

में पत्थरों के खम्भों का प्रयोग किया गया है तथा इन पर कलाकृति करके सुन्दर बनाया गया है।[100]

(5) कारखाना

कारखाना ईंट और पत्थरों से बना भवन है जो फतेहपुर सीकरी के उत्तर पश्चिम में जाने वाले रास्ते पर एक विशाल ईंट और पत्थरों की दीवार का निर्माण किया गया है। इस दीवार के बायीं तरफ फतेहपुर सीकरी गाँव है। इस दीवार के अन्दर बनी इमारत को ''शाही टकशाल" कहा जाता है। जहाँ पर साम्राज्य से सम्बन्धित सिक्के ढाले जाते थे। इसी को कारखाना कहा जाता था।[101] अकबर के समय इसे बयूतात कहा जाता था। टकसाल इस कारखाने का एक भाग होता था।[102]

अबुल फ़ज़ल अपनी पुस्तक 'आईन-ए-अकबरी' में इसका वर्णन करता है कि ''इसे दरबार की आवश्यकताओं के लिए उत्पाद का उत्पादन करने वाली संस्था के रूप में जाना जाता है। यह साम्राज्य के अधीन होता था यहाँ पर रोजाना आवश्यकता और विलासिता की वस्तुएँ बनायी जाती थी।[103]

(6) हौज-ए-सीरीन

कारखाने के बगल में छोटे से स्थान में मुख्य सड़क से सटा हुआ छोटे पत्थर से बनी हुई इमारत शाही रसोई हैं। इसी के दीवार से सटे चारों ओर से पालिस किया गया एक तालाब है जिसे ''हौज-ए-सीरीन" कहा जाता है।[104] यह लाल बलुआ पत्थर से बनाया गया एक छोटा तालाब है जहाँ पर वर्षा का पानी एकत्र होता और इसका उपयोग रसोंइघर में पानी की पूर्ति के लिए किया जाता था।[105] अबुल फ़ज़ल यह कहता है कि ''इसके वर्षा के पानी में थोड़ा सा गंगा जल मिला दिया जाता था और इसका उपयोग खाना बनाने और दरबार में पीने आदि के लिए किया जाता था।[106]

(7) अनूप तालाब

फतेहपुर सीकरी में दीवान-ए-खास के उत्तर पश्चिम में अनूप तालाब एक छोटा सा मशहूर बनावट है। यह लाल बलुआ पत्थर से बनाया गया एक सुन्दर तालाब है। यह 29.26 मीटर चौड़ा वर्गाकार है इसके बीचो-बीच में एक सुन्दर द्वीप के समान स्थान है जो 9.14 मीटर चौकोर वर्गाकार भाग में कटघर के ऊपर बना है जो 3.96 मीटर चौकार वर्गाकार कक्ष में स्थित है। यह मुख्य भूमि से प्रत्येक तरफ मध्य भाग से 0.61 मीटर चौड़ा और 10.06

मीटर लम्बा सेतु चारों तरफ से पत्थर के खम्भे के साथ जुड़ा हुआ है।[107] बदायूँनी यह बताता है कि यह तालाब 1575 ई. में बनकर तैयार हो गया था।[108] इस प्रकार अनूप तालाब फतेहपुर सीकरी की स्थापत्य के विकास का अच्छा उदाहरण है।

(8) शाही हमाम

फतेहपुर सीकरी की स्थापत्य में शाही हमामों का भी एक अपना स्थान है प्रत्येक स्थान लगभग एक रूप से इसे आन्तरिक और वाह्य रूप से शाही तथा अमीर लोगों द्वारा प्रयोग में लाये जाने वाला भवन इससे जुड़े हुए है। उत्तर और दक्षिण दिशा की पर्वत श्रेणी से लगभग 20 सीढ़ियाँ नीचे है। शाही हमाम को तीन श्रेणियों में बाँटा गया है।[109]

(अ)इस श्रेणी में बहुत बड़े भवन और इमारत वाले स्थान होते थे। इसमें तुर्की सुल्ताना हमाम, हकीम स्नानघर और एक भवन जिसका कोई नाम पता नहीं है वह हाथी दरवाजा के नीचे बना है।[110]

(ब) इस श्रेणी में आने वाले स्नानागार मध्य आकार वाले होते हैं जिनमें राजा का स्नानागार, नवाब इस्लाम खान का हमाम, जो बुलन्द दरवाजा के पास है कुछ और स्नानागार हाथी दरवाजा के पास स्वतंत्र रूप से है।[111]

(स) इसमें छोटी-छोटी श्रेणी के स्नानागार थे जिनमें केवल दो कमरे होते थे। ऐसे हमाम जोधाबाई भवन, नगीना महल, मरियम का बगीचा, और हकीम का घर तथा हाथी दरवाजा के पास ऐसे स्नानागार मौजूद थे।[112]

इन हमामों को बेहतर तरीके से सजाया गया था। ईंट और पत्थरों को काटकर सुन्दर कलाकारी की गयी थी। इनको रंगो द्वारा अच्छी तरीके से रंगा गया है। शाही हमामों और खास हमामों में विशेषकर कलाकारी पर विशेष ध्यान दिया गया है।[113] इस प्रकार इन हमामों में भारतीय और इस्लामी चित्रकला का भरपूर प्रयोग किया गया है।

फतेहपुर सीकरी में इन उपरोक्त निर्माण और स्थापत्य के अलावा बाबर द्वारा बनायी गयी इमारतें, बाग और पानी के हौज और तालाब तथा फतेहपुर सीकरी में बनाए गए दरवाजों, सड़के बाजार आदि बहुत सारी ऐसी कलाकृतियाँ है जो फतेहपुर सीकरी की महत्ता को स्पष्ट कर देती है।

फतेहपुर सीकरी के विकास में इमारतों और उनकी स्थापत्य एवं प्रबन्धन की बहुत ही महत्त्वपूर्ण भूमिका है। फतेहपुर सीकरी मुगल साम्राज्य की

राज़धानी के साथ मुगल काल के महत्त्वपूर्ण नगरों में अपना उच्च स्थान रखता है। मुगल साम्राज्य को स्थायित्व और मजबूती प्रदान करने में फतेहपुर सीकरी की भूमिका अद्धितीय रही है।

घ् कहा जा सकता है कि ''फतेहपुर सीकरी नगर के विकास ने मुगल साम्राज्य को स्थायित्व के साथ-साथ एक नई दिशा और दशा प्रदान किया। इससे मुगल साम्राज्य की जड़े भारत में राजनैतिक, सामाजिक, आर्थिक और सांस्कृतिक रूप से और गहरी हो गयी"

सन्दर्भ

1 अबुल फ़ज़ल, अकबरनामा, भाग-2, एच. बेवरीज, लो प्राइस पब्लिकेशन, दिल्ली, पृ. 157-58

2 सैय्यद अहत्तर अब्बास रिजवी, फतेहपुर सीकरी, डायरेक्टर जनरल आर्कोलाजी सर्वे ऑफ इण्डिया, नई दिल्ली, 1990, पृ. 76

3 विसेन्ट स्मिथ, अकबर द ग्रेट मुगल, विनोद पब्लिकेशन, दिल्ली, 1968, पृ. 319-20

4 फर्ग्यूसन, ए हिस्ट्री ऑफ इण्डिया एण्ड ईस्टर्न आर्किटेक्चर, लन्दन, 1876, पृ. 580

5 विसेन्ट स्मिथ, अकबर द ग्रेट मुगल, विनोद पब्लिकेशन, दिल्ली, 1968, पृ. 317

6 वही

7 वही

8 आर. नाथ, फतेहपुर सीकरी एण्ड इट्स मोनूमेन्ट्स, द हिस्टोरिकल रिसर्च डाक्यूमेन्टेशन प्रोग्रामी, आगरा, 2000, पृ. 22

9 सैय्यद अहत्तर अब्बास रिजवी, फतेहपुर सीकरी, पृ. 72-81

10 वही, पृ. 76

11 पर्शी ब्राउन, इण्डियन आर्किटेक्चर, बम्बई, 1942, पृ. 105

12 लईक अहमद, मध्यकालीन भारतीय संस्कृति, इला., 2006, पृ. 105-06

13 अब्दुल कादिर बदायूँनी, मुन्तखाब-उल-तवारीख (भाग-2) अनु. जी.एस.ए. रानकिंग, एटलांटिक पब्लिकेशन एण्ड डिस्ट्रीब्यूटर, नई दिल्ली, 1990, पृ. 112

14 वही

15 सैय्यद अहत्तर अब्बास रिजवी, फतेहपुर सीकरी, पृ. 59

17 विसेन्ट स्मिथ, अकबर द ग्रेट मुगल, पृ. 321

18 जहाँगीर, तुजक-ए-जहाँगीरी भाग-2, अनु. बेवरीज, लो प्राइज पब्लिकेशन, 2006, पृ. 70-71

19 पर्शी ब्राउन, इण्डियन आर्किटेक्चर, पृ. 105

20 विसेन्ट स्मिथ, अकबर द ग्रेट मुगल, पृ. 321

21 पर्शी ब्राउन, इण्डियन आर्किटेक्चर, पृ. 105

22 वही

23 फादर मोन्सरात, द कमेन्ट्री ऑफ फादर मोन्सरात अनु. एस. हाथलैण्ड, आक्सफोर्ट

यूनिवर्सिटी, लन्दन, पृ. 200

24 सैय्यद अहत्तर अब्बास रिजवी, फतेहपुर सीकरी, पृ.

25 जहाँगीर, तुलक-ए-जहाँगीरी भाग-2, पृ. 13

26 सैय्यद अहत्तर अब्बास रिजवी, फतेहपुर सीकरी, पृ. 68

27 विसेन्ट स्मिथ, हिस्ट्री ऑफ फाइन आर्ट इन इण्डिया एण्ड सारकोन, आक्सफोर्ड बुलेटिन प्रेस, 1911, पृ. 140

28 फर्ग्यूसन, ए हिस्ट्री ऑफ इण्डिया एण्ड ईस्टर्न आर्किटेक्चर, लन्दन, 1876, पृ. 580

29 पर्शी ब्राउन, इण्डियन आर्किटेक्चर, पृ. 105

30 वही

31 विसेन्ट स्मिथ, अकबर द ग्रेट मुगल, पृ. 323

32 इ.बी. हालवेल, इण्डियन आर्किटेक्चर, लन्दन, 1913, पृ. 168

33 शहनवाज खाँ, मासीर-उल-उमरा भाग-2, बेवरीज, जानकी प्रकाशन, पटना, 1979, पृ. 692-03

34 अशरफ हुसैन, ए गाइड टू फतेहपुर सीकरी, मैनेजर ऑफ पब्लिकेशन, दिल्ली, 1937, पृ. 36

35 पर्शी ब्राउन, इण्डियन आर्किटेक्चर, पृ. 102-103

36 वही

37 अबुल फ़ज़ल, अकबरनामा, भाग-2, एच. बेवरीज, लो प्राइस पब्लिकेशन, दिल्ली, पृ. 365

38 विसेन्ट स्मिथ, अकबर द ग्रेट मुगल, पृ. 170-71

39 अशरफ हुसैन, ए गाइड टू फतेहपुर सीकरी, पृ. 40

40 पर्शी ब्राउन, इण्डियन आर्किटेक्चर, पृ. 103

41 फादर मोन्सरात, द कमेन्ट्री ऑफ फादर मोन्सरात, पृ. 33

42 आर. नाथ, फतेहपुर सीकरी एण्ड इट्स मोनूमेन्ट्स, पृ. 58

43 अब्दुल फ़ज़ल, आईन-ए-अकबरी, पृ. 24

44 वही

45 वही

46 फादर मोन्सरात, द कमेन्ट्री ऑफ फादर मोन्सरात, पृ. 33

47 सैय्यद अहत्तर अब्बास रिजवी, फतेहपुर सीकरी, पृ.

48 आर. नाथ, फतेहपुर सीकरी एण्ड इट्स मोनूमेन्ट्स, पृ. 60

49 चौब सिंह वर्मा, फतेहपुर सीकरी, आगम कला प्रकाशन, दिल्ली, 1999, पृ. 28

50 सैय्यद अहत्तर अब्बास रिजवी, फतेहपुर सीकरी, पृ.

51 पर्शी ब्राउन, इण्डियन आर्किटेक्चर, पृ. 103

52 वही

53 वही

54 वही

55 सैय्यद अहत्तर अब्बास रिजवी, टाउन प्लानिग ऑफ फतेहपुर सीकरी, आस्ट्रेलियन नेशनल विश्वविद्यालय, कैनवरी
56 वही
57 वही
58 सैय्यद अहत्तर अब्बास रिजवी, फतेहपुर सीकरी, पृ. 73
59 फादर मोन्सरात, द कमेन्ट्री ऑफ फादर मोन्सरात, पृ. 203
60 बदायूँनी, मुन्तखाब-उल-तवारीख, पृ. 306-7
61 ईण्डब्लू. स्मिथ, फतेहपुर सीकरी, पृ. 243
62 के.एस. लाल, मुगल हरम, पृ. 54
63 अब्दुल फ़ज़ल, आईन-ए-अकबरी, पृ. 52
64 रिजवी और फ्लीन, पृ. 17
65 वही, पृ. 33
66 वही, पृ. 17
67 अशरफ हुसैन, ए गाइड टू फतेहपुर सीकरी, पृ. 51
68 वही
69 सैय्यद अहत्तर अब्बास रिजवी, फतेहपुर सीकरी, पृ. 14
70 वही
71 आर. नाथ, फतेहपुर सीकरी एण्ड इट्स मोनूमेन्ट्स, पृ. 82
72 वही
73 अशरफ हुसैन, ए गाइड टू फतेहपुर सीकरी, पृ. 29
74 वही
75 आर. नाथ, फतेहपुर सीकरी एण्ड इट्स मोनूमेन्ट्स, पृ. 67
76 चौब सिंह वर्मा, फतेहपुर सीकरी, पृ. 44
77 आर. नाथ, फतेहपुर सीकरी एण्ड इट्स मोनूमेन्ट्स, पृ. 64
78 अब्दुल फ़ज़ल, आईन-ए-अकबरी, पृ. 24
79 आर. नाथ, फतेहपुर सीकरी एण्ड इट्स मोनूमेन्ट्स, पृ. 14-15
80 लईक अहमद, मध्यकालीन भारतीय संस्कृति, पृ. 53
81 अशरफ हुसैन, ए गाइड टू फतेहपुर सीकरी, पृ. 13
82 वही
83 लईक अहमद, मध्यकालीन भारतीय संस्कृति, पृ. 104
84 पर्शी ब्राउन, इण्डियन आर्किटेक्चर, पृ. 96
85 सैय्यद अहत्तर अब्बास रिजवी, फतेहपुर सीकरी, पृ. 36
86 अब्दुल कादिर बदायूँनी, मुन्तखाब-उल-तवारीख, भाग-11, पृ. 108
87 सैय्यद अहत्तर अब्बास रिजवी, फतेहपुर सीकरी, पृ. 35
88 वही, पृ. 36
89 वही

90 फादर मोन्सरात, द कमेन्ट्री ऑफ फादर मोन्सरात, पृ.
91 अशरफ हुसैन, ए गाइड टू फतेहपुर सीकरी, पृ. 19
92 पर्शी ब्राउन, इण्डियन आर्किटेक्चर, पृ. 96
93 अशरफ हुसैन, ए गाइड टू फतेहपुर सीकरी, पृ. 44
94 वही
95 वही
96 वही
97 आर. नाथ, फतेहपुर सीकरी एण्ड इट्स मोनूमेन्ट्स, पृ. 91-92
98 वही
99 वही
100 वही
101 अब्दुल फ़ज़ल, आईन-ए-अकबरी, पृ. 32
102 वही
103 वही
104 सैय्यद अहत्तर अब्बास रिजवी, फतेहपुर सीकरी, पृ. 17
105 वही
106 वही
107 वही, पृ. 27
108 वही
109 आर. नाथ, फतेहपुर सीकरी एण्ड इट्स मोनूमेन्ट्स, पृ. 101-106
110 वही
111 वही
112 वही
113 वही

4

फतेहपुर सीकरी का नगरीय प्रबंधन

फतेहपुर सीकरी आगरा से 37 किमी. दक्षिण-पूर्व में स्थित है। इसके बगल से खरी नदी बहती है। यह चट्टानों पर बसा एक शहर है। इसकी बनावट मछली के आकार की बलुआ पत्थर की पर्वत श्रेणी पर स्थित है जो दक्षिण-पूर्व और उत्तर-पूर्व की दिशा के मार्ग पर है। यह चट्टान खड़ी है। यहाँ पर लाल बलुआ पत्थर के अन्य सामग्रियों की उपलब्धता प्राचीन समय से है। जो एक उच्च स्तर के स्थापत्य कला निर्माण के लिए पर्याप्त है। यहाँ से समान दूरी पर ही थानपुर और धौलपुर नामक स्थान है। यह दोनों एक छड़ रूपी श्रृंखला है। यह यमुना और चम्बल की एक महत्त्वपूर्ण श्रृंखला है। जो एक शैल पर्वत चोटी है जिस पर फतेहपुर सीकरी बसा है।[1]

फतेहपुर सीकरी के कुछ भागों को छोड़कर बाकी जगह समतल है जो खेती आदि कार्यों के लिए योग्य है। फतेहपुर सीकरी में जो जल उपलब्ध है वह जल खारा है। कुछ कुआँ और पोखरे तथा तालाब ही यहाँ पर ऐसे है जिनका पानी पीने के लिए उपयुक्त है।[2] बाबर के शासन काल में सीकरी एक साधारण गाँव ही था।[3] अबुल फ़ज़ल के अनुसार सूफी सन्त शेख चिश्ती यहाँ पर निवास करते थे, जिनके सम्मान में अकबर द्वारा सीकरी को बसाया गया, बाद में अकबर की मन्नत पूर्ण होने पर इस जगह को मुगल राजधनी बना दिया गया।[4] अन्य समकालीन लेखक भी इस बात को स्वीकार करते हैं।

फतेहपुर सीकरी न केवल अकबर की शक्ति बल्कि सुलह-ए- कुल[5] नीति का सच्चा प्रतिबिम्ब है और साथ ही यह नगर नियोजन के सन्दर्भ में महत्त्वपूर्ण कार्य है। यह नगर किसी सैनिक छावनी के दृष्टिकोण से नहीं बना था। बल्कि सेवा जरूरतों आदि दृष्टिकोण से बसाया गया था। यह अपने क्षेत्र में महत्त्वपूर्ण बिन्दु था। सोलहवीं-सत्रहवीं शताब्दी के शुरुआत में फतेहपुर

सीकरी ने सांस्कृतिक और व्यापारिक जरूरतों के क्षेत्र में साम्राज्य को नया दृष्टिकोण प्रदान किया।[6]

इसमें कोई सन्देह नहीं है कि अकबर सूफी सन्त शेख चिश्ती के प्रति अगाध श्रद्धा रखता था और वह यह मानता था कि उसके तीनों पुत्रों का जन्म उसी महान सन्त के आशीर्वाद के फलस्वरूप हुआ।[7] इसीलिए उनके सम्मान में फतेहपुर का निर्माण कराया। यह स्थान जहाँ पर पत्थर थे और पीने का पानी नहीं था फिर भी शेख का घर और आश्रय था, को मुख्य अध्यात्मिक केन्द्र बनाया।[8] जल्द ही अकबर ने इसे नई तकनीकी के उपयोग से इस जगह को खूबसूरत शहर में परिवर्तित कर दिया जो आगरा के समान हो गया।[9]

अंग्रेज यात्री राल्फ फ्रिंच 1584 ई. में यहाँ यात्रा पर आता है। वह अपने विवरण में यह बताता है कि "इसका क्षेत्र आगरा से 12 मील की दूरी पर है और रास्ते में बाजार और अन्य वस्तु मिलती थी। सम्पूर्ण नगर आदमियों से भरा था और बहुत सारे लोग और आदमी बाजार में थे"।[10]

फतेहपुर सीकरी के महल के अलावा वहाँ पर प्रशासनिक कार्यालय और बाजार सभी कुछ किले में थे। फतेहपुर सीकरी की शान वहाँ की मस्जिदें, खानकाह, हमाम और बागीचे और कुछ चुने हुए व्यापारियों के कारवा सराय थे। पहाड़ों की चोटी का चुनाव करने के कारण इसके निर्माण में कठिनाइयाँ हुई। इन सबके बावजूद सम्राट ने इसके भविष्य को देखा जो माउण्ट आबू बुर्ज की संरचना से बहुत कुछ मिलता जुलता था।[11]

1569 ई. की शुरुआत में अकबर द्वारा एक सुन्दर महल बनवाया गया जिसे 'रंग महल' के नाम से जाना गया।[12] जो सलीम की माँ के लिए बना था और सूफी सन्त शेख चिश्ती की खानकाह के दक्षिण पश्चिम में था। 30 अगस्त 1569 ई. को राजकुमार सलीम के जन्म के बाद अकबर ने शेख के अनुयायियों के नेतृत्व में और उनके सहयोग से एक बड़ी मस्जिद (जामा मस्जिद) और खानकाह बनाने का आदेश दिया।[13] इस बात की पुष्टि निजामुद्दीन और बदायूँनी तथा अन्य समकालीन फारसी इतिहासकारों द्वारा भी की जाती है।

अकबर ने इस पत्थर में एक नगर बनाने का महत्त्वपूर्ण निर्णय लिया जो उसकी आस्था और महानता को प्रदर्शित करती है। यहाँ के अधिकांश लोग खेती और पत्थर के समान बनाने का काम करते थे। अतः पत्थर के कार्य को एक योजना का रूप देने में अकबर को कोई दिक्कत नहीं हुई। यहाँ पर

उसने पत्थर की एक दीवार बनवाई जो इमारतों के चारों ओर बनी थी। यह बात पूरी तरह स्पष्ट है कि अकबर ने यहाँ बस जाने के बाद इस नगर का नाम 'फतेहपुर' से फतेहपुर सीकरी रख दिया।[14]

फतेहपुर सीकरी को अकबर ने अपनी राजधानी बनाया पर अध्ययन से एक बात स्पष्ट होती है कि कभी भी आधिकारिक रूप से राजधानी आगरा से फतेहपुर सीकरी स्थानान्तरित नहीं की गयी।[15] आगरा नियमित रूप से मुगल साम्राज्य की राजधानी बनी रही। व्यापार-वाणिज्य और विदेशियों का आगमन आगरा में उसी तरह होता रहा।[16] फतेहपुर सीकरी एक प्रकार से बादशाह के निवास के रूप में बादशाह की राजधानी बनी रही। क्योंकि जहाँ पर मुगल बादशाह रहता था उसकी राजधानी वही। अकबर ने कुछ समय तक इसका अस्तित्व बनाए रखा।[17] इस बात की पुष्टि तत्कालीन समकालीन स्रोतों द्वारा पूर्ण रूप से हो जाती है।

फतेहपुर सीकरी का पूर्वी सिरा राजस्थान से सटा हुआ है। राजस्थान को अपनी मजबूत स्थिति के लिए 'वीरो की भूमि' कहा जाता था।[18] अकबर ने अपने दरबार में परम्परागत रूप से मुस्लिम अमीरों को रखा था। जिनमें भारतीय दरवान तुर्क, अफ़गान, मुगल, उजबेक और नव मुसलमान आदि थे[19], पर ये लोग उतना विश्वसनीय नहीं थे। अकबर राजपूतों की वीरता और देशभक्ति से बहुत प्रभावित हुआ और वह इन पर विश्वास रख सकता था। इसकी राजपूतनीति इसी को लेकर निर्धारित की गयी।[20] ये वीर और विश्वास पात्र थे। इसलिए अकबर ने इनको मनसबदार भी बनाया और उन पर साम्राज्य की रक्षा करने पर भरोसा जताया।[21] वह इन सब नियम और कार्यविधि को फतेहपुर सीकरी से ही संचालित करता था। फतेहपुर सीकरी को राजधानी बनने के बाद भी अकबर प्रत्येक वर्ष अजमेर की दरगाह पर जाता जो वास्तव में उसकी राजपूतनीति का ही एक अंग थी। इस प्रकार सीकरी अकबर की रणनीति का भी एक अंग थी।[22]

अकबर ने फतेहपुर सीकरी को राजधानी के रूप में पूर्ण रूप से व्यवस्थित किया उसके प्रबन्धन की भी अच्छी व्यवस्था की 1585 ई. में राजधानी परिवर्तन के बाद भी यह व्यवस्था उसी भाँति चलती रही।

(क) राजधानी नगर के रूप में फतेहपुर सीकरी का प्रबन्धन

आगरा से फतेहपुर सीकरी आने के बाद अकबर ने इसको अपनी राजधानी बनाया। अकबर ने फतेहपुर सीकरी के नगर नियोजन हेतु मध्यकालीन नगर

नियोजन के छोटे से छोटे नियम और योजना को महत्त्व दिया जो नगर योजना और प्रबन्धन के लिए महत्त्वपूर्ण हो सकते थे। इस बात का संकेत यहाँ की इमारतें स्वयं करती हैं जो आज भी अपनी खूबसूरती के लिए जानी जाती हैं।[23] आइन-ए-अकबरी में अबुल फ़ज़ल भी इनकी विशेषताओं का वर्णन करता है।

बाबर के समय फतेहपुर सीकरी एक गाँव था जो बयाना परगना में पड़ता था। इसको सीकरी बुलाते थे। यह आगरा से 12 कोस (24 मील) की दूरी पर था। एक ईंट की दीवार जो इसकी प्रवेश द्वार है इसकी महत्ता को बताती है। इस शहर की प्रदर्शित यह पहली महत्त्वपूर्ण कृति है। इस पर हाथी की मूर्ति जो पत्थर से बनाई गयी है। यह प्रेरणा स्वरूप रखी गयी है, जो आश्चर्य चकित कर देने वाली है। शाही महल और अमीरों आदि का निवास इसके अन्दर बनाया गया है। यह योजना बेहद सुन्दर तरीके से बनाई गई है। जामा मस्जिद, इबादतखाना और अन्य धार्मिक भवनों के साथ-साथ, शाही निवास और अन्य सार्वजनिक भवनो को बेहद खूबसूरत तरीके से इस चोटी पर बनाया गया है। इसके बगल में 22 कोस (40 मील) की परिधि में एक झील है जिस पर बाँध का निर्माण कराया गया है। यह गौरवपूर्ण निर्माण विस्तृत और लम्बा चौड़ा चहारदीवारी खारी नदी पर है। इसके एक तरफ हिरन मिनार और दूसरी ओर पोलो मैदान है। जहाँ पर हाथियों का युद्ध प्रदर्शित होता था। यह पत्थर की खानों के बिल्कुल समीप है जहाँ पर स्तम्भों की पट्टियों को नाप कर खोदा गया है। यह आगरा और फतेहपुर सीकरी का गौरव है।[24]

खारी नदी एक मौसमी नदी है[25] जिसमें मुख्यत: छ: महीने पानी रहता है। अकबर ने इस नदी पर पर्वत श्रेणी से एक किलोमीटर लम्बा बाँध बनवाया था। इस बाँध को 'तेरह मोरी' के नाम से पुकारते हैं।[26] जिसमें 36 गेट वाले जल मार्ग बनाए गए थे। धनुष गेट जो एक महत्त्वपूर्ण गेट था इसमें केवल 12 गेट वास्तविक समय में मौजूद है। बाकी स्थायी रूप से बन्द हो गए है। तेरह मोरी एक गाँव का नाम है जो इस स्थल के उत्तर क्षेत्र में है। गारे और कंकड़ से बनी इसकी दीवार अब उखड़ गयी है। पानी अपना दबाव ईटों की दीवारों पर डालती है। इस दबाव के कारण के कारण पानी की धारा कंकड़ बहा ले गयी है जिससे इसका पानी और खारा हो गया है। खारे पानी होने के कारण ही इसका नाम खारी नदी है। इस बहाव के कारण यह और

चौड़ा हो गया है जो फतेहपुर सीकरी रोड के पास तक हो गयी है।[27] यह सड़क सीकरी से भरतपुर तक जाती है। यहाँ पर एक बड़ी कृत्रिम झील को बनाया गया है। यहाँ पर वर्षा का पानी इकट्ठा किया जाता था जिसके पानी का उपयोग वर्षभर पीने के लिए किया जाता था।[28] अबुल फ़ज़ल के अनुसार "यह झील 12 कोस, 24 मील; 40 किमी. की परिधि में थी। इसके समान्तर तीन किमी. तक पर्वत श्रेणी खड़ी थी"।[29] गर्मी के दिनों में जब हवा चलती तो इस झील का पानी और पत्थर से टकराकर ठण्डा हो जाता और नदी का तापमान जलवायु को परिवर्तित कर देता था जिससे वातावरण ठण्डा रहता था। इस प्रकार हमें यह पता चलता है कि अकबर ने वास्तुकला का प्रयोग बहुत ही अच्छी तरह से किया था।[30]

फतेहपुर सीकरी के लिए यह झील बहुत ही महत्त्वपूर्ण थी। अकबर ने इसकी सुरक्षा के लिए एक दीवार पर्वत की तरह से बनवायी और एक दीवार गाँव तथा मस्जिद की तरफ से बनवायी। यद्यपि यह अनखुली जगह पर्वत और मीनारों, बुर्ज, बाहरी दरवाजों के मार्ग तक जाता था। यहाँ पर लाल बलुआ पत्थर की सुरक्षित और मजबूत दीवार थी जो एक दूसरे को जोड़ती थी। इसको कंकरीली पत्थरों आदि से बनाया गया था जो इस प्रकार नगर की शुरुआत करती है।[31] यह सीकरी गाँव को दो गेटों से जोड़ती है। दिल्ली दरवाजा तथा लाल दरवाजा जो दक्षिण-पूर्व को जोड़ता था। आगरा दरवाजा दक्षिण-पश्चिम में ग्वालियर दरवाजा को जोड़ता था और पश्चिम तथा उत्तर दिशा में हवा महल से जुड़ता था।[32]

इसी के निकट बाबर द्वारा जल महल और अजमेर दरवाजा आदि बनाया गया है जो तेरा दरवाजा को निर्देशित करता है।[33] अजमेर दरवाजा पत्थरों द्वारा बनाया गया है इसकी परिधि एकदम समतल है। इसका एक बड़ा भाग अब गिरे हुए रूप में है पर यह असली ढाँचे की झलक देता है। अजमेरी गेट दो मंजिल इमारत के बराबर है। यहाँ महल और आफिस की एक साथ जोड़े हुए हैं।[34]

कुछ इमारतें नौबतखाना के पास है।[35] यहीं पर शाही उत्सव का संगीत रोजाना बजाया जाता था।[36] जहाँ पर पहरेदारों को लगाया जाता था। इसकी दीवारों को शैलकृत पत्थरों से बनाया गया था। द्वार का मार्ग यहाँ अपरिवर्तनीय पत्थर का ढक्कन है जो यहाँ पर इसको खत्म कर देता है।[37]

यहाँ पर बाजार को खूबसूरत तरीके से बनाया गया है।[38] पत्थरों से दुकाने बनायी गयी हैं जहाँ पर मनुष्य और औरतें आगरा दरवाजा और तेरा दरवाजा

द्वारा सीधे इसमें आ सकते थे। यह मार्ग एक दूसरे को काटता है और चौराहा बनाता है। यह मार्ग खानदास तक बनाया गया है। यह लाल बलुआ पत्थर शैलों से एक तरफ और अन्य पाँचों तरफ असमतल रूप से चिपकी हुई ईंट की दीवार है।[39]

शाही भवन और अमीरों के भवन के दक्षिण और पश्चिम दोनों तरफ बाजार की चहारदीवारी आवंटित थी इनके बीच एक आँगन है।[40] जो लोगों को स्वतन्त्र रूप से उनके घरों को जोड़ती थी, इनको स्वतन्त्र बनाती थी। लेकिन अब यह पूरी तरह नष्ट हो गया है। इस समय यह समतल अवस्था में पड़ा हुआ है इसको देखकर कोई यह नहीं कह सकता कि यहाँ पर कभी अमीरों का महल और बागीचे रहे होंगे।[41]

फतेहपुर सीकरी में बगीचे स्वतन्त्र रूप से बनाए गए थे।[42] कुछ अमीरों ने भी इसको बनाने में अपना योगदान दिया था दिया था। इस समय महलों को बनाना और बगीचों को लगाना एक अच्छा चलन माना जाता था।[43] हाथी, घोड़े आदि को रखने के लिए उत्तर पश्चिम में झील के निकट इनका निवास बनाया गया था।[44]

फतेहपुर सीकरी में पर्वत में एक और है वह दीवान-ए-आम और आगरा गेट के समीप स्थित है। यह मुख्य रूप से आधा मील लम्बा है। फतेहपुर सीकरी में इसी के बगल में एक बाजार बनाया गया था।[45] फतेहपुर सीकरी का यह बाजार स्पष्ट रूप से अंकगणितीय पद्वति बनाया गया है।[46]

अकबर के समय में फतेहपुर सीकरी की जो नगर योजना की जो श्रेष्ठता बनायी गयी थी, आज भी ऐसी नगर योजना देखने को नहीं मिलती है। यह सब कार्य जो योजना गत तरीके से बनाए गए थे इसको एक खूबसूरत नगर के रूप में स्थापित करता है। फतेहपुर सीकरी हुनर कारीगरी और कला से भरपूर नगर था। इसकी शैलकृत भवन और इमारतें जो लाल पत्थर से बनाए गए इसके जलवायु, हवा, प्रकाश आदि को ध्यान में रखकर बनाया गया था। साथ ही एक खुली जगह सुरक्षित तरीके से स्वच्छ और व्यवस्थित तरीके से बनाया और निर्धारित किया गया था। यहाँ पर पानी का प्रबन्धन आदि को आवश्यकता के अनुसार तथा सामाजिक आवश्यकता पूरी तरह से राजनीतिक संस्था के रूप में दिखती है। यह कार्य बहुत कठिन तरीके से यहाँ पर प्रयोग किया गया है। इसके कार्य और प्रबन्धन का श्रेय भवन बनाने वाले कारीगरों को दिया जाता है। इस कार्य को बहुत ही बारीक तरीके से किया गया है।

चट्टान पर चढ़ाई के हिसाब से इमारतों को तीन भागों में बाँटा गया है। जिसका विस्तृत अध्ययन इस प्रकार है।

(i) धार्मिक भवन

(ii) शाही भवन

(iii) सार्वजनिक भवन

अन्य भवन

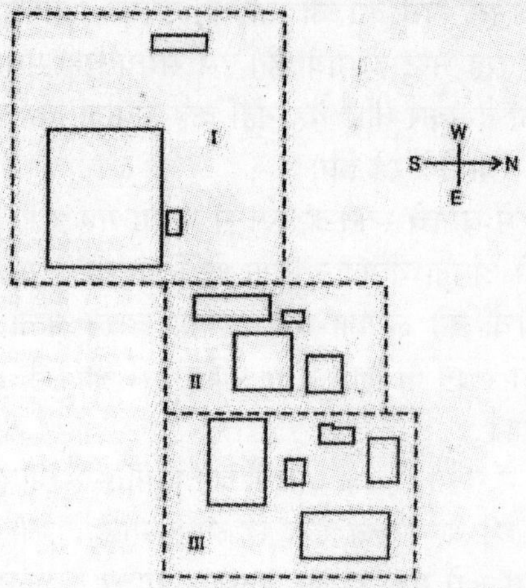

Orientation of the three complexes of Fatehpur Sikri

Fig.6 : N-S Elevation of the Public Complex FPS

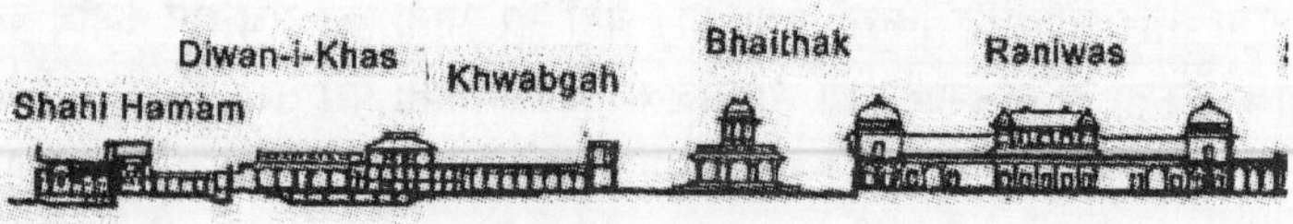

: E-W Elevation of Royal and Public Complex FPS

(i) धार्मिक भवन

फतेहपुर सीकरी में धार्मिक भवनों को चट्टानों की ढलान के उच्च स्तर पर बनाया गया है। यह स्थान सूफी सन्त शेख चिश्ती के स्थायी निवास का स्थान था।[47] यहाँ पर एक मस्जिद बनवायी गयी जो अकबर द्वारा बनायी गयी प्रथम धार्मिक इमारत थी।[48] यह मस्जिद पत्थर काटने वालों के निवास स्थान के पास थी। इसलिए इसे पत्थर काटने वाले की मस्जिद के नाम से भी जाना जाता है।[49] जामा मस्जिद इससे कुछ समय बाद में बनायी गयी। इसके धार्मिक महत्त्व को देखते हुए बनाया गया है। इसका आँगन काबा की मस्जिद की तरह ही बड़ा आँगन वाला है।[50] जामा मस्जिद के दक्षिण में दरगाह है। बुलन्द दरवाजा दक्षिण-उत्तर में है।[51] बुलन्द दरवाजा इस धार्मिक भवन का दक्षिणी प्रवेश द्वार है जो 1601 ई. में दक्षिण विजय के खुशी के यादगार रूप में बनवाया गया था जो अपने आप में एक अनोखी कृति है।[52] इस मस्जिद का मुख्य दरवाजा पूरब की ओर है जिसको शाही दरवाजा के नाम से जाना जाता है।[53] इस जगह के अन्य भवनों को स्पष्ट रूप से समय के अनुसार दिशा निर्धारण और एक रूप दिया गया है।

(ii) शाही भवन

फतेहपुर सीकरी के शाही भवनों को एक योजनावद्ध तरीके से बनाया गया और चट्टान की ढलान पर ऊपर से निचले द्वितीय कतार में संगठित किया गया है। रानीवास, महल-ए-इलाही, शाही बाजार, मीना बाजार और बैठक (जिसको मरियम भवन कहते हैं) यहाँ एक तरह से निवास स्थान वाले भवन थे जो हवा, पानी, प्रकाश, जल प्रबन्धन, निकास प्रबन्धन आदि को विशेष रूप से ध्यान में रखकर बनाया गया है। रानीवास और महल-ए-इलाही पूर्व की तरफ और तीन उत्तर की तरफ था।[54] यह भारतीय वास्तुकला की दृष्टि से बहुत ही महत्त्वपूर्ण है। खासकर भारतीय जलवायु के दृष्टिकोण से शाही बाजार छोटा और नीचे स्तर पर बना है। इसके बगल में एक छोटा बगीचा है और दूसरी ओर भवनों को समान तरीके से बनाया और इसका प्रबन्धन किया गया है। जिस प्रकार की माँग इस समय की थी यह पूरा क्षेत्र पूरी तरह से सुरक्षित तरीके से बनाया गया था।[55]

(ii) सार्वजनिक भवन

फतेहपुर सीकरी के सार्वजनिक भवनों में पंचमहल, ख्वावगाह, शाही कुतुबखाना, चार चहमान, एक खम्भा भवन, दफ्तरखाना भवन आदि इमारतें है इनकी योजना नीचे स्तर पर है। इनमें से दो यहाँ पर एक दूसरे से जुड़े हुए है। जैसे दीवान-ए-आम के साथ राजसिंहासन, कार्यालय, स्तम्भावाली से सम्बन्धित नाम एक ही छत के नीचे है। कुछ महत्त्वपूर्ण इमारत इसके पूर्व में है जिनमें पंचमहल, एक खम्भा भवन, दफ्तरखाना और दीवान-ए-आम व ख्वाबगाह आदि उत्तर में हैं।[56] यह भवन नीचे और सार्वजनिक भवनों में से है।

इन सार्वजनिक भवनों के अतिरिक्त अन्य विविध भवनों को फतेहपुर सीकरी में बनाया गया है जिसमें, हाथी पोल, संगीन बुर्ज, नक्कारखाना, कारवाँ सराय, हिरन मिनार, बाबर द्वारा बनायी गयी भवन और झील, बउली, बगीचा चऊखण्डी और जल महल, कारखाना (टकसाल), दफ्तरखाना, चौक और बाजार, शाही हमाम आदि भवनों को भी बनाया गया हैं।[57]

फतेहपुर सीकरी के भवन पहाड़ी पर तीन स्तरों पर बनाया गया है। यह भवन उत्तर दक्षिण पहाड़ी पर बने है यह पूर्व या उत्तर में सरल तरीके की है। इनकी दीवारों को सुरक्षा की दृष्टि से ऊँची बनायी गयी है जो मुस्लिम और हिन्दू समाज की सुरक्षा आदि को ध्यान में रखकर बनायी गयी है। यहाँ पर जो भी योजना बनायी गयी वह परम्परा और जलवायु आदि की स्थिति के अनुसार बनाया गया है।[58] अकबर द्वारा यहाँ पर इमारतों की जाँच परख कर और पानी आदि की आपूर्ति आदि की व्यवस्था को पूरी तरह से ध्यान में रखकर इस अकबर कालीन इमारतों को बनाया गया है। यह एक निश्चित नियम और तथ्यों को उनके काम के हिसाब से ध्यान में रखकर बनाया गया है। यह उस समय की परम्परा और स्वदेशी तकनीकी से भरपूर तरीके से बनाया गया है।[59]

यह कानून महत्त्वपूर्ण रूप से मध्यकाल में प्रयोग में लाया जाता था। जो उस समय के कारीगरों के द्वारा साधारणतया प्रयोग किया जाता था। इसमें कोई सन्देह नहीं है कि अकबर एक प्रभावशाली व्यक्तित्व वाला बादशाह था। समकालीन इतिहास इसकी प्रामाणिकता को स्पष्ट रूप से दर्शाता है।

फतेहपुर सीकरी की प्रत्येक भवन की योजना और प्रबन्धन को बेहतरीन तरीके से ध्यान में रखकर बनाया गया था।[60] यहाँ के भवनों को पंक्तिबद्ध

तरीके से खुले स्वच्छ स्थान पर और दीवारों से घिरे हुए तथा सुरक्षित तरीके से व्यवस्थित किया गया है। फतेहपुर सीकरी की नगर योजना एवं प्रबन्धन व्यवस्था निश्चित रूप से एक मुगल शिविर प्रणाली का एक विस्तृत विवरण उपलब्ध कराती है।[61] इसका वर्णन अबुल फ़ज़ल अपनी पुस्तक आइन-ए-अकबरी में देता है। फतेहपुर सीकरी में पत्थर की इमारतें फतेहपुर सीकरी के मैदान को पूरी तरह से घेरे हुए है। रास्ता आदि यहाँ पर मुगल छावनी के ही तरीके से बनायी गयी है।[62]

फतेहपुर सीकरी में विस्तृत रास्ता कुतुबखाना और ख्वाबगाह जो कि निचले सतह पर है। सार्वजनिक भवन और शाही भवन इस सतह पर पत्थर के रूपान्तरित रूप में है, खपरैल और कालीन का सादा परदा साधारण रूप से प्रयोग में लाया गया था। सादा परदा के सिरे साधारण रूप से खपरैल के सिरे से तथा ख्वाबगाह में लगे हुए थे। ये सभी महल पत्थर के ही बनाए गए थे। इसकी बात की पुष्टि अबुल फ़ज़ल द्वारा भी कि जाती है।[63] इस स्थापत्य निर्माण की कला के प्रामाणिकता की वजह से इस नगर की नियोजन एवं प्रबन्धन की महत्ता की वजह से ही यह महत्त्वपूर्ण मुगल राजधानी नगरों में एक बन जाती है।

(ख) पानी के निकास एवं जलाशय प्रबन्धन :

फतेहपुर सीकरी पहाड़ी पर बसा एक नगर है। यहाँ पर पानी को पर्याप्त मात्रा में उपलब्ध कराने के लिए जलाशय और पानी के निकास का प्रबन्धन बहुत ही व्यवस्थित और गुणवत्तापूर्ण रूप से किया गया था जो एक अच्छे नगर नियोजन एवं प्रबन्धन को दर्शाता है।[64] जिस प्रकार से पानी पीने और अन्य सामान्य कामों के लिए उपयोग में लाया जाता था उसके प्रबन्धन की व्यवस्था जिस प्रकार से की गयी थी वह अपने आप में एक महत्त्वपूर्ण स्थान रखती है। यहाँ पर भूमि के अन्दर का पानी खारा था जो इस पहाड़ी में उपलब्ध था। यहाँ पर योजनाकारों ने परम्परागत रूप से वर्षा के पानी को प्रयोग में लाने की वही व्यवस्था बनायी : जिस प्रकार की व्यवस्था ग्वालियर, रणथम्भौर और चित्तौड़गढ़ में की गयी थी।[65] इस प्रकार की हुनर वाली तकनीकी से इकट्ठा किए गए पानी का उपयोग पीने के लिए किया जाता था। पर्वत श्रेणी की छतों, आँगन का विभाजन उसी प्रकार किया गया जिस प्रकार से उसका उपयोग किया जा सके। इस प्रकार से वर्षा के पानी

को हर साल इसी तरह इकट्ठा कर इसका उपयोग किया जाता था।[66] मस्जिद परिसर से वर्षा का पानी नाली द्वार ले जाकर जलाशय में इकट्ठा किया जाता था। यह जलाशय जामा मस्जिद परिसर के मध्य में वर्गाकार रूप में बनाया गया हैं जो सूफी सन्त शेख चिश्ती मकबरा के पास स्थित है इसको उच्चतम् तरीके से स्थापित किया गया था। इसको पत्थर द्वारा 8.68 मीटर चौड़ाई में तथा 1.22 मीटर की गहराई में वर्गाकार बनाया गया था। यह वास्तविक रूप से 6.10 मीटर गहरा था जिसमें पूरे वर्ष का वर्षा का पानी इकट्ठा होता था। कमल और मछली को इसमें पाला और लगाया गया था जो इनको शुद्ध और साफ करने या रखने में मदद करती थी। इसका उपयोग यहाँ पूजा हेतु स्नान आदि कार्यों के लिए किया जाता था।[67]

एक भूमिगत जलाशय जो पत्थर की ईंटों द्वारा मस्जिद के आँगन में भवन है उसके दक्षिण-पूर्व भाग में बनाया गया था।[68] वर्षा का पानी यहाँ पर नाली के माध्यम से इस भूमिगत जलाशय में चला जाता था। यह भूमिगत जलाशय वर्षा के पानी को इकट्ठा करने के लिए पर्याप्त था। इस वर्षा के पानी को पीने के लिए वर्षभर उपयोग किया जाता था। पानी को जलाशय कुण्ड से बाल्टी और रस्सी को पहिये के माध्यम से निकाला जाता था।[69] जहाँगीर भी इस तरह के कुओं का वर्णन अपनी आत्मकथा में करता है कि ''आँगन के अन्दर कुआँ बनाया गया है जो वर्षा के पानी से भरता है। क्योंकि फतेहपुर सीकरी में पीने के पानी की मात्रा कम है और जो पानी है भी वह पीने योग्य नहीं है। यहाँ कुओं का पानी पीने के योग्य है। यह पूरे वर्ष भर के लिए सूफी सन्त शेख चिश्ती के परिवार और देववासियों और मस्जिद की देखभाल करने वालों के लिए पर्याप्त है।[70]

ध्यातव्य है कि नाली और जलाशय का प्रबन्धन इस उच्च तरीके से किया गया था जो इमारतों और उनकी स्थिति को ध्यान में रखकर पानी की इस व्यवस्था को वास्तुकारों द्वारा प्रारम्भिक रूप से ध्यान में रखकर बनाया गया था।

एक अन्य जलाशय कुण्ड मस्जिद की दूसरी तरफ बुलन्द दरवाजा के बायें तरफ लंगरखाना की इमारत के पास बनाया गया है।[71] यह जलाशय बहुत बड़ा है। ,जालरा नाम, का एक अन्य महत्त्वपूर्ण जलाशय था जो मुख्य रूप से लाल बलुआ पत्थर से बनाया गया था।[72] यह पुराने पत्थरों द्वारा आठ प्रकार की योजना द्वारा बनाया गया है। यह व्यापक ऊँचाई पर सीढ़ी के माध्यम से बनाया गया था जो पानी के स्तर से नीचे तक था। जो

एक प्रकार से स्थापित कुओं की उपयोगिता को बताता है जिसका प्रयोग फतेहपुर सीकरी में किया जाता था। यह लगभग 12.19 मीटर गहरा था। जामा मस्जिद से लगे हुए भाग तथा सनतराज मस्जिद के भाग जो ढाल में था यहाँ का पानी नालियों को शृंखला के माध्यम से जलाशय में चला आता था। इस प्रकार यह महान जलाशय वर्ष भर पानी उपलब्ध कराता था।[73] इस प्रकार से फतेहपुर सीकरी की स्थिति और मांग के हिसाब से जनता के लिए कुआँ बनवाया गया था।

शाही भवनों के जल निकास की व्यवस्था छत से भूमि के अन्दर तक नाली की पूर्ण व्यवस्था की गयी थी लेकिन जल कुण्ड के अन्दर किसी प्रकार की नाली होने का प्रमाण नहीं मिलता है।[74] इस प्रकार के प्रबन्धन के चलते पूरा वर्षा का पानी सार्वजनिक भवन की ओर चहारचमन जलाशय की ओर मोड़ दिया जाता था। चहारचमन जलाशय दीवान-ए-खान के पूरब तरफ स्थित है।[75] यहाँ पर पानी को पहुँचाने की व्यवस्था बहुत विशाल थी। यहाँ पर पानी सानगीन की बावली[76] (जो हिरन मिनार के निकट और हथिया पुल के नीचे है) से जो पानी बच जाता उसे भी चहारचमन जलाशय में भेज दिया ज़ाता था।

लाल बलुआ पत्थर से बनाया गया चहारचमन जलाशय को अनूप तालाब भी कहा जाता है।[77] यह 29.26 मीटर चौड़ा चौकोर वर्गाकार भाग है। इसके बीचों-बीच में एक सुन्दर द्वीप के समान स्थान है जो 9.14 मीटर चौकोर वर्गाकार भाग में कटघर के ऊपर बना है जो 3.96 मीटर चौकोर वर्गाकार रूप में स्थित है। यह मुख्य भूमि से प्रत्येक तरफ मध्य भाग से 0.61 मीटर चौड़ा तथा 10.06 मीटर लम्बा सेतु चारों तरफ से पत्थर के खम्भे के साथ जुड़ा हुआ है।[78] यह सेतु लोकप्रिय रूप से चार चहमान के नाम से पुकारा जाता है। यह द्वीप तथा सेतु बनाने की कला बाबर द्वारा आगरा में बनाए गए बाग-ए-गुलअफ़गान से लिया गया है जो तुलनात्मक रूप से उसके काफी करीब है।[79]

इस योजना और कलाकारी से जलाशय में अकबर की स्थापत्य कला को दर्शाता है। यह एक असाधारण स्थापत्य कला है। जो जलाशयों और कुओं में कलात्मकता है वास्तव में देखने योग्य है। इस प्रकार से यह व्यवस्था पानी को व्यवस्थित करने का बहुत ही सुन्दर तरीका था जो अकबर के प्रबन्धन व्यवस्था को सर्वश्रेष्ठ स्थान प्रदान करता है।

विस्तृत रूप से शाही भूमिगत जलाशय यहाँ पर है। यह ऊपर से बन्द कर दिया गया है। ख्ब्बागाह से जल की निकासी शाही भवनों के दीवार की ओर से इसको चहारचमन जलाशय के पास इकट्ठा कर दिया जाता था।[80] इस विशाल जलाशय में सालभर पानी इकट्ठा होता रहता था। जब यह पूरी तरह से भर जाता तो इसका पानी उत्तर दिशा को एकखम्भा भवन की तरफ जलाशय जो सार्वजनिक भवन के बगल में था वहाँ पर भेंज दिया जाता था।[81]

चहारचमन जलाशय अब पूरी तरह से अनूप तालाब के रूप में प्रमाणित हो चुका है।[82] यह समकालीन इतिहासकारों के द्वारा भी उल्लेखित किया गया है। अबुल फ़ज़ल कहता है कि ''यह विशेष जलाशय है जो दौलतखान-ए-खास भवन है उसके पास है। यह 20 गज़ 20 मीटर चौड़ा और मनुष्य की ऊँचाई से दुगुना गहरा है। यह लाल बलुआ पत्थर का बना है जिसका विषय बहुत ही कठिन है। इसे अनूप तालाब के नाम से पुकारते हैं। यह प्रेम और सौहार्द का अद्भुत दृश्य प्रस्तुत करता है।''[83] अबुलफ़ज़ल द्वारा भी इसका विवरण दिया जाता है।

इसका विवरण बदायूँनी द्वारा भी दिया जाता है। अनूप तालाब 1575-76 ई. तक बना दिया गया था।[84] इसकी स्थिति अकबर के भवनों से काफी करीब है। अकबर जहाँ पर विद्वानों को चर्चा-परिचर्चा के लिए आमंत्रित करता था बिल्कुल उसी के पास है। यह दोनों जगह एक ही समय में बनायी गयी थी।[85] यह प्रमाण मिर्जा सुलेमान जो बद्ख्वासा का था उसके द्वारा दिया जाता है। सुलेमान फतेहपुर सीकरी आया था और अकबर द्वारा उसका व्यावहारिक रूप से स्वागत किया गया था। इस स्थान को अनूप तालाब बुलाते हैं। मिर्जा सुलेमान हमको सुल्तान के परिवार उनके पुत्रों और युवराजों और इनके पुत्रों आदि का परिचय और विवरण उपलब्ध कराता है।[86] अपनी यात्रा समाप्त कर बद्ख्वासा जाने के बाद वह हमें नक्कारखाना और हाथी गेट का विवरण देता है। यह स्थान अनूप तालाब के निकटवर्ती दिखते हैं। अकबर द्वारा स्वयं इसको कई कार्यों के लिए प्रयोग किया जाता था। यह ख्वाबगाह नामक स्थान था। इस प्रकार अनूप तालाब यह प्रमाणित कर देता है कि वर्तमान में यह चहारचमान जलाशय ही है।[87]

इस प्रकार इस जलाशय का विवरण पुनः 1618 ई. में वृत्तांतकथा के रूप में जहाँगीर द्वारा भी दिया जाता है कि ''एक दिन वह अकबर के पुराने भवन में गया जहाँ मेरे पुत्र शाहजहाँ भीतरी भाग में फुहारा ले रहा था यह

एक बड़ा और विशाल जलाशय था। यह सुन्दर पत्थरों द्वारा बनाया गया था जिसको कानपुरा जलाशय बोला जाता था यह 36×36 मीटर प्रांगाण में तथा 4.6 मीटर गहरा है।[88]" जहाँगीर द्वारा दी जाने वाली सूचना पूर्ण रूप से इसको प्रमाणित कर देती है कि कानपुरा तालों जिसको अकबर कालीन इतिहासकार अनूप तालाब के नाम से पुकारते हैं। क्योंकि इस भवन के प्रांगण में और कोई पत्थर का बना हुआ ऐसा जलाशय नहीं है, जिसकी पहचान कानपुरा तालों से किया जा सके। इस प्रकार यह स्पष्ट हो जाता है कि यह नाम साक्ष्यों पर आधारित है।[89]

सार्वजनिक दरबार से पानी के निकास का प्रबन्धन भी उचित तरीके से किया गया था। जब चार चहमान जलाशय से पानी अधिक हो जाता था तो उसको भविष्य के उपयोग के लिए एकखम्भा भवन के पास एक खाली छोटी जगह पर पानी को इकट्ठा कर दिया जाता था। वर्षा का पानी जब यहाँ भर जाता था तो यह एक जलाशय की तरह दिखता था। इसको पहचान पाना कठिन हो जाता था। इस प्रकार से यह भवनों के पानी से यहाँ पर एक छोटा सा जलाशय बन जाता था।[90]

ये सभी जलाशय वर्तमान समय में लाल बलुआ पत्थर के उखड़े हुए खण्डहर के रूप में है। इन जलाशयों को बनाने का पारम्परिक तरीका गुजरात के जलाशय "कुण्डा डवाज" की तरह का था।[91] यहाँ पर पानी चारों तरफ पाँच स्तर पर है। देखने वालों को एक स्तर ही दिखाई देता है। क्योंकि यहाँ की छोटी सीढ़ियों की शृंखला एक दूसरे के समान्तर दिशा में है जो देखने वालों को एक जैसी ही प्रतीत होती है। यह बिल्कुल गुजरात के कुण्ड की ही नकल है। इस प्रकार हम देखते हैं कि फतेहपुर सीकरी के कुण्ड को बनाने की योजना नई नहीं थी। वरन् एक नियमबद्ध उचित प्रबन्धन द्वारा इस पद्धति का प्रयोग किया जाता था। यह एक बेहतरीन प्रबन्धन था। इनका स्तर दूसरे स्तर से नीचे की पंक्ति में है। यह कुण्ड या जलाशय अकबर कालीन योजना के रूप में बेहतर तरीके से बनाया गया था। इस कुण्ड में पूरे साल के वर्षा का पानी इकट्ठा कर दिया जाता था।[92]

निचले स्तर की पर्वत श्रेणी में पानी की निकासी सुखताल के तरफ है जो हकीम के भवन के पास है। यह एक गहरा और मजबूत कुण्ड या जलाशय है जिसमें पानी आराम से भूमिगत किया जा सकता था। इसको कंकरीट से बनाया गया था।[93] यहाँ की ईंट-पत्थर आदि जिसका उपयोग किया गया है

वह शाही इमारतों में प्रयोग होने वाला ही है। यह पर्वत श्रेणी भारी भरकम और सुदृढ़ है।

यहाँ पर एक और विशाल जलाशय है जो अब सूख गया है इसी के बगल में है। यह पर्वत श्रेणी के नीचे की तरफ एक छोटा तालाब था। इसको जनसामान्य के द्वारा ''खुरा'' के नाम से पुकारा जाता था।[94] क्योंकि इसके दोनों तरफ घोड़ा और हाथी बाँधे जाते थे। यहाँ वर्षा के पूरे पानी को सफलतापूर्वक इकट्ठा किया जा सकता था। यह यह राजधानी को पूरे साल जल की आपूर्ति करता था।[95] जब बरसात आता और पानी इकट्ठा हो जाता तो जलाशय तथा भूमिगत जलकुण्ड के दीवारों का ढक्कन खोल दिया जाता था। इसकी यह योजना बड़ी ही आधुनिक थी। जो इमारतों के बगल-बगल में बनाए गए थे। यह फतेहपुर सीकरी के नगर निर्माण और प्रबन्धन व्यवस्था को सही और बुनियादी स्तर प्रदान करते हैं।

पानी की आपूर्ति का प्रबन्धन :

फतेहपुर सीकरी की जल निकासी व्यवस्था बहुत ही हुनरपूर्ण और वास्तविक है। अकबर के शासन काल में पूरी फतहेपुर सीकरी इसी पानी पर निर्भर रहती थी। इस पर्वत श्रेणी में पानी का कार्य एक महत्त्वपूर्ण एवं नियमबद्ध रूप से रोजाना ही ताज़ा और साफ पानी को निकालने का कार्य किया जाता था। यह कार्य हाथी दरवाजा के पास से किया जाता था।[96] यह पूरी तरह से प्रमाणों द्वारा स्पष्ट है कि 12 महीने पानी यहाँ से प्राप्त होता था। इस संगीन तालाब को हिरन मिनार के पास ही बनाया गया था।[97] इसको लाल बलुआ पत्थर से योजनाबद्ध तरीके से बनाया गया था। यह 21.64 मीटर व्यास वाला और 5.53 मीटर ऊँचाई वाला है। इसके कुएँ का व्यास 7.01 मीटर का है। इस कुएं में चार तहखानों को बनाया गया है। जिनमे 1.91 मीटर की चार चौड़ी सीढ़ियों को व्यवस्थित तरीके से बनाया गया है। इनके पानी का स्तर भी एक ही समान था। दो तहखाने Aऔर B दो उच्च पोखरे हैं जिनमें रहट जैसे उपकरण को लगाया गया था।[98] पत्थर की एक भारी धरनी वास्तविक रूप से रहट को सहारा देती थी और मजबूती प्रदान करती थी। पानी को ऊपर उठाने के लिए दोनों श्रेणियों को जोड़ दिया जाता था जिसमें एक उत्तर दिशा की तरफ और दूसरा दक्षिण दिशा की तरफ था। उत्तर दिशा

वाला तन्त्र हमाम की दिशा में पानी की पूर्ति करता था। यह शृंखला कुओं तथा भवनों को जोड़ती थी। दूसरी शृंखला जो दक्षिण की तरफ पानी की पूर्ति करती थी। इनके आस-पास के कृत्रिम जलाशयों को ले जाकर कुओं से जोड़ दिया गया था। इस प्रकार की प्रक्रिया की वजह से कुओं में हमेशा पानी इकट्ठा होता रहता था। दो रहट यहाँ पर एक साथ कार्य करते थे। A और B दोनों तहखानों में यहाँ पानी इकट्ठा होता है था। यह पश्चिम और पूर्व की तरफ से जुड़कर जाता था। इस प्रकार दूसरे स्तर पर पानी दुबारा से इकट्ठा होता रहता था। इस रहट के माध्यम से A और B जो एक विशाल गहरी टंकी के समान थे से पानी निकाला जाता था।[99] यह हाथी दरवाजा के बिल्कुल पास था। अकबरनामा में एक पेंटिंग जो कि एक विदेशी यात्री एलवर्ट मुसमस की है में यह दिखाया गया है कि रहट किस प्रकार दरवाजे के पास से कार्य करता था। जिससे पानी निकालने का कार्य पूर्ण कर लिया जाता था। इस प्रकार से पानी को इकट्ठा करके परम्परागत रूप से चबूतरों तक ले जाया जाता था।[100] यह इस स्तर के चौथा चरण का कार्य था।

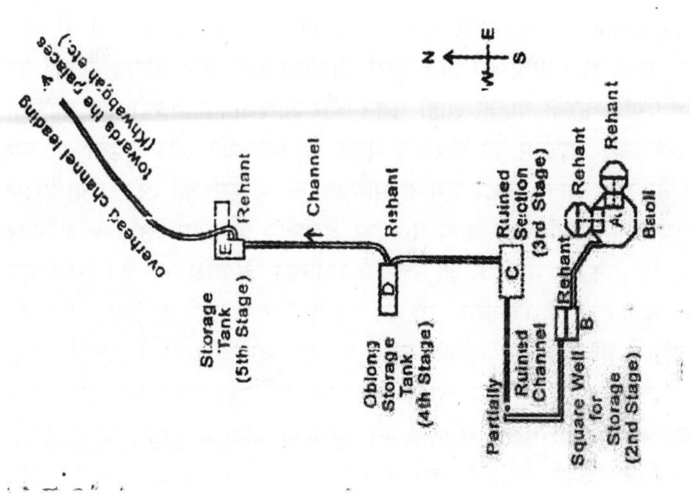

पानी की प्रबन्धन व्यवस्था

इस प्रकार से पानी को मुख्य रूप से दो टैंकों में व्यवस्थित किया जाता था। यह इस शृंखला का कार्य दक्षिण-उत्तर और पश्चिम-पूर्व में किया जाता

था। अन्ततोगत्वा इस पानी को हाथी गुफा के पास वाले कमरे के बगल में खाली जलाशय में भेज दिया जाता था।[101]

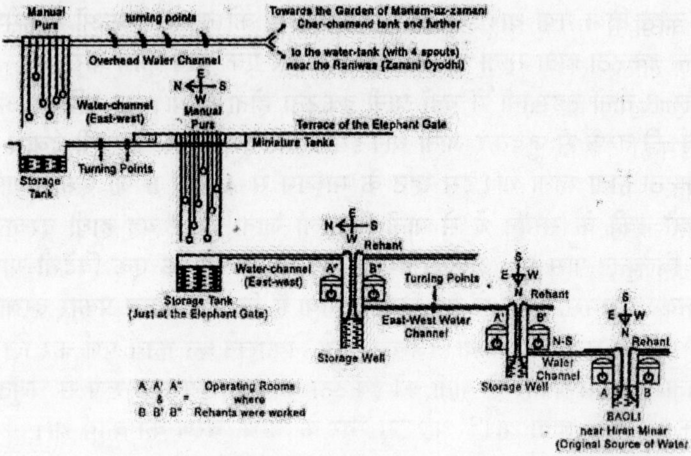

हाथी दरवाजे के पास पानी निकासी की व्यवस्था

यह जलाशय आयताकार और विशालकाय बनाया गया था, जो पूरे भाग को घेरे रहता था। पानी को फिर दूसरे माध्यमों द्वारा एक उचित ऊँचाई पर पानी की पूर्ति करता था जो शाही भवन और सार्वजनिक भवनों तक पहुँचता था। एक और माध्यम जो बीरबल भवन के पास की ओर मुड़ता था इस शाखा के द्वारा पानी लेकर नगीना मस्जिद के परिसर की ओर तथा इससे जुड़े हुए हमाम आदि को जाता था। इस जलाशय की माप 13.5 × 4 मीटर तथा 4.11 × 1.22 मीटर है जो उत्तर में रानीवास के पास तक है। इसमें चार निकास बनाए गए है जिनकी धारा को रोकने और ले जाने के लिए आज की नालियों की ही तरह की सुविधा युक्त नालियां बनायी गयी है। इसको एक श्रृंखला के माध्यम से चहारचमन जलाशय से जोड़ा जाता था और इससे जोड़कर सभी शाही भवनों में पानी को पहुँचाया जाता था। यहाँ पर पानी की आपूर्ति बिना किसी बाधा के पूर्ण करायी जाती थी। पानी की इस पूरी पूर्ति के लिए कुआँ A का ही प्रयोग किया जाता था। यहाँ कुओं की व्यवस्था के लिए सर्वोच्च स्तर पर प्रबन्धन किया गया था। यह भूमि के स्तर से लेकर चारों स्तर तक पानी पहुँचाने का कार्य करते थे।[102]

प्रथम स्तर A पर सतह पर बना हुआ खुला चबूतरा वाला हाल था इसको लाडाओं पुकारते थे,[103] यह ऊँचाई पर बनाया गया था। प्रथम सतह पर दो स्थानों पर रहट लगायी गयी थी जिसको घुमाया जाता था यह आठों पहर कुओं में घूमती रहती थी। यह एक प्रकार का धुरा था इसका सम्पूर्ण निर्माण लाल बलुआ पत्थर से किया गया था। इसमें धरण और तखत थे वे साधारण खम्भा के रूप में प्रयोग किए जाते थे।[104]

इसका दूसरा स्तर B भी प्रथम स्तर A के ही अनुरूप बनाया गया था। पर यह उससे विस्तृत था और यहाँ पर दो रहट लगाये गए थे। यहाँ पर एक विस्तृत तहखाना बनाया गया था जो आठों पहर उत्तर और दक्षिण के कुओं को दक्षिण माँग व्याप्त कुआँ से पानी उपलब्ध कराता रहता था।[105] प्रत्येक तहखाना में पत्थर की एक घिरनी लगायी गयी था इसी पर रहट की धिरनी घूमती रहती थी। यह दो भारी भरकम योजना पर बना था। जब पानी नीचे होता और श्रृंखला से जुड़ जाता और यह विशालकाय कुआँ B से जो बाउली के उत्तर में था जुड़ जाता था। यह मजबूत कुआँ इनको प्रवेश मार्ग पर जोड़ता और बाउली से इस प्रकार पानी निकालता था। इसको अलग-अलग माध्यमों के द्वारा एक तहखाने में पहुँचाया जाता था। यह तहखाना दूसरे स्तर का एक मजबूत कुआँ था।[106]

तीसरे स्तर C पत्थर का गैलरीनुमा स्थान बनाया गया था जो कुओं में घूमता था[107] और चौथे स्तर D तक पानी को पहुँचाता था।[108] इस प्रकार से यह पानी के आपूर्ति का क्रम चलता रहता था और पाँचवे सतर E तक पानी की पूर्ति इसी क्रम में किया जाता था। यह क्रम सबसे निचला था।[109] इसके द्वारा पानी की आपूर्ति शाही महलों और हमामों आदि को किया जाता था।

पानी के प्रबन्धन की यह व्यवस्था जो अकबर के समय में की जाती थी यह बारहों महीनों तक किया जाता था और इस प्रकार पानी की आपूर्ति की जाती थी। यह पानी ठण्डा साफ और स्वच्छ होता था। इस प्रकार पानी की आपूर्ति पूरी जगहों पर व्यवस्थित तरीके से की जाती थी। यहाँ की तकनीकी एक प्रभावपूर्ण श्रृंखला, संग्रह, दीवार और जलाशय एक दूसरे से जुड़े हुए थे, जो पानी की आपूर्ति महलों और हमामों तक पूरे साल करते रहते थे।

फतेहपुर सीकरी नगर में पानी की आपूर्ति का पूरा कार्य अकबर के शासन काल में बिना किसी संदेह के बहुत अच्छी तरह से किया जाता था।

यह पूरी योजना एक पूर्ण व्यवस्थित एवं उच्च तकनीकी से बनायी गयी थी। इस प्रकार से यह फतेहपुर सीकरी के नगर नियोजन और प्रबन्धन की बेहतरीन और उच्च दशा को प्रदर्शित करता है।

फतेहपुर सीकरी में पत्थर से बने ये कुएँ प्राकृतिक रूप से पूरे साल पानी की आपूर्ति करते थे तथा यह महलों से जुड़े खास हमामों और अन्य भवनों तथा अन्य जगहों पर जहाँ पानी की जरूरत थी उनकी आपूर्ति बेहतरीन तरीके से होती थी।

पानी की आपूर्ति प्रबन्धन के अतिरिक्त फतेहपुर सीकरी में सुन्दर बगीचों का निर्माण कार्य भी बड़ी बेहतरीन तरीके से किया गया था।[110] इन बगीचों के चारों तरफ पारम्परिक रूप से चारों तरफ चहारदीवारी बनायी गयी थी। जिसके कारण इसे चहारबाग भी कहा जाता था[111] जो शाही भवनों की शोभा बढ़ाता था। इसी भाग में मरियम जमानी का निवास स्थान था इस कारण इसको मरियम का बगीचा भी कहा जाता था।[112] यहाँ पर पानी की आपूर्ति का कार्य मुख्य श्रृंखला से किया जाता था जो हाथी दरवाजा के पास था जहाँ से पानी की आपूर्ति पूरी जगहों पर की जाती थी। चूँकि यह स्थान बहुत नीचले स्तर पर था। फतेहपुर सीकरी में बनाया गया बगीचा बाबर द्वारा बनवाए गए बगीचों की विधि पर आधारित था।[113] यहाँ पर दो चबूतरे छोटे नाप के बनाए गए थे। यहाँ पर पानी को धीरे-धीरे पहुँचाया जाता था जिसका उपयोग पेड़ और फूलों की देखभाल में किया जाता तथा इनकी सिंचाई आदि कार्यों में उपयोग की जाती थी। ये फूल-पौधे पत्थर की क्यारियों में लगाये जाते थे।[114] यहाँ पर पानी का भरपूर प्रबन्धन रखने के लिए यहाँ पर एक छोटा सा तालाब बनाया गया था जो 1.78 मीटर × 1.45 मीटर × 0.94 मीटर का था। यह तालाब बागीचे के दोनों दिशाओं में बनाया गया था। यहाँ पर पानी के बेहतरीन फब्बारों को बनाया गया था जो अत्यन्त सुन्दर हुआ करते थे। इस फब्बारों की वजह से यह स्थान बहुत ही सुन्दर और मनोरम दृश्य के साथ-साथ गर्मियों में बहुत ही ठण्डी और आरामदायक प्रभाव देता था। इसी प्रकार एक और तालाब दक्षिणी और पूर्वी कोने पर था जिसका आन्तरिक भाग 7.32 मीटर × 7.32 मीटर × 1.22 मीटर का था।[115] इसका पानी भी हाथी दरवाजा के पास वाली जगह से ही पानी की आपूर्ति की जाती थी। इस तालाब का उपयोग तैरने और नहाने आदि के लिए उपयोग किया जाता था जो हरम की औरतों के द्वारा प्रयोग में लाया

जाता था। यही कारण था कि यहाँ पर जाने के लिए भूमि के अन्दर से रास्ता बनाया गया था। यहाँ पर ताजा ठण्डी हवा, पानी, पौधे और फूल आदि की व्यवस्था की गयी थी।[116] यह फतेहपुर सीकरी नगर को एक अलग ही महत्त्व प्रदान करता था जो उसके प्रबन्धन और नगर नियोजन की महत्ता को स्पष्ट करता है।

इस प्रकार इस प्रबन्धन व्यवस्था और नगर नियोजन के इस दृष्टिकोण को देखते हुए हम कह सकते हैं कि फतेहपुर सीकरी का नगर नियोजन एवं प्रबन्धन की जो व्यवस्था अकबर के शासन काल में की गयी थी वह अपने आप में महत्त्वपूर्ण स्थान रखती थी। अकबर के बाद के कालों में शायद प्रबन्धन की व्यवस्था भी समय एवं परिस्थिति के अनुसार बदलता गया। परिणाम यह हुआ कि जो फतेहपुर सीकरी अकबर के शासन काल में अपनी भव्यता और शानों शौकत के रूप मशहूर था, बाद के शासकों के काल में अपनी पूर्व की स्थिति को कभी भी प्राप्त न कर सका और इनके लिए यह एक मनोरंजक स्थल के रूप में ही रहा। फिर उस अपनी पूर्व की अवस्था को फतेहपुर सीकरी कभी भी प्राप्त न कर सका। क्योंकि बाद के समय इसका प्रयोग भी अब सिर्फ पर्यटक और मनोरंजन के लिए ही किए जाने लगा। जब तक फतेहपुर सीकरी अकबर की राजधानी के रूप में उसकी निवास राजधानी रही यह नगर भारत के महत्त्वपूर्ण नगरों में एक रहा।

इस प्रकार इस समय यह अपने प्रबन्धन और नियोजन के दृष्टि से मशहूर थी। हालाँकि राजधानी के परिवर्तन के बाद से इसकी स्थिति और भव्यता में कमी आयी जिसका परिणाम इसके प्रबन्धन और नियोजन पर भी पड़ा। नए शहर और नगरों के निर्माण और मुगल बादशाहों द्वारा आगरा और दिल्ली को महत्ता देने के साथ ही यह पहाड़ी वाला नगर अब एक धार्मिक और पर्यटक स्थल बन के रह गया। कभी कभार जरूर मुगल शासकों द्वारा मनोरंजक स्थल के रूप में इसको जरूरत के हिसाब से सजाया गया और इसमें सौहार्द लाया गया पर अब इनमें इस नगर के प्रति वो लगाव नहीं रहा जो अकबर का इस नगर के प्रति था।

अतः हम यह स्पष्ट रूप से कह सकते हैं कि राजधानी परिवर्तन के बाद इस नगर के नियोजन और प्रबन्धन व्यवस्था की महत्ता धीरे-धीरे कम होती गयी। इस प्रकार से धीरे-धीरे यह शाही नगर एक पर्यटक नगर के रूप में व्याप्त हो गया।

सन्दर्भ

1. आर. नाथ, फतेहपुर सीकरी एण्ड इट्स मोनूमेन्ट्स, द हिस्टोरिकल रिसर्च डाक्यूमेन्टेशन प्रोग्रामी, आगरा, 2000, पृ. 6
2. वही
3. अबुल फ़ज़ल, आईन-ए-अकबरी, भाग-1, अनुवाद एच. बुलूचमैन, लो प्राइज पब्लिकेशन, दिल्ली, 2008, पृ. 322
4. अबुल फ़ज़ल, अकबरनामा, भाग-2, एच. बेवरीज, लो प्राइस पब्लिकेशन, दिल्ली, पृ. 502-3
5. एम. अहत्तर अली, सुबह-ए-कुल तथा अकबर के धार्मिक विचार, मध्यकालीन भारत इरफान हबीब, भाग-3, राजकमल प्रकाशन, नई दिल्ली, पृ. 36-43
6. वही
7. अबुल फ़ज़ल, आईन-ए-अकबरी भाग-1,, पृ. 322
8. वही
9. वही
10. राल्फ फ्रिन्च, इन अटर्ली ट्रेवलर इन इण्डिया: 1583-1619 डल्बलू फोरन्टर, हमफरी मिलफोर्ड एण्ड आक्सफोर्ड यूनिवर्सिटी प्रेस, 1921, पृ. 149
11. एस.ए.ए. रिजवी एण्ड विसेन्ट फ्लीन, फतेहपुर सीकरी, तारापोखा प्रकाशन, बम्बई, 1975, पृ. 1-6
12. अबुल फ़ज़ल, आईन-ए-अकबरी भाग-1,, पृ. 322
13. वही
14. मिचेल वाण्ड एण्ड गोल्डेन डी लारी, फतेहपुर सीकरी, मैसूचेस्ट, 1986, पृ. 27-48
15. वही, पृ. 28-48
16. वही, पृ. 29-48
17. वही, पृ. 31-48
18. सतीश चन्द्रा, मध्यकालीन भारत भाग-2, जवाहर पब्लिशर्स एण्ड डिस्ट्रीब्यूटर्स, 2005, पृ. 107-8
19. वही
20. वही
21. वही
22. वही
23. मिचेल वाण्ड एण्ड गोल्डेन डी लारी, फतेहपुर सीकरी, मार्ग पब्लिकेशन, मैसूर, 1968, पृ. 14
24. अबुल फ़ज़ल, आईन-ए-अकबरी, पृ. 322
25. आर. नाथ, फतेहपुर सीकरी एण्ड इट्स मोनूमेन्ट्स, पृ. 6
26. विसेन्ट स्मिथ, अकबर द ग्रेट मुगल, विनोद पब्लिकेशन, 1988, पृ.
27. आर. नाथ, फतेहपुर सीकरी एण्ड इट्स मोनूमेन्ट्स, पृ. 6

28. वही
29. अबुल फ़ज़ल, अकबरनामा भाग-1, एच. बेवरीज, लो प्राइज पब्लिकेशन, नई दिल्ली, 2010, पृ. 259-60
30. ईण्डब्ल्यू. स्मिथ, द मुगल आर्किटेक्चर ऑफ फतेहपुर सीकरी भाग-4, आर्कोलाजी सर्वे ऑफ इण्डिया, इलाहाबाद, 1894-97, पृ. 427-45
31. एम.ए. अन्सारी, सोशल कल्चर लाइफ ऑफ द मुगल (1526-1707 ई.), संदीप प्रकाशन, दिल्ली, 2008, पृ. 47
32. ईण्डब्ल्यू. स्मिथ, द मुगल आर्किटेक्चर ऑफ फतेहपुर सीकरी भाग-4, पृ. 39-40
33. वही
34. वही
35. अशरफ हुसैन, ए गाइड टू फतेहपुर सीकरी, मैनेजी ऑफ पब्लिकेशन, दिल्ली, 1937, पृ. 11
36. वही
37. ईण्डब्ल्यू. स्मिथ, द मुगल आर्किटेक्चर ऑफ फतेहपुर सीकरी भाग-4, पृ. 39-40
38. अबुल फ़ज़ल, आईन-ए-अकबरी, खण्ड-1, पृ. 150-51
39. वही
40. वही
41. सैय्यद अली नदीम रिजवी, एक्सप्लोरिंग द मुगल गार्डेन ऐट फतेहपुर सीकरी, प्रोसिडिंग ऑफ इण्डिया हिस्ट्री कांग्रेस सेक्शन 58, बंग्लौर, 1997, पृ. 888-900
42. वही
43. वही
44. वही
45. अबुल फ़ज़ल, अकबरनामा खण्ड-3, पृ. 379-80
46. अबुल फ़ज़ल, आईन-ए-अकबरी, खण्ड-1, पृ. 150-51
47. मिचेल वाण्ड एण्ड गोल्डेन डी लारी, फतेहपुर सीकरी, पृ. 50-60
48. वही
49. अबुल फ़ज़ल, अकबरनामा खण्ड-3, पृ. 530
50. अब्दुल कादिर बदायूँनी, मुन्तखाब-उल-तवारीख भाग-2, अनु. जी.एस.ए. रैनकिंग, अटलांटिक पब्लिकेशन एण्ड डिस्ट्रीब्यूटर्स, नई दिल्ली, 1990, पृ. 112
51. ईण्डब्ल्यू. स्मिथ, द मुगल आर्किटेक्चर ऑफ फतेहपुर सीकरी भाग-4, पृ. 39-40
52. वही
53. वही
54. चौब सिंह वर्मा, स्पलेण्डर ऑफ फतेहपुर सीकरी, आगम कला प्रकाशन, दिल्ली, 1999, पृ. 35-53
55. वही
56. मिचेल वाण्ड एण्ड गोल्डेन डी लारी, फतेहपुर सीकरी, पृ. 74-171

57. वही
58. आर. नाथ, फतेहपुर सीकरी एण्ड इट्स मोनूमेन्ट्स, पृ. 10
59. वही
60. वही
61. वही
62. अबुल फ़ज़ल, आईन-ए-अकबरी, खण्ड-1, पृ. 48-49
63. वही
64. सैय्यद अहत्तर अब्बास रिजवी, फतेहपुर सीकरी, पृ. 82
65. वही
66. वही
67. वही
68. वही
69. वही
70. जहाँगीर, तुजक-ए-जहाँगीरी, अनु. हेनरी बेवरीज, लो प्राइज दिल्ली, 2006, पृ. 68-71
71. आर. नाथ, फतेहपुर सीकरी एण्ड इट्स मोनूमेन्ट्स, पृ. 17-21
72. वही
73. वही
74. अशरफ हुसैन, ए गाइड टू फतेहपुर सीकरी, पृ. 47-48
75. वही
76. वही
77. सैयद अहत्तर अब्बास रिजवी, फतेहपुर सीकरी, पृ. 27
78. वही
79. वही
80. वही
81. वही
82. अबुल फ़ज़ल, अकबरनामा खण्ड-3, पृ. 374-75
83 . वही
84. अब्दुल कादिर बदायूँनी, मन्तखाब-उल-तवारिख, भाग-2, पृ. 204
85. वही, पृष्ठ 129
86. वही
87. वही
88. जहाँगीर, तुजक-ए-जहाँगीरी, पृष्ठ 68-69
89. वही
90. आर.नाथ, फतेहपुर सीकरी एण्ड इट्स मोनूमेन्ट्स, पृ. 17-19
91. वही
92. वही

93. वही
94. वही
95. वही
96. अशरफ हुसैन, ए गाइड टू फतेहपुर सीकरी, पृ. 47
97. वही, पृ. 48
98. आर.नाथ, फतेहपुर सीकरी एण्ड इट्स मोनूमेन्ट्स, पृ. 17-19
99. वही
100. वही
101. वही
102. वही
103. वही
104. वही
105. वही
106. वही
107. वही
108. वही
109. वही
110. अशरफ हुसैन, ए गाइड टू फतेहपुर सीकरी, पृष्ठ 38
111. वही
112. वही
113. सैय्यद अली नदीम रिजवी, एम्स पोलरिंग द मुगल गार्डेन सेट फतेहपुर सीकरी, पृ. 889-901
114. वही
115. वही
116. वही

5

फतेहपुर सीकरी से राजधानी परिवर्तन का कारण

फतेहपुर सीकरी 1569 ई. से 1585 ई. तक मुगल साम्राज्य की राजधानी के रूप में रही। लेकिन 1585 ई. के पश्चात् अकबर ने अपनी राजधानी को फतेहपुर सीकरी से लाहौर ले गया। क्योंकि इस समय उत्तर पश्चिम में उजबेकों का प्रभाव दिन प्रतिदिन बढ़ता जा रहा था।[1] इनके प्रभाव को रोकने के लिए इस अभियान को महत्त्व देना अकबर के लिए महत्त्वपूर्ण था। साम्राज्य की रक्षा के लिए अकबर को लाहौर जाना जरूरी था क्योंकि स्थानीय प्रशासन इसके प्रभाव से कमजोर होता जा रहा था। अतः अकबर ने अपनी दूरगामी नीति के रूप में अपनी राजधानी को लाहौर स्थानान्तरित कर दिया। हालाँकि राजधानी परिवर्तन के बाद फतेहपुर सीकरी यात्रियों और लोगों के लिए हमेशा ही केन्द्र रहा और लोग इसको देखने तथा दर्शन करने आया करते थे। क्योंकि पर्यटक और धार्मिक नगर के रूप में इसका आकर्षक आज भी है।

फतेहपुर सीकरी का चौदह वर्षों तक मुगल सम्राट अकबर की राजधानी रहना और बाद में अचानक राजधानी परिवर्तित कर देना तथा दोबारा राजधानी का वापस न लाना अपने आप में एक प्रश्न को खड़ा कर देता है।

मिचेल वाण्ड और गोल्डन डी लारी यह कहते हैं कि ''अकबर और उसके योजनाकारों द्वारा यह पूरी तरह से इस बात को सोच करके इस नगर को बनाया गया था।''[2] यह अकबर की साम्राज्यवादी भावना की देन थी। सूफी सन्त शेख चिश्ती का मकबरा, मस्जिद और साम्राज्यिक भवन तथा अन्य जगहों पर बागों आदि को एक विधिवत रूप में योजनाबद्ध तरीके से बनाया गया है। अजमेर आगरा से तीन सौ मील दूर था और यह आगरा से पश्चिम दिशा में था। अकबर यहाँ मोइजुद्दीन की दरगाह की यात्रा हर

साल करता था।[3] उसने मोइजुद्दीन की दरगाह को बनवाया था। इस प्रकार से फतेहपुर सीकरी और अजमेर का भी धार्मिक रूप-से जुड़ाव था क्योंकि सीकरी में सूफी सन्त सूफी सन्त शेख चिश्ती का निवास स्थान था। अकबर इस बात को स्पष्ट रूप से स्वीकार करता था।[4]

मिचेल वाण्ड और गोल्डन डी लोरी इस तर्क पर पहुँचते हैं कि ''फतेहपुर सीकरी का निर्माण राजनैतिक और सेना की विजय का परिणाम था। इस प्रकार से ये कहते हैं कि अकबर का प्रयास राजनैतिक और सामाजिक समन्वय का था। इबादत खाना को वो इस बात के प्रमाण के रूप में मानते हैं''।[5]

जबकि रिचार्ड्स जैसे विद्वान इसके निर्माण के लिए अकबर के वैचारिक हितों की बात करते हैं। जबकि कुछ इतिहासकार यह मानते हैं कि अकबर ने सूफी सन्त शेख चिश्ती के सम्मान में इस नगर को बसाया था और उसको अपने साम्राज्य की राजधानी बनाया था अतः यह अकबर की धार्मिक लगाव से जुड़ा था।[6] जबकि रिजवी और फ्लीन जैसे इतिहासकार इसको मुख्य कारण नहीं मानते हैं।[7]

मेरा यह मानना है कि ''फतेहपुर सीकरी को बसाने के पीछे अकबर की भावनात्मक और राजनीतिक तथा साम्राज्यवादी और उसकी धार्मिक सहिष्णुता की नीति आदि कारणों का परिणाम थी।''

अकबर ने फतेहपुर सीकरी में अपना निवास स्थान बनाया। यहाँ पर महलों और किलों को बनाने का आदेश दिया।[8] व्यापार और वाणिज्य और विनिमय आदि की सुविधा की गयी थी। अकबर का फतेहपुर सीकरी जैसे गाँव में जाना और वहाँ अपना निवास बनाना और फिर अपनी राजधानी बनाना यह सब उसकी धार्मिक लगाव जो सूफी सन्त शेख चिश्ती के प्रति धार्मिक रूप से था उसको भी दर्शाता है। यद्यपि फतेहपुर सीकरी साम्राज्य की राजधानी थी पर वह दिल्ली, रोम और बगदाद जैसे धार्मिक शहर के रूप में कभी नहीं बन सका। यह पूरी तरह से आगरा पर निर्भर रहता था।[9] अकबर ने इस नगर को एक महानगर की सारी सुविधाओं के द्वारा विकसित किया। अकबर चौदह सालों तक यहीं पर रहा और अपना साम्राज्य विस्तार किया। इन सबके साथ फतेहपुर सीकरी ने एक सुव्यवस्थित परम्परा को स्थापित किया था।[10]

अकबर की 1585 ई. के पश्चात उत्तर पश्चिम सीमा की सुरक्षा बढ़ाने तथा उजबेको के बढ़ते प्रभाव से सुरक्षा के कारण सीमा की सुरक्षा के लिए

लाहौर जाना पड़ा और यहाँ पर वह अपने साम्राज्य की राजधानी को ले गया।[11] क्योंकि मिर्जा मोहम्मद हकीम की मौत के बाद काबुल प्रशासन को प्रत्यक्ष रूप से साम्राज्यिक प्रशासन में लाना था क्योंकि हकीम की मौत के बाद यहाँ की परिस्थितियाँ बदल गयी थी और काबुल और पश्चिमोत्तर प्रान्त में उथल-पुथल की स्थिति चल रही थी। अतः इसको प्रत्यक्ष रूप से साम्राज्य में लाना शान्ति स्थापित आदि के लिए समय ज्यादा लग सकता था अतः अकबर ने लाहौर को अपनी राजधानी बना दिया लाहौर सीकरी से करीब था।[12]

अबुल फ़ज़ल यह कहता है कि इसका सीधा कारण यह था कि वह कृत समय तक पंजाब में रुकेगा और अफ़गानिस्तान की धरती पर शान्ति लायेगा और विद्रोहियों को खत्म करेगा और यहाँ से दौसहनीश की सत्ता को उखाड़ फेंकेगा। तिराह और बंगस को सिन्ध से तथा कश्मीर के बगीचों को अपने कब्जे में लेगा सिन्ध और थट्टा को जनसंख्या वाला बनाए अर्थात् इसको साम्राज्य के साथ जोड़ेगा। ईरान को मित्र बनाएगा क्योंकि इस समय तक उत्तर भारत के प्रान्तों में अब ज्यादा खतरा नहीं था। अकबर ने यह प्रस्तावित किया कि अफ़गान की प्रजातियों को अपने अन्दर में किया जाय तथा इनको अपने नियंत्रण में लाने के लिए सेना को भेजा तथा लाहौर की सीमा पर नजर रखने के लिए अब्दुल्ला खाँ उजबेक को रखा था इस प्रकार उसकी विस्तारवादी भावना थी। उसी के मद्देनजर उसने पश्चिम में विस्तार किया और राजधानी को लाहौर ले गया।[13]

1585 ई. से 1598 ई. के बीच उसने अपना पूरा अभियान व्यावहारिक ढंग से पूरा कर लिया और सीमा का निर्धारण कर लिया। उत्तर पश्चिम में साफवी वंश के शासक जो कंधार के किले में थे उनसे युद्ध किया और 1595 ई. में मुगल सेना ने उस पर विजय पा लिया।[14] इन्होंने जमानदावा और शरमसीर पर कब्जा कर लिया, 1558 ई. में अब्दुल्ला उजबेक की मृत्यु के बाद यह कार्य पूर्ण हुआ।[15] इस प्रकार से अकबर मध्य एशिया पर अपना प्रभुत्व स्थापित किया। मध्य एशिया में प्रभुत्व स्थापित होने के बाद अकबर ने अपना साम्राज्य विस्तार का अभियान जारी रखा और दक्षिण में साम्राज्य विस्तार हेतु अपनी सेना भेजी। अकबर ने अपने पूरे दरबार को लाहौर से आगरा ले आया। फतेहपुर सीकरी में अपनी राजधानी को दोबारा वापिस नहीं लाया।

अकबर अपने 50 सालों के शासन काल में कभी भी अपनी एक स्थायी राजधानी नहीं बनायी। जब भी उसे जिस तरह की आवश्यकता महसूस होती थी उस तरह से वह दरबार में परिवर्तन करता था। वह अपनी प्रशासन प्रणाली का कार्य या प्रशासनिक व्यवस्था अपने प्रतिनिधियों के द्वारा करता था। लेकिन अपने साम्राज्य का विस्तार की जिम्मेदारी वह स्वयं निर्वहन करता था। लड़ाईयों और सैन्य संचालन की जिम्मेदारियों का निर्वहन वह स्वयं करता था इस कारण से वह हमेशा साम्राज्य के क्रिया कलाप में और राजधानी से सीधे सम्बन्धों को बनाए रखने को महत्त्व देता था। इस प्रकार हम कह सकते हैं कि जहाँ पर अकबर रहता था वहीं पर उसकी राजधानी थी।[16] फतेहपुर सीकरी अकबर के साम्राज्य की साम्राज्यिक राजधानी थी। अकबर की पसंदीदा राजधानी थी पर अकबर फतेहपुर सीकरी को क्यों त्यागा, अकबर दोबारा यहाँ क्यों नहीं आया आदि तमाम प्रश्न जो विचारणीय हैं। अगर विश्लेषणात्मक दृष्टि से इन प्रश्नों पर विचार करें तो तीन कारण सामने आती है जो अकबर को फतेहपुर सीकरी से लाहौर जाने के लिए जिम्मेदार माने जा सकते हैं—

(1) अफ़गान/उज़बेग समस्या।

(2) सूफी सन्त शेख चिश्ती की मौत।

(3) पानी की कमी।

ये तीन समस्यायें सामने आती है, इनकी पुष्टि समकालीन स्रोत द्वारा भी हो जाती है पर बात अकबर की राजधानी को दोबारा फतेहपुर सीकरी न ले जाने की होती है तो इन उपरोक्त कारणों के साथ-साथ अकबर की अपनी नीतियाँ और उसकी साम्राज्यवादी सोच के साथ ही साथ आगरा शहर की अपनी महत्ता भी इसके लिए विशेष रूप से जिम्मेदार थी। क्योंकि फतेहपुर सीकरी को राजधानी बनाए जाने के बाद भी आगरा की अपनी महत्ता कभी भी कम हुई हो ऐसा प्रमाण नहीं मिलते हैं। साम्राज्य की आर्थिक, सामाजिक और राजनैतिक गतिविधियाँ आज भी आगरा से सुचारू रूप से संचालित होती थी। कुछ विद्वानों ने यहाँ तक अपना तर्क दे दिया है कि फतेहपुर सीकरी में सिर्फ अकबर का दरबार ही स्थानान्तरित किया गया था। जबकि व्यापारिक ओर आर्थिक क्रियाकलाप के साथ-साथ अन्य साम्राज्यिक गतिविधियाँ आज भी आगरा से की जाती थी। कुछ विदेशी यात्री भी अपने वर्णन में फतेहपुर

सीकरी और आगरा दोनों शहरों को विशेषता बताते हैं जिससे यह स्पष्ट होता है कि राजधानी भले है सीकरी में रही हो पर आगरा की महत्ता आज भी बरकरार था। यहाँ तक कहा जाता है कि फतेहपुर सीकरी आगरा पर निर्भर था। यही सब कारण थे कि अकबर लाहौर से अपनी राजधानी आगरा लाता है। इस प्रकार फतेहपुर सीकरी जाने के बजाय राजधानी को आगरा में स्थापित करता है। जिस समय अकबर अपने विजय प्राप्ति की उच्च सीमा पर था उस समय उसने फतेहपुर सीकरी जैसे स्थान पर रहा और उसको अपनी राजधानी बनाया।

अतः यह कह सकते हैं कि मानव कल्याण के लिए अकबर यहाँ पर अपना आशियाना बनाया था पर समय और परिस्थिति के कारण तथा पश्चिमोत्तर प्रान्त में बढ़ते उजबेक समस्या के कारण अकबर को अपनी राजधानी लाहौर ले जानी पड़ी।

क्योंकि 30 जुलाई 1585 ई. को काबुल के गवर्नर का एक दूत मुगल दरबार में यह सूचना लेकर आया कि आफगानिस्तान की स्थिति इन दिनों ठीक नहीं है यहाँ अशान्ति फैली हुई है और प्रशासन एकदम कमजोर हो गया है।[17] इस पूरे घटनाक्रम की सूचना उसने बादशाह अकबर को दिया। इस घटना से अवगत होने के बाद पश्चिमोत्तर प्रान्त की रक्षा के लिए तथा पंजाब प्रान्त को बचाने के लिए अकबर ने पंजाब की ओर चलने का आदेश दिया साथ ही राजधानी को भी लाहौर ले जाने की घोषणा कर दिया।[18]

इस बात की पुष्टि लगभग सभी समकालीन इतिहासकार अपने ग्रन्थों में अलग-अलग तरीके से करते हैं। इस घटनाक्रम का वर्णन बदायूँनी इस प्रकार से देता है और बताता है कि "रमजान के दूसरे महीने के तीसरे दिन दरबार में काबुल का दूत आया। उसने सम्राट को शोकाकुल समाचार सुनाया जिससे सम्राट काबुल और गजनी की सरकार को मजबूत बनाने के लिए तथा वहाँ के स्वर्गीय गर्वनर मिर्जा मुहम्मद हकीम के पुत्रों जो अभी छोटे थे उनकी सहायता और मदद के लिए तथा दरबार में व्याप्त षड़यंत्र को खत्म करने के लिए अकबर ने एक फरमान जारी किया और 'खान' को दरबार में बुलाया गया तथा दरबार से साजिद-उद-दौला किशमिश दीन हकीम को 'खान' के साथ तत्काल काजिम को मदद करने के लिए भेजा गया। 10 तारीख को अहमद खान दिल्ली होतें हुए पंजाब को निकल गए।"[19]

बदायूँनी के विवरण से यह बात स्पष्ट होती है कि अकबर द्वारा फतेहपुर सीकरी से यह फरमान जारी किया गया। इसी घटना को वह राजधानी परिवर्तन का कारण मानता है।[20]

तबकात-ए-अकबरी के लेखक निजामुद्दीन अहमद के द्वारा भी यह सूचना दी जाती है कि ''इस समय उजबेक सेना बदख्वासा को अपने कब्जे में कर चुकी थी और काबुल को कब्जे में करने की फिराक में थी। इसी कारण से सम्राट की ओर से पंजाब की सरकार की रक्षा के लिए सेनानायक भेजे गए जो उस वर्ष के रमजान के दसवें दिन पंजाब राज्य की धरती पर पहुँच गए। इस कार्य के लिए गुजरात विजय के बाद 'खान-खाना' को तथा उनके साथ 'आजम' को 'काजद-उद-दौला' तथा 'फतह-उल-लाह दस्सी' को इस मामले को व्यवस्थित करने के लिए भेजा गया।[21]

इसी प्रकार का विवरण तारीख-ए-हुमायूँ और अकबर नामक पुस्तक में भी मिलता है जिसमें यह बताया जाता है कि ''फतेहपुर सीकरी में नवाब मिर्जा की मौत की सूचना पहुँची। काबुल में उनकी मौत के बाद उजबेको से सुरक्षा के लिए कोई नहीं बचा था। चूँकि उजड्ड बहुत ही उजड्ड प्रवृत्ति के थे। अत: काबुल की सुरक्षा की पूरी जिम्मेदारी अब राजधानी फतेहपुर सीकरी पर थी। इसी दृष्टिकोण को ध्यान में रखते हुए रमजान के महीने की 15 तारीख को पंजाब की सरकार की सुरक्षा के लिए दिल्ली से रवाना हुए। वह सिन्धु में अपना पड़ाव डाले दो तीन प्रयासों के बाद किला और मिर्जा हकीम के बच्चों और सेना सबको बचा लिया गया। इन्होंने सम्राट की सहायता के लिए धन्यवाद प्रकट किया।''[22]

इनके वर्णनों से स्पष्ट है कि उजबेको की बढ़ती समस्या और वहाँ व्याप्त अराजकता के कारण अकबर इन सेनानायकों को भेजने के साथ-साथ स्वयं भी इस अभियान पर जाता है और पूरी राजधानी लाहौर ले जाने की घोषणा कर देता है। इसके पीछे अकबर की साम्राज्यवादी भावना भी काफी हद तक जिम्मेदार थी।

आईन-ए-अकबरी में अबुल फ़ज़ल ने भी अफ़गान समस्या को ही राजधानी परिवर्तन का कारण माना है और यह बताता है कि ''पंजाब और अफ़गानिस्तान की भूमि में शान्ति व्यवस्था स्थापित करने के लिए जो उस समय अशान्ति और अराजकता का अड्डा बना हुआ था तथा कश्मीर के निकले हुए भाग को पुन: वापस लेने के लिए गहन विचार-विमर्श के बाद

सम्राट ने अपनी राजधानी लाहौर बनाने का निर्णय लिया और यहाँ पर कुछ समय बिताने का निर्णय लिया। इसके लिए 27 मई 1586 ई. को भगवानदास के साथ अपनी राजधानी को रवाना हो गया।[23]

अकबर के राजधानी परिवर्तन के सम्बन्ध में कुछ समकालीन यात्रियों द्वारा यह दूसरा तर्क दिया जाता है कि ''सीकरी में पानी की कमी होने की वजह से राजधानी परिवर्तन किया गया।'' समकालीन विदेशी यात्री विलियम फिंच अपने विवरण में यह मानते हैं कि ''दरबार के परागढ़ में पानी का उभयनिष्ठ तालाब था जो खारे पानी की जगह पर वर्षा के पानी के उपयोग के लिए बनाया गया था। इसमें पानी की आपूर्ति कम हो गयी। फिंच यह कहते हैं कि ''इस कारण से पूरा शाही परिवार आगरा चला गया क्योंकि आगरा 50 वर्षों से मुगल शाही परिवार के लिए लोकप्रिय था। चूँकि फतेहपुर सीकरी एक गाँव था वहाँ पर पानी की व्यवस्था करना कठिन कार्य था इसलिए राजधानी यहाँ से हटा ली गयी।[24]

इसी तरह फतेहपुर सीकरी से राजधानी परिवर्तन के कारणों में से विलियन फिंच द्वारा पानी की कमी को इसके लिए जिम्मेदार मानने का तर्क यही नहीं प्रतीत होता है क्योंकि इसकी पुष्टि और किसी भी समकालीन लेखको या अन्य किसी साक्ष्य में नहीं मिलता है। अगर तार्किक रूप से फतेहपुर सीकरी के पानी के प्रबंधन की तकनीक पर विचार करे तो यह स्थिति और स्पस्ट हो जाती है। क्योंकि यह तकनीक वर्षा के पानी को इक्ट्ठ कर प्राप्त की जाती थी। यह तभी असफल होती है जब वर्षा न हो पर समकालीन स्रोतो आदि प्रमाणों से ऐसा कोई साक्ष्य नहीं प्राप्त होता है कि इस समय वर्षा न पड़ी हो और पानी की कमी हुई हो।

इस प्रकार हम फिंच के उपरोक्त तर्क को बहुत ज्यादा महत्त्व नहीं दे सकते है।

इसी तरह फतेहपुर सीकरी से राजधानी परिवर्तन बारे में जो तीसरी विचारधारा में वर्णन करने वालों में मनूची का नाम आता है। मनूची अकबर द्वारा राजधानी परिवर्तन के लिए ''सूफी सन्त शेख चिश्ती" की दुआओं को मानता है। वह यह कहता है ''कि अकबर इमारतों को बनाने के लिए भारी धन खर्च किया। हालाँकि यहाँ पर निवास और राजधानी ज्यादा समय तक नहीं रही। इस नगर को बनाने के पीछे सम्राट को संत की दुआओं का असर था। ऐसा कहा जाता था क्योंकि सम्राट एक पहाड़ी पर रहते थे और सम्राट

उनको अपना गुरु मानता था। जब सम्राट बहुत परेशान था तभी से इनकी महिमाओं से प्रभावित हुआ और इनका मुरीद हो गया और अकबर आगरा जैसे शहर को छोड़कर आया और सीकरी को अपनी राजधानी बनाया। जब सूफी सन्त शेख चिश्ती की मृत्यु हो गयी तो कुछ समय बाद अकबर अपनी राजधानी में परिवर्तन कर दिया। 1586 ई. में अकबर ने अपनी राजधानी को लाहौर लेकर चला गया और जब वहाँ अपने साम्राज्य की स्थिति सुदृढ़ कर लिया तो राजधानी पुनः फतेहपुर सीकरी वापस न लाकर आगरा को अपनी राजधानी बनाया और यहाँ से दक्षिण की सैन्य गतिविधियों के संचालन की जिम्मेदारी निभाई।[25] पर मनूची का यह वर्णन भी सुनी-सुनाई कहानियों पर ही है क्योंकि शेष सलीम चिश्ती की मृत्यु उनके उम्र के अन्तिम पड़ाव में हुई थी। ये जरूर था कि अकबर का विशेष लगाव इनके प्रति था पर अकबर साम्राज्य का बादशाह था अतः साम्राज्य की सुरक्षा सर्वोपरि थी।

बदायूँनी 1588 ई. में यह विवरण देता है कि "एकदम सुबह ही यह खबर शहर में पूरी तरफ फैल गयी कि राजधानी फतेहपुर सीकरी से लाहौर को जा रही है बदायूँनी यह कहता है कि मेरे कानों तक भी यह सूचना गयी और इस घटना को मैंने अपनी आँखों से देखा।[26]

इसी तरह का वर्णन आइन-ए-अकबरी में अबुल फ़ज़ल भी करता है कि "मरियम मकानी जो अकबर की माँ थी उनके फतेहपुर सीकरी से प्रस्थान की घटना थी। वह इस जटिल और दुर्लभ रास्ते में सम्राट के साथ थी। वह कहता है कि मैं यह सोचता था कि वह जल्द ही आगरा लौट जाने को कहेगी इसलिए मैंने घरेलू कामों के लिए छुट्टी ले ली।[27] इस पहले चरण की यात्रा पर उन्होंने वहाँ रात बिताई और अगले दिन जाने को तैयार हो गयी और इस प्रकार राजधानी परिवर्तन की घटना का कार्य पूर्ण हुआ।[28]

अब्दुल कादिर बदायूँनी 1590 ई. में शेख इब्राहिम चिश्ती की मृत्यु का विवरण देता है और बताता है कि इनकी ख्याति के आधार पर इन्हें और इनके परिवार में इनके बेटे आदि को राजकीय संरक्षण मिला हुआ था।[29]

उपरोक्त तर्कों द्वारा अगर राजधानी परिवर्तन के कारणों पर विचार करें तो यह स्पष्ट हो जाता है कि पश्चिमोत्तर सीमा (अफ़गान उजबेक) समस्या ही सबसे ज्यादा महत्त्वपूर्ण कारण रही है और तार्किक प्रमाणों तथा साक्ष्यों के आधार पर भी यह सिद्ध होता है। जिसको जिम्मेदारी माना जा सकता है। जिसकी पुष्टि सभी समकालीन लेखकों द्वारा भी होती है।

ऐसा नहीं था कि राजधानी परिवर्तन के बाद फतेहपुर सीकरी की महत्ता एकदम खत्म हो गयी हो और वह उजाड़ हो गया हो। ऐसा नहीं था क्योंकि फतेहपुर सीकरी में सारे क्रिया कलाप वैसे ही संचालित हो रहे थे। हाँ यह जरूर था कि राजदरबार और राजधानी के चले जाने की वजह से वह रौनक नहीं रह गयी थी जो बादशाह के निवास के समय थी। चूँकि यह माना जाता है कि मुगल बादशाह का दरबार अपना एक अलग शानो-शौकत रखता था। वह शानो-शौकत अब फतेहपुर सीकरी के महलों में पहले जैसी नहीं रही। हालाँकि धार्मिक और सांस्कृतिक गतिविधियों का दौर धीरे-धीरे चलता रहा जो बाद के काल के शासकों तक जारी रहा। जैसा कि समकालीन और विदेशी यात्रियों के विवरणों से स्पष्ट होता है।

आईन-ए-अकबरी में अबुल फ़ज़ल 1601 ई. की घटना का वर्णन करता है और बताता है कि आदरणीय मरियम मकानी फतेहपुर सीकरी आयी और मुझसे मिली। उनकी आँखों में दिल में प्रसन्नता थी लेकिन मैंने वहाँ जाने का विचार त्याग दिया। अबुल फ़ज़ल के इस विवरण से यह स्पष्ट होता है कि 1601 ई. में फतेहपुर सीकरी में अभी भी शाही और अमीर वर्ग के लोगों का यहाँ निवास स्थान रहा था।[30]

इसी प्रकार से फतेहपुर सीकरी के बारे में जहाँगीर शासन काल में आए यात्री हरप्रेट ने 1606 ई. में यह बताता है कि ''जहाँगीर के समय में यह स्थान स्वर्ण के समान थी यह शिकार करने के लिए उत्तम जगह थी, पर राजधानी अब नहीं रही, अब राजधानी लाहौर चली गयी।''[31]

हरप्रेट के इस विवरण से स्पष्ट पता चलता है कि राजधानी चले जाने के बाद उसकी शान-शौकत में कमी हुई पर फतेहपुर सीकरी इस समय भी मनोरक स्थान के रूप में था।[32]

मासीर-उल-उमरा में 1613 ई. की घटना का वर्णन मिलता है। जिसमें इस्लाम खान चिश्ती फारूखी इनका नाम कलाउद्दीन था जो सूफी सन्त शेख चिश्ती के पोते थे जो अपने अच्छे स्वभाव और आचरण के लिए दोस्तों में बहुत ही लोकप्रिय थे। जहाँगीर ने उनके स्वागत के लिए एक उत्सव मनवाया था और शाही दरबार आयोजित कर इनका बहुत आदर किया था। इनका विवाह अबुल फ़ज़ल की बहन से हुआ था। जहाँगीर जब बादशाह बना तो इनसे मिला और उन्हें इस्लाम खान का खिताब और 5000 का मनसब दिया। बिहार का राज्यपाल नियुक्त किया तीन साल बाद इनकी मृत्यु हो गयी। इनके

शव को फतेहपुर सीकरी में ही अपने पूर्वजो के बगल में ही दफनाया गया।[33]

एक और विदेशी व्यापारी यात्री रोज जो 1616 ई. में फतेहपुर सीकरी के बारे में यह बताता है कि ''फतेहपुर सीकरी से आगरा तक सामान लेकर जा रहा था तो रास्ते में बहुत सारे कमरे और दुकानें थी।[34]

1619 ई. जब जहाँगीर के शासन काल में जो उसके जीवनकाल का 28वाँ साल था। उसी साल आगरा में प्लेग आ गया था तब बादशाह ने फतेहपुर सीकरी के शरण ली थी। इन दिनों पुनः फतेहपुर सीकरी ने उत्सव का रूप ले लिया था। पूरे भवनों को खूबसूरत रूप से सजाया गया। इस अवधि के दौरान इसका उत्कर्षण पुनः अपने आप में आ गया था। पर कुछ दिनों बाद पुनः जहाँगीर आगरा चला और पुनः फतेहपुर सीकरी की स्थिति पहले जैसी हो गयी।[35]

जहाँगीर ने अपनी आत्मकथा में भी इस घटना का वर्णन करता है। इस तरह हम देखते हैं कि फतेहपुर राजधानी परिवर्तन के बाद उसकी देखरेख और उसके प्रबन्धन व्यवस्था में धीरे-धीरे कमी आती गयी जिसका परिणाम यह हुआ कि अब यह एक मनोरंजन और शिकार आदि कार्य के लिए ही प्रयोग मुगल शासकों द्वारा किया जाता रहा।[36] हालाँकि एक बात जरूर है कि धार्मिक रूप से इस नगर की प्रतिष्ठा कभी भी कम न हुई चाहे यह राजधानी रही हो या न रही हो। हाँ ये जरूर हुआ कि मुगल दरबार और राजधानी हटने के बाद यह वह शाही सौन्दर्य को नहीं बना पाया जो इस राजधानी के समय में थी। बादशाह द्वारा राजधानी के परिवर्तन के बाद इसके इमारतों, कुओं, बगीचों और अन्य शाही इमारतों की रख-रखाव और देखरेख में कमी होती गयी और इसका परिणाम यह हुआ कि राजधानी परिवर्तन के बाद इसकी स्थिति में सुधार न होकर इसकी प्रबन्धन व्यवस्था में शिथिलता आयी।

अकबर की मृत्यु के बाद जहाँगीर और शाहजहाँ ने भी फतेहपुर सीकरी को उतना महत्त्व नहीं दिया जितना अकबर के समय इसको मिला। ये बात जरूर प्रमाण के रूप में सामने आती है कि अकबर के बाद के शासकों ने फतेहपुर सीकरी को एक मनोरंजक (पिकनिक) स्थल के रूप में शिकार और अपने मनोरंजन के लिए प्रयोग करते रहते थे। इससे यह स्पष्ट हो जाता है कि कभी भी फतेहपुर सीकरी उजाड़ नहीं हुआ था।

1622 ई. में शाहजहाँ अपने पिता जहाँगीर के खिलाफ विद्रोह किया तो वह फतेहपुर सीकरी आया। वह अपने पिता से फतेहपुर सीकरी के बारे में

बहुत कुछ सुन चुका था।[37] 1622 ई. में मनरीक्यू ने भी अपने विवरण में यह बताता है कि "वह वुरहानपुर से खुर्रम का यात्रा लम्बे जुलूस के साथ चल रहा था। यह जुलूस आगरा पहुँचने से एक दिन पूर्व फतेहपुर सीकरी में रुका। इसके बाद खुर्रम जो इस आर्थिक रूप से कमजोर हो गया था। खुर्रम ने यहाँ के निजी और अन्य घरों को शहर के थे, को लूटा और इसके बाद इस शहर को छोड़ दिया। क्योंकि खुर्रम का सारा धन अपने पिता के खिलाफ लड़ाई के तौर पर खर्च कर चुका था। इस लूट के पैसे को अपनी सेना में बाँटा और इस समय जब वह सीकरी के पास ही रुका था। इसके पिता ने उसे मिलने के लिए छोटी सेना के साथ आगरा आने को कहा।[38]

इसके विवरण से स्पष्ट होता है कि जहाँगीर और शाहजहाँ के काल में सीकरी का उपयोग दक्षिण से आगरा आने वाले यात्री और व्यापारी के साथ-साथ राज दरबार के लोग विश्राम स्थल के रूप में किया करते थे।

पादशाहनामा में 1628 ई. का वर्णन अब्दुल हमीद लाहौरी द्वारा किया गया है जिसमें बताया गया है कि "जब शाहजहाँ शासक बना तब वजह चन्द्र के शुभ अवसर पर दरबार में चन्द्र का समारोह 38 वर्ष पूर्ण होने और 39वें वर्ष शुरू होने पर सम्राट शाहजहाँ का वजन करने की व्यवस्था की गयी। फतेहपुर सीकरी के शाही महल में भारी तराजू रखा गया, एक के बाद चाँदी और सोने से बादशाह को तौला गया और यह कार्य छः बार किया गया।"[39] इस प्रकार अब्दुल हमीद के विवरण से बात स्पष्ट होती थी कि शाही समारोहों आदि के रूप में फतेहपुर सीकरी का प्रयोग मुगल बादशाहों द्वारा किया जाता था क्योंकि सीकरी आगरा से काफी करीब का नगर था। अब्दुल हमीद लाहौरी ने 1635 ई. की भी एक घटना का जिक्र करते हैं कि जब शाहजहाँ एक बार पुनः सीकरी आता है।[40]

लाहौरी वर्णन करते हैं कि "1635 ई. एक बार पुनः शाहजहाँ अपनी दक्षिण विजय प्राप्ति के बाद फतेहपुर सीकरी आया और यहाँ पर नूर मंजिल नामक बगीचे में एक फब्बारा बनवाया जो बेहद अच्छा और सुन्दर था। तीन दिन तक अभियान की तैयारी फतेहपुर सीकरी में रहकर की गयी यहाँ पर इनका पड़ाव फतेहपुर सीकरी झील के पास बनाया गया। सम्राट छः दिनों तक फतेहपुर सीकरी में रुका और शिकार का आनन्द लिया।[41]

पादशाहनामा में बताया जाता है कि 1637 ई. में बादशाह सीकरी जाता और यहाँ पर शिकार हेतु व्यतीत किए गए 8 दिनों में शिकार किया गया

जिसमें 2 शेर 20 नीलगाय और 60 हिरन का शिकार किया गया। इसके बाद आगरा वापिस आ गया। इस प्रकार फतेहपुर सीकरी का प्रयोग अब खेल और मनोरंजन के लिए काफी हद तक किया जाने लगा था।[42]

1643 ई. में एक बार पुनः शाहजहाँ फतेहपुर सीकरी में शिकार के लिए जाता है और इस बार सीकरी के महलों को पूरी तरह से सजाया जाता है।[43]

1644 ई. में शाहजहा फतेहपुर सीकरी में शिकार खेलने के लिए आया और 8 दिनों तक दौलतखाना में शानदार लंगर के रूप में परिवर्तित कर दिया गया। शाहजहाँ यहाँ खुशीपूर्वक अपना समय बिताया। एक के बाद एक शिकार किया तथा जामा मस्जिद में ईद-उज़्-ज़ूहा के मौके पर नमाज पढ़ा। शाही महल दौलतखाने में पशुबली की रश्म पूरी की गयी। इस मौके पर लोगों की इतनी भीड़ थी कि मस्जिद के दरवाजा की दीवार ढह गयी जिससे भगदड़ मच गया जिसमें कई लोगों को भीड़ ने कुचल दिया जिससे उनकी मौत हो गयी, बहुत सारे लोग घायल हो गए।[44] इस प्रकार 11 दिन व्यतीत करने के बाद शिकार कार्य पूर्ण होने पर बादशाह पुनः वापस लौट गया।

1644 ई. में समरकन्द के मिर्जा मुहम्मद अरबाव का आगमन फतेहपुर सीकरी में हुआ वह समरकन्द का रहने वाला था। कलड-उल-जहाँ के दिन यहाँ आया। लोगों की बहुत ज्यादा भीड़ यहाँ पर थी। इस भीड़ के लिए यहाँ पर उचित प्रबन्धन व्यवस्था किया गया था प्रतिष्ठान खत्म होने पर इन्होंने 3000 रूपये का अनुदान दरगाह के नाम दिया और समरकन्द वापस लौट गया।[45]

1645 ई. में मिर्जा हसन साफवी जो कंधार के शासक रुस्तम का तीसरा बेटा था को फतेहपुर सीकरी की जागीर प्रदान की गयी।[46] शाहजहाँ अपने शासन काल के 28वें वर्ष फतेहपुर सीकरी गया और एक दिन रुका । सूफी सन्त शेख चिश्ती की दरगाह का दर्शन करने के बाद बादशाह ने इकराम खान जो दरगाह के प्रबन्धक थे उनको 4000 हजार रूपये यहाँ प्रबन्धन के लिए दिया।[47]

इस प्रकार के प्रमाणों से यह बात एकदम स्पष्ट हो जाती है कि फतेहपुर सीकरी राजधानी परिवर्तन के बाद पूरी तरह विरान हो गयी हो ऐसा प्रमाण शाहजहाँ के काल तक के समकालीन प्रमाणों से भी प्राप्त नहीं होते हैं। चूँकि फतेहपुर सीकरी आगरा से बहुत ही करीब था। अकबर द्वारा अपनी राजधानी 1585 ई. में लाहौर और फिर वहाँ से 1595 ई. में राजधानी को आगरा लाता

है और कुछ समय दक्षिण अभियान और अपने पुत्र सलीम के विद्रोहों के उलझे रहने तथा 1605 ई. में उसकी मौत तक वह फतेहपुर सीकरी पर अपनी नजर पुनः पहले की तरह नहीं कर सका।

हालाँकि फतेहपुर सीकरी में प्रबन्धन आदि की व्यवस्था वहाँ के स्थानीय प्रशासन द्वारा सुचारू रूप से संचालित की जा रही थी। महलों और बगीचों आदि का प्रबन्धन भी उचित तरीके से हो रहा था। चूँकि अकबर का विशेष लगाव फतेहपुर सीकरी से था।यह कहा जाता है कि लाहौर राजधानी जाने के बाद वह सीकरी नहीं आ सका। इसके पीछे यह तर्क दिया जाता है कि लाहौर से राजधानी आगरा आना और अकबर का अपनी साम्राज्यिक गतिविधियों तथा अपने परिवारिक समस्याओं में उलझा रहा वह आगरा राजधानी वापस आने के छः वर्षों के बाद उसकी मृत्यु आदि घटना को इसके लिए जिम्मेदार माना जाता है। जिससे अकबर को फतेहपुर सीकरी जाने का समय नहीं मिल पाया।

इस प्रकार उपरोक्त साक्ष्यों और प्रमाणों के आधार पर हम स्पष्ट रूप से यह कह सकते हैं कि ''फतेहपुर सीकरी से मुगल राजधानी भले ही चली गयी हो पर फतेहपुर सीकरी के प्रति लोगों की प्रतिष्ठा वैसे ही बरकरार रही और यहाँ पर चहल-पहल हमेशा बनी रही। ये जरूर था कि सम्राट के रहते समय जो शानो-शौकत वहाँ थी, उस रौनक को फतेहपुर सीकरी पुनः कभी भी प्राप्त नही कर सका। पर ये जरूर रहा कि मुगल सम्राटों के मनोरंजन और धार्मिक लगाव का माध्यम यह हमेशा बना रहा। यहाँ पर ये मनोरंजन और धार्मिक उपासना के लिए बराबर आते रहते थे। अब फतेहपुर सीकरी को पुनः एक सरकार बना दिया गया था और प्रबन्धन व्यवस्था आदि का कार्य मुगल फौजदार को सौंप दिया गया।

अतः हम यह कह सकते हैं कि राजधानी परिवर्तन के बाद भी फतेहपुर सीकरी का प्रबन्धन व्यवस्था आदि सुचारू रूप से संचालित होता रहा। फतेहपुर सीकरी का एक धार्मिक स्थल के रूप में महत्ता बना रहा जो आज भी इसी रूप में ख्याति प्राप्त हैं।

सन्दर्भ

1. अबुल फ़ज़ल, अकबरनामा खण्ड-3, पृ. 702-703
2. मिचेल वाण्ड एण्ड गोल्डेन डी लारी, फतेहपुर सीकरी, पृ. 66
3. वही
4. वही

5. वही
6. जे.एफ. रिचड्र्स, द फारमूलेशन ऑफ इम्पिरीयल आथारिटी अण्डर अकबर एण्ड जहाँगीर: इन किंगशिप एण्ड अथॉरिटी इन साउथ एशिया। द्वितीय एशिन, साउथ एशिया स्टडी पब्लिकेशन, नं. 3 यूनिवर्सिटी ऑफ वीसडम, माडीसन, 1978, पृ. 255-57
7. सैय्यद अहत्तर अब्बास रिजवी, एस.बी.जे.-ए-फ्लीन : फतेहपुर सीकरी, तारा पोरिवाला, बम्बई, 1975, पृ. 13
8. वही
9. वही
10. वही
11. निजामुद्दीन अहमद, तारीखे अकबरी, अनु. बी. डे एण्ड बेनी प्रसाद भाग-3, रायल एशियाटिक सोसाइटी ऑफ बंगाल, 1927-39, पृ. 472
12. वही
13. अबुल फ़ज़ल, अकबरनामा खण्ड-3, पृ. 748
14. मिचेल वाण्ड एण्ड गोल्डेन डी लारी, फतेहपुर सीकरी, पृ. 70
15. अबुल फ़ज़ल, अकबरनामा खण्ड-3, पृ. 702
16. वही
17. अब्दुल कादिर बदायूँनी, मुन्तखाब-उल-तवारीख, भाग-11, पृ. 385
18. वही
19. निजामुद्दीन अहमद, तबकाते-ए-अकबरी, भाग-2, पृ. 604
20. वायजाद वीयात, तारीख-ए-हुमायूँ व अकबरी, अनु. एम. हीदायत होसेन, रायल एशियाटिक सोसाइटी ऑफ बंगाल, 1941, पृ. 364
21. अबुल फ़ज़ल, अकबरनामा खण्ड-3, पृ. 740
22. विलियम फ्रिंच, इन अटर्ली ट्रेवल्स इन इण्डिया: 1583-1619, अनु. डब्लू. फोस्टर, हम्फरी मिल फोर्ड एण्ड आक्सफोर्ड यूनिवर्सिटी प्रेस, 1922, पृ. 120
23. निकोलो मनूची, स्टेरियो टू मोगोर आर मुगल इण्डिया, भाग-2, अनु. विलियम इरविन, लो प्राइज पब्लिकेशन, दिल्ली, 2007, पृ. 396
24. अब्दुल कादिर बदायूँनी, मुन्तखाब-उल-तवारीख, भाग-11, पृ. 442
25. अबुल फ़ज़ल, अकबरनामा खण्ड-3, पृ. 880-81
26. वही
27. अब्दुल कादिर बदायूँनी, मुन्तखाब-उल-तवारीख, भाग-11, पृ. 387
28. अबुल फ़ज़ल, अकबरनामा खण्ड-3, पृ. 1190
29. वही
30. वही
31. शहनबाज खाँ, मासीर-उल-उमरा, भाग-1, अनु. एच. बेवरीज, जानकी प्रकाशन, पटना, 1979, पृ. 692-95

32. सर थामस रोज, द एम्बेसी ऑफ सर थामस रोज आफ इण्डिया 1615-19, विलियम फरेस्टर, आक्सफोर्ड यूनिवर्सिटी प्रेस, लन्दन, पृ. बी-27
33. मो. सालीह कामबू, अमल-ई-सालीह, जी. याजदामी: रायल बंगाल सोसाइटी ऑफ बंगाल, 1912-39, पृ. 1659-1602
34. जहाँगीर, तुजक-ए-जहाँगीरी, भाग-2, पृ. 67
35. सर थामस हरब्रेट, सम येरीज ट्रेवलर इन टू अफ्रीका एण्ड एशिया द ग्रेट, जाकब वोलम एण्ड रिचर्ड विसफ, लन्दन, 1638, पृ. 83
36. फरे सेवसटीन, ट्रेवल्स ऑफ फरे सेवसटीन मानरीकी 1629-1643 भाग-2, अनु. सी.ई. लूराई, हाकुल्टी सोसाइटी, आक्सफोर्ड 1927, पृ. 306-07
37. अब्दुल हमीद लाहौरी, पादशाहनामा भाग-1, अनु. के. अहमद और एम.ए. रहीम, रायल बंगाल सोसाइटी, ऑफ बंगाल, कोलकाता, 1867-68, पृ. 243
38. वही
39. वही, पृ. 353
40. वही
41. वही
42. वही, पृ. 356
43. वही
44. शहनवाज खान, मासिर-उल-उमरा, भाग-1, पृ. 622
45. वही
46. अब्दुल हमीद लाहौरी, पादशाहनामा भाग-2, पृ. 407
47. वही

6

मुगल साम्राज्य के उत्थान में फतेहपुर सीकरी

फतेहपुर सीकरी मुगल साम्राज्य की राजधानी थी। इसका एक बौद्धिक जीवन था जो इसके संस्थापक के इर्द-गिर्द घूमती है और इण्डो-तैमूरी परम्परा का निर्वहन करती है। अकबर ने राजधानी के रूप में इसको उचित रूप से बढ़ावा दिया तथा एक प्रशासनिक एवं साम्राज्यिक दृष्टिकोण से यहाँ पर भवन निर्माण को महत्त्व प्रदान किया।[1]

फतेहपुर सीकरी मुगल साम्राज्य के सांस्कृतिक एवं बौद्धिक उत्थान के क्षेत्र में भी इसकी महत्ता स्पष्ट है। यहाँ के दरबार की विशेषता सिर्फ भवनों की सुन्दरता तक ही सीमित नहीं थी। यहाँ पर गहन चिन्तन विचार-विमर्श एवं संगीत, चित्रकला, स्थापत्य के साथ-साथ धार्मिक समन्वय एवं सौहाद पर विशेष ध्यान दिया गया। अकबर अपने जीवन में जिन बातों को महत्त्व देता था इन सबका प्रमाण आज भी हगारे पास मौजूद है। इस बात से हम उसके जीवन में बौद्धिकता की महत्ता स्पष्ट हो जाती है। यदि हम इस शहर के महत्त्व को खोजें तो यह स्पष्ट होता है कि अकबर के विचार और सिद्धान्त यहाँ पर स्पष्ट रूप से देख पाते हैं। उसकी महत्त्वाकांक्षा और स्थापत्य कला की रचना आदि उसको देश के महान शासकां में ला देती है।

जहाँ तक फतेहपुर सीकरी का प्रश्न है? और मुगल साम्राज्य के उत्थान में उसके योगदान का विषय है? पर एक विचार उठता है कि क्या फतेहपुर सीकरी की बनावट पर उसका आध्यात्मिक प्रभाव था। मिचेल ब्राण्ड एवंम ग्लेन डी लारी अपने ग्रन्थ में इस बात का वर्णन करते हैं कि "कोई भी यह कल्पना नहीं कर सकता कि 14 वर्षों तक फतेहपुर सीकरी मुगल साम्राज्य की राजधानी रही होगी। यह कभी मुगल साम्राज्य का इकलौता केन्द्र रहा होगा। इसके केन्द्र विषय पर चर्चा करते हैं तो यह बात मन में जरूर आती है

कि यहाँ पर कला, संस्कृति, बौद्धिकता और धार्मिकता जो झलकती है वह अपना स्थान कहाँ पर रखती थी जो उस समय फतेहपुर सीकरी में व्याप्त थी। चूँकि फतेहपुर सीकरी इस समय मुगल साम्राज्य का केन्द्र था जो इन सीमाओं और बंधनों से परे था।[2] यहाँ पर इन सारी गतिविधियों का विकास हो रहा था जिसका प्रभाव मुगल साम्राज्य के स्थायित्व और उसकी महत्ता पर भी पड़ रहा था।

मिचेल ब्राण्ड एवंम ग्लेन डी लारी यह कहते हैं कि "जब हम अपनी सारी जानकारी इकट्ठा करते हैं तो वह यह स्पष्ट हो जाता है कि सम्राट अकबर द्वारा 1560 ई. के दशक में जो कार्य किया गया वह बहुत ही महत्त्वपूर्ण है। 1560ई. तथा इसके पहले और बाद के कार्यों का प्रमाण फतेहपुर सीकरी में प्रमाण सुरक्षित और दिखाई पड़ता है।"[3] 1585 ई. के बाद के प्रश्न पर ब्राण्ड एवंम लारी यह कहते हैं कि "हम यह देखते हैं 'कि जिस प्रकार के कलात्मक दृष्टिकोण का विकास हो रहा था वह फतेहपुर सीकरी राजधानी बनने से पहले और बाद भी होता रहा।'[4] इस प्रकार हम देखते हैं कि फतेहपुर सीकरी राजधानी रहती है या लाहौर जाती या आगरा जाती तब भी सारे क्रिया कलाप होते रहते हैं। केन्द्र रूप अगर फतेहपुर सीकरी की बात आगरा के परिप्रेक्ष्य में करे तो यह स्पष्ट रूप से पता चलता है कि जब फतेहपुर सीकरी, नगरीय और शैन्य प्रशासकीय राजधानी सूबों पर शासन करते के लिए बनायी गयी तब भी यह दोनों शहर स्थित थे। यह हुआ कि फतेहपुर सीकरी में भले ही बौद्धिक लोगों को नियुक्त किया गया हो पर हम यह देखते हैं कि राजधानी फतेहपुर सीकरी भले ही रही हो पर बहुत सारे क्रिया कलाप आगरा में हुआ करते थे। इस प्रकार हम देखते हैं कि आगरा से फतेहपुर सीकरी राजधानी परिवर्तन होने के बाद भी अपना स्थायित्व बनाए रखा और फतेहपुर सीकरी राजधानी के रूप में 14 वर्षों तक राजधानी रही और बौद्धिकता का केन्द्र बना रहा।[5] जिसने मुगल साम्राज्य को सामाजिक, आर्थिक और सांस्कृतिक रूप से मजबूत बनाया।

यद्यपि हम फतेहपुर सीकरी के भवनों के ढाँचों के हिसाब से देखते हैं उसकी तुलना करते हैं तो यहाँ पर दो प्रकार का महत्त्व दिखाई पड़ता है। एक आगा खाँ के नेतृत्व में इस्लामी भवन का निर्माण दूसरा अकबर के नेतृत्व में भवन निर्माण हो रहा था। यह कार्य आगरा, लाहौर और दिल्ली के दृष्टिकोण से महत्त्वपूर्ण था।[6] पर यह उतनी उपलब्धी नहीं पा सका जितना इनको

मिली। फतेहपुर सीकरी में स्थाई पुस्तकालय नहीं थ न ही मशहूर शिक्षण संस्थान था। पर यहाँ पर चिश्ती की दरगाह थी वह एक तरह की बौद्धिक स्थल थी।[7]

फतेहपुर सीकरी के विषय पर विद्वानों का एक वर्ग ऐसा भी मानता है कि बौद्धिक और धार्मिक रूप से इसको कम करके आंका गया है। यह लोग तर्क प्रस्तुत करते हैं कि जो इसके संरक्षक थे उन्होंने इसको वैसा विशेष नहीं बनाया जैसा कि अकबर चाहता था पर यह तर्क सही नहीं लगती। क्योंकि अकबर हमेशा अपने व्यक्तित्व को सक्रिय कार्य करने वालों की तरह पेश किया। 1571 ई. में उसने फतेहपुर सीकरी को साम्राज्य की राजधानी बनाने का आदेश दिया तथा सूफी संतों के प्रति अपनी आस्था को प्रकट किया।[8]

अकबर ने फतेहपुर सीकरी को 14 साल बाद साम्राज्यिक उद्‌देश्य के चलते इसको त्याग दिया क्योंकि अफ़गानिस्तान में उपद्रव की स्थिति व्याप्त थी।[9] फतेहपुर सीकरी के बौद्धिक महत्त्व को हम इस प्रकार से देखते हैं कि यह 14 सालों तक साम्राज्य की राजधानी थी। अकबर का समग्र उद्‌देश्य इसको कैसे स्थापित किया जाया इस पर ज्यादा था। जान रिचर्डस इस पर अपना अलग विचार रखते हैं वह यह कहते हैं कि ''बादशाह का राजधानी फतेहपुर से लाहौर ले जाने का फैसला 1585 ई. में हड़बड़ी से लिया गया फैसला मालूम होता है। वह कहते हैं कि हम यह देखते हैं कि फतेहपुर सीकरी को अकबर ने बसाया और मुगल साम्राज्य की राजधानी बनायी। इसका किसी नगर से कोई सम्बन्ध नहीं था। फतेहपुर सीकरी पूरी तरह अकबर की नीतियों के आधार पर बनाया गया था और बाद में सुरक्षा कारणों से सम्भवत: उसने इस तरह के समारोहों पर उसने प्रतिबन्ध लगा दिया। इस तरह उसने फतेहपुर सीकरी से राजधानी को हटा दिया।[10] अबुल फ़ज़ल यह कहत है कि ''50 सालों के दौरान अकबर ने कही पर स्थायी राजधानी नही रखी जहाँ वह समझता दरबार वहीं स्थापित हो जाता था।''[11]

रिचर्डस कहते हैं कि ''फतेहपुर सीकरी के बारे में यह कहा जाता है कि साम्राज्य की राजधानी हटने के बाद इसका विशेष दर्जा बौद्धिक रूप में था। वह खत्म हो गया ऐसा नहीं था। यद्यपि कि 1585 ई. में अकबर के प्रस्थान के बाद भी कुछ चीजे क्रमबद्ध रूप से चलती रही और इसका चरित्र अपरिवर्तित रहा जो व्यवस्था 1585 ई. के पूर्व वहाँ थी वह 1585 ई. के बाद भी अपने आपको इससे जोड़े रखी।[12]

अकबर का विलक्षण चरित्र ने उसे इस तरह की नींव रखने के लिए प्रेरित किया। अकबर ने अपने जिज्ञासु प्रवृत्ति के कारण अपने साम्राज्य में हर धर्म को समान सम्मान दिया और समाज में एक समन्वय स्थापित करने के लिए सुलह-ए-कुल की नीति को अपनाया । अकबर के शासन काल में पत्राचार, कवितायें, साहित्य, धार्मिक पुस्तक, कुरान आदि सब अकबर को सुनाया जाता था जिसको अकबर आत्मसात कर लेता था। इसे सब पढ़कर अबुल.फ़ज़ल द्वारा सुनाया जाता था। इसका ऐतिहासिक प्रमाण जो संरक्षण मे लिखा गया दूसरा वो जो गुप्त रूप से लिखा गया दोनो में मिलता है। बदायूँनी का ग्रन्थ गुप्त रूप से लिखा गया और अबुलफ़ज़ल का ग्रन्थ संरक्षण में लिखा गया।[13]

बदायूँनी की पुस्तक के बारे में यह कहा जाता है कि उसकी पुस्तक उसकी मृत्यु के कुछ समय बाद छपी। जब जहाँगीर को इसका पता चला तो इस पर प्रतिबन्ध लगा दिया। हालाँकि इस पुस्तक के बारे में बदायूँनी के पुत्रों को भी पता नहीं था। जहाँगीर ने इन्हें जेल में डाल दिया और उनकी सारी सम्पत्ति जब्त कर ली। पुस्तक विक्रेताओं को इसके क्रय-विक्रय पर प्रतिबन्ध लगा दिया गया। हालाँकि यह पुस्तक गुप्त रूप से बिकती और प्रकाशित होती रही। औरंगजेब के शासन काल में यह सबसे ज्यादा बिकने वाली पुस्तक हो गयी।[14]

बदायूँनी अपनी पुस्तक में अकबर को नास्तिक बताता है जबकि अबुल फ़ज़ल अकबर के बारे में ऐसा नहीं कहता है। कुछ भी हो अकबर ने फतेहपुर सीकरी में एक धार्मिक सौहार्द को विकसित किया और 'सुलह-ए-कुल' नीति को आगे बढ़ाया। इसके लिए उसने अनुवाद विभाग को संरक्षण दिया और बहुत सारे संस्कृत के ग्रन्थों का फारसी मे अनुवाद किया गया। जिससे फतेहपुर सीकरी का बौद्धिक परिवर्तन हुआ और एक सांस्कृतिक माहौल को पैदा किया। धार्मिक विचार-विमर्श के लिए विद्वानों को आमंत्रित किया गया। इबादतखाना तथा दीवाने-ए- खास को तर्क-वितर्क का स्थान बना दिया गया।[15]

फतेहपुर सीकरी के बौद्धिक विचार-विमर्श ने दो महत्त्वपूर्ण कार्य किया। एक संस्कृत की पुस्तकों का अनुवाद तथा दूसरा इबादतखाने में बहस हुई, जिसमें प्रश्नों का उत्तर बौद्धिक और धार्मिक दोनों तरीके से दिये जाने का प्रयास किया गया । अनुवाद विभाग द्वारा संस्कृत के ग्रन्थों जैसे महाभारत,

रामायण, अथर्ववेद आदि का फारसी मे अनुवाद किया गया।[16] इस अनुवाद का मूल मकसद संस्कृत के ग्रन्थों को समझना था। बहुत सारे मुस्लिम अधिकारी इस कार्य के लिए बहुत उत्सुक थे। फतेहपुर सीकरी से राजधानी परिवर्तन के बाद भी ऐसे क्रिया कलाप यहाँ पर होता रहा। इस सब कार्यों ने समाज में एक सामाजिक सौहार्द को जन्म दिया । इबादतखाना में तर्क-वितर्क होता रहा और अकबर ने मज़हर जारी किया जो शान्ति की बात करता और न्याय की गारण्टी प्रदान करता था।[17]

इस प्रकार हम देखते हैं कि "फतेहपुर सीकरी का महत्त्व बौद्धिक परिदृश्य में बहुत ही विशेष है। अकबर की धार्मिक सहिष्णुता की नीति का विकास यहीं से हुआ तथा इसने सामाजिक समन्वय में अपना महत्त्वपूर्ण योगदान दिया। जिससे एक संस्कृति का विकास हुआ जो मुगल संस्कृति के रूप में जानी जाती है। इसकी नींव को रखने में फतेहपुर सीकरी का महत्त्वपूर्ण योगदान है"। फतेहपुर सीकरी ने मुगल साम्राज्य के उत्थान में सांस्कृतिक, शैक्षिक और धार्मिक रूप से अपना महत्त्वपूर्ण योगदान दिया।

सांस्कृतिक

अकबर वास्तव में एक समन्वयवादी शासक था। उसने अपनी उदारवादी नीतियों से उस संस्कृति का मार्ग प्रशस्त किया जिसने उसे इतिहास में एक उच्च स्थान प्रदान करती है। उसने फतेहपुर सीकरी नगर में इबादतखाना बनवाया इसमें विभिन्न जाति धर्म के विद्वानों के बीच चर्चा करवाया। अकबर का उद्देश्य एक था धर्मनिरपेक्ष राज्य की स्थापना करना। अकबर ने विभिन्न जाति धर्म के लोगों में एक समन्वय स्थापित करना चाहता था। इसके लिए अकबर ने उदारवादी नीति अपनायी उसने हिन्दुओं पर से जजिया कर समाप्त कर दिया।[18] हिन्दू राजपूतों को शासन एवं प्रशासन से जोड़ दिया और इन्हें मुगल शासन का अंग बनाया।[19] वास्तव में अकबर उदार एवं मानवादी था। अकबर का सामाजिक दृष्टिकोण बड़ा व्यापक था जिसका प्रभाव एक मिली-जुली संस्कृति पर पड़ा। भारत में फारसी भाषा का बेहतर विकास हुआ इसके काल में फारसी भाषा का भारतीयकरण हो गया। मुसलमान ही नहीं हिन्दू भी फारसी भाषा में साहित्य सृजन करने लगें। इसका प्रभाव उर्दू और हिन्दी आदि भाषाओं पर पड़ा।[20] ईश्वरदास नागर और भीमसेन बुरहानपुरी

इन्होंने फुतुहात-ए-आलमगीरी और नुस्ख-ए- दिलकुश फारसी में लिखि यह इसका उदाहरण है।[21]

सत्रहवीं शताब्दी के अन्त तक मुगल साम्राज्य के अन्तर्गत समस्त भारतीय प्रायद्वीपीय और राजनीतिक हो जाना और मुगल बादशाहों की सांस्कृतिक संरक्षण की प्रक्रिया के रूप में चलती रही।[22]

अकबर के शासन काल में गैर कट्टरपंथी आधार पर जिस मुगल साम्राज्य की स्थापना हुई थी उसने भारत में मिली-जुली संस्कृति के विकास के लिए उत्प्रेरक शक्ति का कार्य किया। उसके शासन के दौरान एक मिश्रित शासक वर्ग विकसित हुआ जिसने अपनी ओर से सांस्कृतिक संश्लेषण की प्रवृत्तियों को मजबूत किया। अकबर ने एक बड़ा अनुवाद विभाग स्थापित किया था जिसमें संस्कृत, अरबी, यूनानी आदि भाषाओं की कृतियों का फारसी में अनुवाद किया जाता था।[23] अबुल फ़ज़ल ने अकबर द्वारा संगीत को प्राश्रय दिये जाने की बात का भी उल्लेख करता है। उसने अकबर के 36 दरबारी संगीतकारों की सूची दी है। उनकी विशेषज्ञता के क्षेत्र का भी उल्लेख किया है। तानसेन इनमें सबसे महत्त्वपूर्ण थे।[24]

अकबर ने जो भवन निर्मित करवाए उनसे उसकी सारग्राही दृष्टिकोण का परिचय मिलता है। उसकी भवन निर्माण कला में इस्लामी, हिन्दू, बौद्ध, जैन आदि सभी शैलियों का समावेश मिलता है। अकबर के दरबार में अनेक चित्रकार भी थे, जिनमें दशवन्त प्रमुख चित्रकार था।[25]

अकबर ने कला और साहित्य को जो उदार संरक्षण प्रदान किया तथा उसके दरबार में जो समन्वित मुस्लिम संस्कृति पल्लवित हुई, इन सबसे यह निष्कर्ष निकाला जा सकता है कि मुगल साम्राज्य एक सांस्कृतिक रूप से धर्मनिरपेक्ष राज्य था। जिसमें सभी धर्मों और संस्कृतियों को महत्त्व दिया गया।[26]

अकबर के शासन काल में सामाजिक समन्वय को बहुत अधिक बल मिला। राजपूत परिवारों में मुगल परिवार के वैवाहिक सम्बन्ध स्थापित हुए। जिससे हिन्दू-मुस्लिम सामाजिक समन्वय का बीजारोपण हुआ। जिससे मुगल साम्राज्य की नींव और मजबूत हुई। अकबर की इस सामाजिक समन्वय की नीति ने सामाजिक गतिशीलता में और तीव्रता से वृद्धि की। अकबर भगवानदास, मानसिंह, रामसिंह, टोडरमल आदि लोगों को मनसबदार के पद पर नियुक्त किया।[27]

मुगल सम्राट अकबर अपने शासन के आरम्भिक काल से ही समाज में व्याप्त सामाजिक कुकृत्यों और सामाजिक विभेदकारी नीतियों से बहुत ही दुःखी था। जबरन किसी व्यक्ति को गुलाम बनाना, सती प्रथा, बहुपत्नी प्रथा जैसी तमाम सामाजिक कुरीतियों के प्रति उसके हृदय में नफरत थी। इसी कारण जब अकबर शासक बना तो इन कुरीतियों को खत्म करने के लिए आदेश जारी किया।[28]

अबुल फ़ज़ल के अनुसार ''अपने शासन के सातवें वर्ष (1562-63 ई.) में एक आदेश जारी करके शाही सैनिकों पर वह पाबन्दी लगा दी कि वे विरोधी सेना के स्त्रियों बच्चों आदि को गुलाम न बनाया जाय और न ही इन्हें बेचा जाय।[29]

अकबर का स्त्रियों के बारे में भी एक अलग दृष्टिकोण रखता था क्योंकि इस समय साम्राज्य में स्त्रीयों की स्थिति लगातार गिर रही थी। बहुपत्नी विवाह की कुरीति ने समाज में एक अलग ही माहौल पैदा कर दिया था। 1575-76 ई. में अकबर ने इबादतखाना में इस विषय पर संतों और धर्मशास्त्रियों से गहन विचार-विमर्श किया। 3 दिसम्बर 1578 ई. को इबादतखाना में हुई चर्चा में पहली बार एक पत्नी-वृत्त के सिद्धान्त पर विचार व्यक्त किया। उसने कहा कि ''कोई भी शख्स एक से अधिक विवाह न करे और औरतों का सच्चाई पूर्वक आदर करे। औरतें भी शौहर के रास्ते को अपनाए।''[30]

इस घटना का वर्णन बदायूँनी अपने ग्रन्थ में करता है और कहता है कि बादशाह 1587 ई. में एक हुक्म जारी करता है जिसमें यह कहा जाता है कि ''जो भी शख्स एक खुद और एक बीबी के उसूल पर अमल करते हुए एक शख्स एक से ज्यादा शादी न करे अगर उसकी पहली पत्नी बाँझ न हो।''[31] हालाँकि अबुल फ़ज़ल इस तर्क से अलग अपना तर्क देता है और कहता है कि ''एक से ज्यादा बीबी की ख्वाहिश करना खुद को नुकसान पहुँचाना है। किसी को यह तभी करनी चाहिए जब उसकी पहली बीबी बाँझ हो या उसकी औलाद जिन्दा न रहे।''[32]

एक विवाह के प्रति अकबर का यह झुकाव ईसाईयों से सम्पर्क का परिणाम था।[33] पर इस तरह का यह आदेश भारतीय संस्कृति में लागू कर पाना सही नहीं हो सका और यह आदेश पूर्ण रूप से लागू नहीं हो सका।

विवाह के क्षेत्र में बाल-विवाह जैसी कुप्रथा प्रचलित थी जिसको दूर करने के लिए अकबर ने आदेश दिया जिसमें यह कहा गया की कोई भी

व्यक्ति अपनी शादी नाबालिक लड़की से नहीं करेगा।[34] अकबर का यह आदेश हिन्दू और मुस्लिम दोनों विधिशास्त्रों के विपरीत था। जिसमें विवाह की आयु की कोई सीमा तय नहीं की गयी थी न ही उसकी कोई निश्चित आयु बतायी गयी थी। अकबर ने बहुत ही विचार-विमर्श के बाद 12 वर्ष से कम आयु के लड़के और लड़कियों के शादी पर कानूनी रूप से रोक लगा दी।[35] बदायूँनी इस आदेश में विवाह की आयु लड़कों के लिए 16 वर्ष और लड़कियों के लिए चौदह वर्ष बताता है।''[36]

इसी प्रकार से अकबर ने समाज में व्याप्त कुरीतियों को दूर करने का प्रयास किया। सती प्रथा के प्रति अकबर का दृष्टिकोण स्त्रीयों के प्रति उसके रूख में आए बदलाव का एक उल्लेखनीय संकेत है। 3 अक्टूबर 1578 ई. को इबादतखाना में उसने हिन्दुस्तानियों की आध्यात्मिक शक्ति की तारीफ की पर उसने पति की मृत्यु के बाद पत्नी के सती होने की बात को गलत ठहराया और इस पर रोक लगा दी थी।[37]

सती-प्रथा के प्रति अपनी बढ़ती असहमति के कारण अकबर ने विधवाओं की स्थिति पर भी गौर किया। उसने 1587 ई. में विधवाओं को पुन:विवाह की इजाजत देने के लिए आदेश जारी किया। भारतीय लोगों में विधवाओं के पुन:विवाह की इजाजत नही थी।[38]

इसी प्रकार का एक और आदेश जो स्त्री अधिकारों के लिए अकबर द्वारा जारी किया वह मुस्लिम धर्म से सम्बन्धित था जिसमें इन स्त्रीयों को सम्पत्ति में पूर्ण अधिकार नहीं दिया गया था। यह वास्तव में बेटे के हिस्से का आधा ही होती थी। अकबर इसको एक बड़ा विभेद मानता था।[39] इस प्रकार से अकबर ने स्त्री अधिकारों तथा उनके हितों के लिए तमाम ऐसे कार्य किए जो सामाजिक सौहार्द की दृष्टि से महत्त्वपूर्ण मानी जाती है।

अकबर साधारण जनता से सीधे सम्पर्क बनाए रखता था। वह कभी-कभी स्वयं इनके बीच जाता और उनके बीच अपना समय व्यतीत करता था। 1560-61 ई. में आगरा के मेले और कुछ समय एक देहाती सराय में रहने की घटना का वर्णन मिलता है।[40] फदार मोन्सोरात भी अकबर के बारे में यह कहता है कि ''रोजाना ऐसे मौका कैसे पैदा किया जाय कि कोई भी साधारण व्यक्ति या कुलीन उससे मिल सके और बातचीत कर सके।''[41].

अकबर का यह सामाजिक विषमताओं और असमानताओं का उन्मूलन एक अप्रत्याशित प्रयास जरूर था क्योंकि संस्कृति और समाज एक दूसरे

के अनुपूरक है इस काल में दोनों समाज और धर्म एक दूसरे के करीब हुए और इससे सामाजिक संरचना को गति मिली। इस सामाजिक गतिशीलता को भक्तीवादी संतो एवं सूफी संतो ने अभूतपूर्व योगदान दिया। उन्होंने जाति-पाति का विरोध किया और सामन्तवादी समाज का परिवर्तन किया।[42]

सम्राट अकबर की समन्वयवादी दृष्टिकोण की व्यापकता मानव-निष्ठा का प्रभाव तत्कालीन समाज और साहित्य दोनों पर गहराई से पड़ा। इस काल के मुस्लिम कवि रसखान और रहीम भक्ति में कृष्णमयी हो गए।[43] हिन्दुओं के लिए इस्लामी संस्कृति पराई न रहकर अपने घर की वस्तु बन गयी।

अकबर ने अनेक्रता में एकता स्थापित करने के सिद्धान्त को अपने प्रयासों से जनता के समक्ष प्रस्तुत की। फैजी द्वारा रामायण, महाभारत, योगविशिष्ठ तथा वेदांत का फारसी में अनुवाद करवाया। इस समन्वयवादी प्रयास में अबुल फ़ज़ल अकबर के साथ था। दीन-ए- इलाही सिद्धान्त इसी का एक प्रमाण है जो धार्मिक रूप मे कम और सामाजिक सिद्धान्त के रूप में ज्यादा महत्त्वपूर्ण बन गया। फतेहपुर सीकरी का इस समन्वय के क्षेत्र मे महत्त्वपूर्ण उपलब्धि थी क्योंकि यह सब कार्यों का क्रियान्वयन राजधानी फतेहपुर सीकरी से ही किया जा रहा था।[44]

अकबर का प्रयास न केवल एक राजसत्ता स्थापित करने का था जो समाज के विभिन्न भागों के बीच सहिष्णुता पर आधारित हो बल्कि वह एक ऐसा शासक वर्ग भी तैयार करना चाहता था। जिसमें विभिन्न धर्मों के अनुयायियों को एक सम्मानित स्थान प्राप्त हो। आज भी हम भारत में वैसी ही राजसत्ता स्थापित करना चाहते हैं जैसा उन दिनों अकबर द्वारा स्थापित करने का प्रयास किया गया था।[45]

प्रो. इरफान हबीब ने यह उजागर किया है कि "जिस प्रकार का समाज अकबर के जेहन में था वह बहुत हद तक ऐसा समाज था जिसमें पोगापंथी विचारों की कुछ बदतरीन खासियतों का खुलकर खेलने की छूट नहीं दी गयी थी। मिशाल के लिए सती प्रथा को राकने उसका चलन कम करने के लिए कोशिश की गयी। जल-थल व्यापार तथा विदेशी व्यापार आदि बढ़ाने की कोशिश की गयी।[46]

अकबर ने राजपूतों के साथ घनिष्ठ सम्बन्ध बनाए। यह 1578-79 ई. के आसपास अपनी उच्च सीमा पर थी। शुरू के समय में भगवान सिंह और

मानसिंह ही उसके करीबी थे पर समय के साथ-साथ बड़े पैमाने पर राजपूत अकबर के प्रशासन में उसके भागीदार बन गए। अकबर द्वारा इनको बड़ी जिम्मेदारी सौंपी गयी। जिसने राजनीतिक, सामाजिक एवं धार्मिक स्थायित्व को महत्त्व प्रदान किया।[47]

अकबर के शासन काल में सिर्फ राजपूत या दूसरे हिन्दू ही नहीं बल्कि हिन्दुस्तानी मुसलमान भी उभर कर सामने आए। जिनमें विभिन्न धर्मों और विभिन्न समूहों के लोग, हिन्दू-मुस्लिम दोनों शामिल थे। इसी कारण एलिफिंस्टन ने अकबर को भारत का राष्ट्रीय शासक कहा है।[48]

अकबर द्वारा किए गए उसके विभिन्न सुधारात्मक पहलुओं पर विद्वानों द्वारा अध्ययन किया गया है। जिसने भारत की सामाजिक और सांस्कृतिक सौहार्द बनाने में महत्त्वपूर्ण भूमिका निभाई। इसमें मनसबदारी व्यवस्था भी एक है। इसके अलावा कृषि व्यवस्था, व्यापार और विज्ञान की तकनीकी आदि के बहुत बड़े भाग में अपेक्षाकृत समृद्धि आयी।[49]

इसके अतिरिक्त कुछ सामाजिक-सांस्कृतिक पहलू हैं जैसे संस्कृत से फारसी में अनुवाद, चित्रकला, इतिहास लेखन, फारसी और क्षेत्रीय भाषाओं में आदि। इन सब कार्यों ने अकबर के शासन काल के सामाजिक-सांस्कृतिक आयामों को बढ़ाया।[50]

अकबर का काल सांस्कृतिक दृष्टि से स्वर्णयुग था। उसका काल एकता, शान्ति एवं समृद्धि का काल था जिसके कारण साहित्य एवं कलाओं को विकास का अवसर प्राप्त हुआ। अकबर के दरबार में अनेकों कवि, लेखक, विद्वान, इतिहासकार तथा कलाकार विद्यमान थे। अबुल फ़ज़ल जिसने अकबर के संरक्षण में आईन-ए-अकबरी की रचना की थी।[51] वह लिखता है कि दरबार में हजारों कवि विद्यमान थे जिनमें से बहुतों ने अपने दीवान पूर्ण कर डाले थे या मसनवियों की रचनाएं की थी।[52]

अबुल फ़ज़ल ने आईन-ए-अकबरी में 'उनसठ' श्रेष्ठ कवियों के नामों का उल्लेख किया है जिनमें शेख अबुल फैजी श्रेष्ठ कवि थे। अकबर फैजी की विद्वता से परिचित था और उसने ' 'मालिक-उश- शेअरा" की पदवी प्रदान की थी।[53] फैजी के अतिरिक्त अबुल फ़ज़ल ने अन्य प्रमुख कवियों में ख्वाजा हुसैन सुनाई, हुजनी कासिम काही, गजाली, उर्फी शिराजी मिर्जाकुली, जफरबेग, ख्वाजा हुसेन, हयाती, शेख साकी आदि बहुत सारे कवियों के नामों का उल्लेख किया है।[54]

अकबर के शासन काल में गद्य के क्षेत्र में भी अनेक ग्रन्थों की रचनाएं हुई।[55] इनमें से बहुत सारे ग्रन्थ इतिहास पर लिखे गए तथा बहुत से लेखकों ने कुरान पर टीकायें भी लिखी थी।[56] अबुल फ़ज़ल आलमी, अब्दुल कादिर बदायूँनी , निजामुद्दीन अहमद, फैजी, सरहिन्दी, फरिश्ता और मुल्ला अहमद आदि उनके दरबार में थे।[57] अबुल फ़ज़ल ने अकबरनामा अब्दुल कादिर बदायूँनी ने मुन्तखाब-उल-तवारीख तथा निजामुद्दीन अहमद ने तबकात-ए-अकबरी नामक प्रसिद्ध ग्रन्थ की रचना की थी। गुलबदन बेगम ने हुमायूँनामा की रचना की थी।[58] अकबर हिन्दू और मुसलमानों को एक दूसरे के निकट लाना चाहता था और इसके लिए यह जरूरी था कि वह एक दूसरे की संस्कृति को जाने।

अतः इसके लिए अकबर ने एक अनुवाद विभाग की स्थापना की।[59] अबुल फ़ज़ल यह कहता है कि ''अनुवाद विभाग की स्थापना के पीछे दोनों सम्प्रदायों को एक दूसरे के प्राचीनतम साहित्य से अवगत करना था।[60] इस विभाग के अन्तर्गत संस्कृत तुर्की तथा अरबी भाषाओं के अनेकों ग्रन्थों का फारसी भाषा में अनुवाद किया गया। इस काल में ज्योतिष के प्रसिद्ध ग्रन्थ 'तजक' का भी फारसी में अनुवाद किया गया। फैजी ने गणित पर भास्कराचार्य द्वारा उचित संस्कृत के ग्रन्थ लीलावती का फारसी में अनुवाद किया। मौलाना अब्दुल कादिर बदायूँनी ने महाभारत का फारसी में अनुवाद किया उसका नाम 'रज्मनामा' रखा। अबुलफ़ज़ल ने अनेक संस्कृत के ग्रन्थों का फारसी भाषा में अनुवाद किया। उसने संस्कृत के ग्रन्थ पंचतन्त्र का फारसी में अनुवाद कर उसका नाम 'अनवार-ए-सुहेली' रखा। मौलाना अब्दुल कादिर बदायूँनी तथा अन्य लेखकों ने मिलकर रामायण का अनुवाद किया। ताजुल माली ने हितोपदेस का फारसी में अनुवाद कर उसका नाम 'मुफरी-अल- कुलूब' रखा।[61]

अकबर के शासन काल में भारतीय संगीत के क्षेत्र में बहुत विकास हुआ। फतेहपुर सीकरी के दरबार में बड़े-बड़े नौबत बनाए गए थे जिनमें बात एवं तालबाघ होते थे।[62] ये नौबत प्रायः नियमित अन्तराल से नक्कारखानों या नौबतखानों में बजते रहते थे। फतेहपुर सीकरी में दरबारी संगीतकार भी थे। अकबर के संगीत संरक्षण के सम्बन्ध में अबुल फ़ज़ल लिखता है कि ''बादशाह सलामत की ओर से संगीत की ओर बड़ा ध्यान दिया गया और सब लोगों को संरक्षण प्रदान किया गया जो मोहक कला के अभ्यस्त थे।

उनके दरबार में ईरानी तूरानी कश्मीरी और स्त्री-पुरुष आदि अनेक संगीतकार थे।[63]

अबुलफ़ज़ल अकबर के दरबार में 36 प्रमुख संगीतकारों की तालिका देता है साथ ही उनकी विशेषता के क्षेत्र का भी उल्लेख करता है। इनमें हिन्दू और मुसलमान दोनों ही सम्मिलित हैं। ग्वालियर के तानसेन का नाम इनमें उच्च पर आता है।[64] इनके बारे में कहा जाता है कि पिछले एक हजार वर्षों में उसके जैसा गायक नहीं हुआ। इन गायकों की तालिका में मालवा का शासक बाज बहादुर भी सम्मिलित है। अबुल फ़ज़ल अपनी तालिका में अनेक वाद्ययंत्रों का भी उल्लेख करता है जिनमें वीनू, बंबूरा, सरमण्डल, रब्बा और बांसुरी है। इस प्रकार हम देखते हैं कि अकबर के समय में संगीत के विकास को महत्त्वपूर्ण रूप से गति प्रदान की गयी।[65]

अकबर के शासन काल में संगीत कला का जो विकास हुआ वह अमूर्तपूर्व माना जाता है। अबुल फ़ज़ल के अनुसार सम्राट स्वयं संगीतशास्त्र का इतना ज्ञान रखता था जितना कि प्रतिशित संगीतकारों को भी नहीं होता था। सम्राट अकबर नक्कारा बजाने में दक्ष था।[66] मुगल दरबार में तानसेन के अतिरिक्त बाबा रामदास, बैजूबावरा को भी अकबर का समकालीन माना जाता है।[67] संगीत के प्रति अकबर की रुचि से भारतीय संगीत की बहुत उन्नति हुई और अनेक स्तर पर हिन्दू और मुस्लिम संगीत शैलियों का समन्वय हुआ।

फतेहपुर सीकरी का मुगल साम्राज्य के उत्थान में उपरोक्त विवरणों के अतिरिक्त स्थापत्य कला और चित्रकला के उन्नति में अपना महत्त्वपूर्ण स्थान रखती है। फतेहपुर सीकरी में जो इमारतें है उनमें आवास गृह सराय, मस्जिद, सभागृह, सरकारी कार्यालय, विद्यालय, अस्पताल आदि है। ये सभी मुख्यत: लाल बलूआ पत्थर की बनी हुई है और केवल सजावट के लिए ही इनमें संगमरमर का प्रयोग किया गया है। जामा मस्जिद को छोड़कर सभी भवन खम्भों पर आधारित है और उनकी छतें पटी हुई है। खम्भों के ऊपर सुन्दर चित्र हैं। ये सभी हिन्दू शैली के लक्षण हैं। मेहराब का प्रयोग किया गया है जो मुस्लिम स्थापत्य से सम्बन्धित है। इस प्रकार हम देखते हैं कि फतेहपुर सीकरी दोनों शैलियों के समन्वय से बहुत ही सुन्दर प्रमाण को जन्म देती है।[68]

फतेहपुर सीकरी की जो प्रमुख इमारतें हैं उनमें दीवान-दीवान-ए-आम, दीवाने-ए-खास, पंचमहल, तुर्की सुल्ताना की कोठी, खासमहल, जोधाबाई

का महल, मरियम की कोठी, बीरबल की कोठी, जामा मस्जिद, बुलन्द दरवाजा, सूफी सन्त शेख चिश्ती का मकबरा तथा कुछ अन्य भवन है।[69]

फतेहपुर सीकरी के स्थापत्य निर्माणों की जितनी भी प्रशंसा की जाय कम है। इनकी प्रशंसा करते हुए विसेन्ट स्मिथ कहते हैं कि "फतेहपुर सीकरी के समान न तो पहले कभी कुछ निर्मित हुआ और न फिर हो सकता है। यह पत्थर में रोमांस है जो अकबर के अद्भुत स्वभाव का ऐसा प्रस्तुतीकरण है जो उस मन:स्थिति के दौरान तेजी से प्रारम्भ होकर समाप्त हुआ जो किसी अन्य काल में या अन्य परिस्थिति में अकल्पनीय तथा असम्भव था।"[70] निश्चित ही फतेहपुर सीकरी की ये इमारतें अकबर को महान सिद्ध करती है। इतने सुन्दर और सुनियोजित निर्माण इतने विशाल पैमाने पर कभी नहीं हुए। ये निर्माण अकबर के शासन काल की अत्यन्त महत्त्वाकांक्षी वस्तुकला योजना है और मुगलकाल की सर्वोच्च कृति ताजमहल के बाद अत्यन्त उल्लेखनीय स्थापत्य उपलब्धि है। फग्यूर्सन के अनुसार "फतेहपुर सीकरी का यह महल पाषाण का एक ऐसा रोमांस है जैसे कि हमें कम और बहुत कम मिलेंगे और यह इसके निर्माता उस महान व्यक्ति के मस्तिष्क की ऐसी प्रतिच्छाया है जैसा कि किसी अन्य स्रोत से सरलता से उपलब्ध नहीं हो पाती।"[71] फतेहपुर सीकरी में स्थापित जामा मस्जिद और सूफी सन्त शेख चिश्ती की दरगाह और इबादतखाना जैसे स्थापत्य ने हिन्दू-मुस्लिम संस्कृति को एक जुट लाने में महत्त्वपूर्ण भूमिका अदा की और समाजिक समन्वय में अहम योगदान दिया जो भारत में मुगल साम्राज्य के उत्थान में एक उद्भूत स्थान रखता है।

मुगल चित्रकला के उत्थान में भी फतेहपुर सीकरी का अहम स्थान है। फतेहपुर सीकरी में एक शाही चित्रशाला बनायी गयी थी।[72] इस समय अकबर के संरक्षण में मुगल चित्रकला का एक अलग रूप सामने आया। इसने और सैयद अली तथा ख्वाजा अब्दुलस्समद जैसे फारसी शैली के चित्रकार तथा अनेकों चित्रकारों को भारत के विभिन्न क्षेत्रों प्रदेशों से समृद्ध थे तथा इस मुगल चित्रशाला में कार्यरत थे।[73]

मुल्ला अलाउद्दौला कजवीनी ने नफायसुल मासिर में यह उल्लेख किया है कि मीर सैयद अली तथा ख्वाजा अब्दुलस्समद के अतिरिक्त 50 अन्य कलाकारों ने हज्जमनामा के चित्रण परियोजना में भाग लिया।[74] अबुल फ़ज़ल ने आईन-ए-अकबरी के 34वें भाग में अकबर के दरबार के 17 विशिक चित्रकारों का उल्लेख किया है। उनमें फारूख, दसवन्त, वसासन,

केशव लाल, मुकुन्द, मिस्कीन, फर्रूख, माधव, जगन, महेश, खेमकरन तारा, सांवला, हरिवंश तथा राम का उल्लेख है।[75]

इन कलाकारों के माध्यम से बाहर से आयी फारसी कला का सम्पर्क उस भारतीय कला से हुआ जो अजंता की परम्परा में थी और शताब्दियों के विकास के फलस्वरूप अपनी पूर्ण रूप में थी। अकबर के दरबार में अनेक ऐसे जो भारतीय चित्रकला की शैली से निपुण थे अबुल फ़ज़ल के अनुसार दसवन्त, वसावन, केशव, मुकुन्द, मधु, जगन, महेश, तारा, खेमकरन, सांवला और हरिवंश राम आदि थे। इन कलाकारों कि प्रशंसा करते हुए अबुल फ़ज़ल लिखता है कि उनके चित्र हमारी अवधारणा से आगे बढ़े हैं और संसार में उनके समान कम ही कलाकार हैं।[76]

अकबर के समय में इन भारतीय चित्रकारों ने सम्राट की आज्ञा पर ऐसे चित्र बनाए जिसकी विषयवस्तु भारतीय न होकर फारसी थी। सम्राट ने इनको फारसी का कवि निज़ामी की रचनाओं तथा अन्य साहित्यिक कृतियों को करने का कार्य दिया जिसको इन्होंने बखूबी तरीके से पूर्ण किया।[77]

अकबर के समय में चित्रकला की एक नई शैली का विकास हुआ जिसे मुगल चित्रकला कहा जाता है। इस प्रकार से भारतीय सांस्कृतिक के विकास में अकबर की चित्रकला ने महत्त्वपूर्ण योगदान दिया।

अतः निष्कर्षतः यह कह सकते हैं कि वास्तव में अकबर एक समन्वयवादी शासक था। उसने फतेहपुर सीकरी नामक नगर की स्थापना की जो हिन्दू-मुस्लिम शैली के समन्वय का अभूतपूर्व उदाहरण है। इस प्रकार हम यह भी कह सकते हैं कि नगर के रूप में फतेहपुर सीकरी ने भी भारतीय सांस्कृतिक समन्वय में अपना विशेष योगदान दिया है। राजधानी के समय में या उसके बाद के समय दोनों ही कालो में फतेहपुर सीकरी ने सांस्कृतिक समन्वय में अपना बराबर योगदान देती रही। यहाँ पर सभी धर्मों एवं सांस्कृतियों का समन्वय होता रहा जो आज तक सूफी सन्तों की दरगाह तथा अपनी इमारतों की मिश्रित कला से लोगों को प्रेरित करती हैं।

धार्मिक

अकबर अपने शासन काल में धार्मिक मामलों में बहुत ही सहिष्णु था। अकबर की धार्मिक नीति को एक उच्च स्थान देने में सबसे महत्त्वपूर्ण भूमिका उसके खुद के व्यक्तित्व ने अदा की। अकबर प्रारम्भ से ही जिज्ञासु

प्रवृति वाला व्यक्ति था और स्वयं उसमें सत्य को प्राप्त करने की क्षमता थी। वह सभी धर्मों के तत्वों को जानने और जीवन तथा मृत्यु के गूढ़ रहस्यों को समझने का प्रयास करता था। उसने धार्मिक मामले में 'सुलह-ए-कुल' की नीति का पालन किया।[78]

फतेहपुर सीकरी अकबर के धार्मिक नीति 'सुलह-ए-कुल' को आगे बढ़ने और मुगल साम्राज्य के उत्थान में एक अहम स्थान रखती है। अबुल फ़ज़ल यह कहता है कि ''सम्राट ने अपने जीवन के बीस वर्ष पूरे होने पर एक अजीब आकस्मिक अनुभव प्राप्त किया।[79]

बदायूँनी यह लिखता है कि हर सुबह वह महल के पास एकान्त स्थान में स्थित एक पुरानी इमारत के पत्थर पर सिर झुकाये बैठ जाता था और साधना में खो जाता था।[80]

स्मिथ लिखते हैं कि ''अकबर स्वभाव से रहस्यवादी था और अपने सूफी मित्रों के समान दैवीय सत्य से सीधा सम्पर्क स्थापित करके चरम सुख की प्राप्ति का गम्भीर प्रयास करता था। वह यह भी विश्वास करता था कि इसमें उसे सफलता मिली है"।[81]

अकबर न केवल स्वयं को इस्लामी कानून के किसी प्रतिबन्ध से स्वतन्त्र अनुभव करता था अपितु मुक्त रूप से उसकी आलोचना भी करता था।[82] हिन्दू रीति-रिवाज और परम्पराओं के प्रति वह उतना ही सहिष्णु था और बाल-विवाह की भर्त्सना भी की और इसे ईश्वर को नाराज करने वाला कर्म बताते हुए अत्यन्त कठोर शब्दों में निन्दा की।[83]

अकबर के मन में इस्लाम के सिद्धान्तों को समझने की उत्कण्ठा थी। इसी कारण से उसने फतेहपुर सीकरी में धार्मिक मामलों के मंथन और जानकारी हेतु 'इबादतखाने' में धर्म से जुड़े विद्वान लोगों को बुलाया। अकबर अपने शासन काल के प्रारम्भिक दिनों में शेख अब्दुलनवी और मखदुमुल्मुल्क अब्दुल्ला सुल्तानपुरी जैसे विद्वानों के मार्गदर्शन में रहा। उसने अब्दुलनवी को शूद्र-उस-सुदूर नियुक्त किया और उसका सम्मान करने के लिए उसने कई बार उसके जूते तक उठाकर उसके सामने रखे।[84] लेकिन ये विद्वान अकबर की जिज्ञासा को शान्त न कर सके। तब वह शिया मत की ओर झुका इसके लिए मुल्ला थज्जी का आश्रय लिया। जब ये भी अकबर की जिज्ञासा को शान्त कर पाने में असफल रहे तब अकबर का झुकाव सूफी की तरफ गया।

अकबर ने फतेहपुर सीकरी में धार्मिक मामलों पर विचार-विमर्श हेतु फरवरी-मार्च 1575 ई. में 'इबादतखाना' के निर्माण का आदेश दिया।[85] यह इमारत जामा मस्जिद के पीछे थी। बादशाह इसमें प्रत्येक धर्म के विद्वानों को बैठने के लिए स्थान निश्चित किया था। सैयदों को पश्चिमी कक्ष, उलमाओं को दक्षिण कक्ष, शेखों को उत्तरी कक्ष तथा धार्मिक समस्याओं में रुचि रखने वाले अमीरों को पूर्वी कक्ष दिया गया था। सम्राट इनके मध्य में बैठता था और उसकी अध्यक्षता में सैय्यद, उलमा, शेख और अमीर वहाँ रात-रात भर धार्मिक चर्चाएँ किया करते थे।[86]

फतेहपुर सीकरी के इबादतखाने में होने वाली चर्चाओं में अकबर प्रारम्भिक समय में केवल इस्लाम धर्म के विद्वानों को ही बुलाया इनमें मखदूमुल्मुक, अब्दुलनवी, बदायूँनी , हाजी, इब्राहिम, शेख मुबारक, अबुल फ़ज़ल और अन्य इस्लाम धर्म के जानकार विद्वानों ही इसमें भाग लिया करते थे। अकबर ने इन विद्वानों को अपना उद्देश्य सच्चे धर्म के सिद्धान्तों की खोज करना बताया। अतः आप अपनी मानवीय दुर्बलताओं के कारण सत्य को न छुपाये, धर्म की वास्तविक महत्ता को बताये।[87]

इबादतखाने में इस्लाम धर्म के धर्मचार्यों, विद्वानों और उलेमामों से विस्तृत चर्चाएँ हुई। लेकिन शीघ्र ही इन विद्वानों की असहनशीलता और छिछलापन सम्राट के सामने प्रकट हो गया। अब्दुलनवी, मुखदूमुल्मुल्क और शेख मुबारक इन तीनों विद्वानों ने चर्चा के दौरान एक दूसरे पर दोष प्रत्यादोष लगाना शुरू कर दिया। इससे इबादतखाने में बहसों के दौरान गाली-गलौज की घटना के साथ-साथ मारपीट पर भी ये विद्वान उतारू होने लगे। इबादतखाना में हुई इस अमानवीय घटनाओं ने अकबर को सोचने पर मजबूर कर दिया।[88]

इसी तरह फतेहपुर सीकरी के इबादतखाने में चर्चाओं के दौरान कई मुद्दों पर मतभेद भी सामने आए। इनमें मुस्लिम के लिए कितनी पत्नियाँ रखना कानूनी रूप से उचित हैं तथा निकाह और मुबाविवाह को समाप्त करने के ऊपर विद्वानों में गहरा विवाद हुआ।[89] इसी प्रकार जब जलाउद्दीन को कुरान पर टीका लिखने के लिए नियुक्त किया गया तो विभिन्न महत्त्वपूर्ण मुद्दों पर मत भिन्न-भिन्न होने के कारण इस पर कार्य न हो सका।[90]

इबादतखाना की चर्चाओं के बारे में बदायूँनी लिखता है कि - ''एक रात उलमाओ की आपस में इतना मतभेद हो गया जिससे दरबार में भयंकर

शोर मच गया। सम्राट इनके ऐसे व्यवहार से बहुत क्रूद्ध हुआ और उसने मुझसे कहा कि भविष्य में यदि कोई उलमा यदि निरर्थक बात और दुर्व्यवहार करते हैं तो इसकी जानकारी मुझे दो मैं उसे कमरे से बाहर कर दूँगा। बदायूँनी आगे लिखता है कि "मैंने आसफ खाँ से कहा कि यदि मैं सम्राट के आदेश का पालन करूँ तो अधिकांश उलमाओं को बाहर जाना पड़ेगा। तभी बादशाह ने पूछा कि आसफ खाँ से क्या कहा? मेरा उत्तर सुनकर बादशाह बहुत खुश हुआ और मेरा कथन उसने पास बैठे लोगों को सुनाया।[91]

फतेहपुर सीकरी में इन वार्ताओं के दौरान विद्धानों के ऐसे व्यवहार से अकबर का मन बहुत दुःखी हुआ और उनकी धर्मान्धता तथा अनुदारता के कारण उलमाओं के ऊपर से उसकी आस्था उठ गयी। उनका सत्य और ज्ञान की खोज तथा इस्लाम के सिद्धान्तों को स्पष्ट कर पाने की असमर्थता के चलते अकबर ने 1578 ई. में इबादतखाने में अन्य धर्म के विद्धानों को भी आमंत्रित किया। जिससे कि वह अन्य धर्मों की विशेषता और सिद्धान्तों को जान सके। अकबर पहले धर्म की एक शाखा के विद्धानों को बुलाया जब उसको यह स्पष्ट हो गया कि हर धर्म में उसकी अलग-अलग शाखायें और अलग-अलग मानने वाले है तो उसने उन धर्मों की अलग-अलग शाखाओं के धर्माचार्यों और विद्धानों को इबादतखाना में बुलाया और चर्चायें की। इसके लिए 3 अक्टूबर 1578 ई. को अकबर ने सभी धर्मों के विद्धानों के लिए इबादतखाना में बुलाने का आदेश दे दिया।[92]

फतेहपुर सीकरी के इबादतखाने में अब हिन्दू, जैन, ईसाई, पारसी, सूफी सन्त तथा सभी धर्म के विद्धानों को आमंत्रित किया गया। ये सभी विद्धान यहाँ पर अपने-अपने धर्म के धार्मिक सिद्धान्तों की तर्क संगत व्याख्या करते थे। इस प्रकार की धार्मिक चर्चाओं का परिणाम यह देखने को मिला कि इस्लाम के आधारभूत प्रश्नों, जैसे कुरान की प्रमाणिकता कुरान का सर्वोच्च होना, मुहम्मद साहब का पैगम्बर होना आदि मुद्दों पर गैर मुस्लिम विद्धानों ने भी खुलकर अपने विचार रखे पर मुस्लिम विद्धान एक मत होकर इसका समाधान न कर सके। धीरे-धीरे मखदूममुल्मुल्क और अब्दुलनवी के नेतृत्व में उलमा दो वर्गों में बट गया। उलमा वर्ग के मतभेद से गैर मुस्लिम विद्धानों द्वारा भी उनके सिद्धान्तों की खुलकर आलोचना की जाने लगी। अकबर इन विवादों को ध्यान से सुनता था और सभी को अपनी बात कहने का पूरा अवसर देता था। इबादतखाना में प्रत्येक धर्म को अपना पक्ष रखने की स्वतन्त्रता थी

और सम्राट गम्भीरता से इन चर्चाओं को सुनकर मतभेद की स्थिति में निर्णय देता था। अतः उलमा वर्ग को अकबर की यह उदारता अच्छी नहीं लगी और उलमा दरबार में आना बन्द कर दिया।[93] उलमा का स्तर दिन-प्रतिदिन गिरता जा रहा था। उलमा अब भ्रष्टाचार में लिप्त हो गया था जिसकी वजह से सम्राट ने उनसे उनके सारे धार्मिक और सामाजिक अधिकार छीन लिए।

इबादतखाना की चर्चाओं के परिणामस्वरूप अकबर को यह समझ आने लगा कि केवल इस्लाम ही श्रेष्ठधर्म नहीं है बल्कि अन्य धर्मों में भी कुछ अच्छे तत्व है। अकबर के इस समन्वयवादी दृष्टिकोण से विभिन्न धर्मों के विद्वानों के प्रति उसका दृष्टिकोण सम्मानजनक होने लगा अकबर द्वारा भक्तों और सन्तों को भी मंदिर के लिए भूमि और अनुदान दिये जाने लगे।[94] विभिन्न धर्मों के विद्वानों के सम्पर्क में आने से अकबर पर इन धर्मों की विशेषताओं का भी प्रभाव पड़ा। हिन्दू धर्म के प्रभाव में आकर अकबर हिन्दू देवी, देवताओं और व्यवहारों तथा इनके संस्कारों का आदर करने लगा। इनके धार्मिक सिद्धान्तों के प्रति श्रद्धा रखने लगा। पारसियों के प्रभाव में आकर सूर्य और अग्नि के प्रति उनके मन में श्रद्धा जगी। जीव हत्या बन्द करने की प्रेरणा उसे जैन धर्म से मिली। ईसाईयों के प्रभाव से वह नैतिकता दया और सिद्धान्तों के प्रति आकृष्ट हुआ।[95] इन चर्चाओं और तर्क-वितर्क के परिणामस्वरूप बादशाह ने धर्म के क्षेत्र में कुछ निर्णायक कदम उठाने शुरू किए।

मई 1579 ई. में फतेहपुर सीकरी में मोहम्मद पैगम्बर का जन्म दिन मनाने के लिए उलमाओं और अमीरों की एक विशाल समारोह आयोजित किया। 26 जून 1579 ई. को अकबर ने फतेहपुर सीकरी की जामा मस्जिद में फैजी द्वारा उदित खुतवा पढ़ा।[96] क्योंकि उसके पूर्वज ईद के दिन और शुक्रवार को खुतवा स्वयं पढ़ा करते थे। बदायूँनी लिखता है कि ''खुतवा पढ़ते समय सम्राट हकलाने लगा और काँपने लगा। वह शीघ्र ही नीचे उतर आया और शेष खुतवा उसने दूसरे से पढ़वाया।[97] लेकिन अबुल फ़ज़ल यह कहता है कि ''सम्राट ने अनेक बार प्रकाश का विवरण किया और श्रोताओं ने आनन्द की प्राप्ति की।[98] अकबर के इस प्रकार खुतवा पढ़ने से लोगों के बीच खलबली मच गयी। लोग यह कहने लगे कि अकबर का उद्देश्य कुछ और है।

इसी प्रकार की एक घटना फतेहपुर सीकरी में 2 सितम्बर 1579 ई. को अब्दुन्नवी, मुखदूमुल्मुलक, काजी उलकुसाट, जलालुद्दीन, मुल्तानी

सद्रजहाँ, गाजी खाँ बदख्शी, शेख मुबारक तथा अन्य उलमाओं के हस्ताक्षर से एक घोषणा पत्र जारी किया। जिसमें अकबर को शरा का मुख्य व्याख्याकार और निर्णायक घोषित किया गया। इस घोषणा पत्र को ''मज़हर'' का नाम दिया गया।[99] मज़हर की घोषणा से अकबर को धर्म के वो सारे अधिकार प्राप्त हो गए जो धर्म सर्वोच्च पद धारण करने वाले इमाम को होता था। जैसा कि स्मिथ यह मानते हैं कि ''अब बादशाह धर्म के किसी गूढ़ मुद्दों पर निर्णय ले सकता था धार्मिक घोषणायें कर सकता था''।[100]

बदायूँनी इस घोषणा पत्र पर अपना तर्क रखता है और यह कहता है कि ''यह शेख मुबारक के कहने पर लोगों से दबाव डालकर हस्ताक्षर कराये गए थे।''[101] परन्तु बदायूँनी दो विरोधी वक्तव्य देता है। एक स्थान पर वह कहता है कि कुछ ने इस पर स्वेच्छा से हस्ताक्षर किए और कुछ ने दबाव में आकर। दूसरे स्थान पर वह कहता है कि केवल शेख मुबारक ने इच्छा से हस्ताक्षर किए,[102] पर बदायूँनी की ये बातें पूर्ण रूपेण सत्य प्रतीत नहीं होती है।

अकबर द्वारा खुतवा पढ़े जाने और मज़हर की घोषणा से कट्टरपंथी उलमा वर्ग में तथा अनुदारवादी मुसलमानों में खलबली मच गयी। अकबर पर तमाम तरह के आरोप लगने लगे और यह भी कहा जाने लगा कि सम्राट स्वयं को ईश्वर का प्रतिरूप घोषित करना चाह रहा है। अर्थात् पैगम्बर का पद प्राप्त करना चाह रहा है। वह इस्लाम के विरूद्ध कार्य कर रहा है तथा सुन्नी मत छोड़कर शिया मत ग्रहण कर लिया है। पर अगर हम तार्किक रूप से विश्लेषण के आधार पर यह विचार करे तो यह स्पष्ट हो जाता है कि ये सारी आलोचनाएं अकबर की सहिष्णुता तथा सभी धर्मों के प्रति समान व्यवहार की नीति के कारण थी।

मज़हर के सम्बन्ध में आधुनिक विद्वानों ने भी अपना-अपना मत दिये है। स्मिथ महोदय इसे 'मूर्खता का घोषणा पत्र' कहा है।[103] वे यह भी कहते हैं कि ''इस घोषणा से अकबर पोप और शासक दोनों के अधिकार को प्राप्त करना चाहता था''।[104] पर घोषणा पत्र के सम्बन्ध में जो वास्तविक स्थिति समकालीन स्रोतों से प्राप्त होती है उससे यह स्पष्ट हो जाता है कि अकबर के इस घोषणा पत्र का सम्बन्ध न तो किसी धर्म या सम्प्रदाय से नहीं था। यद्यपि यह वास्तविक रूप से इस्लाम के प्रचार-प्रसार निमित न केवल कुरान की सत्ता को बल्कि पैगम्बर की सच्ची परम्पराओं को मान्यता देने के लिए

था। इस प्रश्न पर बदायूँनी कहता है कि "इससे इमाम की बुद्धि की श्रेष्ठता स्थापित हो गयी और विरोध असम्भव हो गया।[105]

वाल्ज़ूले हेग भी अकबर की इस घोषणा को अभूतपूर्व कहते हुए इस्लाम की उस परम्परा का उदाहरण देते हैं जिसमें सुन्नी के धर्मगुरु पैगम्बर के बराबर था। वे यह कहते हैं कि "अब अकबर पोप तथा सम्राट दोनों था। अब इसके धार्मिक निर्णय का भी कोई विरोध नहीं कर सकता था। अकबर ने अपनी इस घोषणा पत्र के कुछ समय बाद दीन-ए-इलाही नामक सिद्धान्त का प्रतिपादन किया।[106]

राय चौधरी का यह मानना है कि "अकबर की मंशा यह नहीं थी कि वह निरंकुश बन जाय बल्कि वह यह थी कि वह भारतीय समाज को रोम के खलीफा और ईरान के शाह की धार्मिक राजनीतिक प्रभुत्व से मुक्त करना चाह रहा था। इनके अनुसार "मज़हर ऊपरी तौर पर और अपने प्रभाव रूप में भी एक राजनीतिक दस्तावेज था और उसका दीन-ए-इलाही से कोई सम्बन्ध नहीं था। क्योंकि दोनों एक दूसरे से भिन्न सिद्धान्त थे"।[107] ये अकबर के मज़हर का उद्देश्य फारस के राजनीतिक तथा धार्मिक नियंत्रण को समाप्त करना तथा आटोमन खलीका की अधीनता से मुक्त होना बताते हैं।"

उपरोक्त दोनों तर्कों को आर.पी. त्रिपाठी महत्त्वहीन बताते हैं और यह बताते हैं कि "अकबर मुजाहिद घोषित नहीं कर दिया गया न ही वह पैगम्बर हो गया। उनके अनुसार भारत में शियाओं और सुन्नियों तथा मेहदवियों के मतभेदों गैर मुसलमानों से उनके झगड़ों तथा मुस्लिम जगत की अन्तराष्ट्रीय स्थिति के कारण मुगल साम्राज्य की नीति का राष्ट्रीयकरण तो जरूरी हो गया था। अत: इस घोषणा के द्वारा सम्राट कुरान और हदीश तथा धर्मोचार्यों के सर्वसम्मत समझौते की परिधि के भीतर प्रबुद्ध सहिष्णुता की नीति के अनुपालन के निश्चय की घोषणा की।"[108]

अकबर की इस घोषणा पत्र का अगर विश्लेषण किया जाय तो वास्तविक स्थिति यह पता चलती है कि यदि किसी विषय पर विरोधी व्याख्या दी जाती थी तो अकबर को उनमें से कोई एक निर्णय मानकर निर्णय देना था। फिर भी यह आवश्यक था कि उसका निर्णय कुरान और हदीश की सीमा के भीतर ही होगा। ऐसा न करने पर जनता उसका विरोध कर सकती थी। ऐसी स्थिति में अगर धार्मिक मामलों पर निर्णय देने के लिए अकबर ने उलमा का अधिकार स्वयं ले लिया तो समय और स्थिति के अनुसार यह गलत नहीं था।

क्योंकि शिया, सुन्नी और मेहदवी सदा संघर्षरत रहते थे। जिससे समाज के अन्य लोगों में अव्यवस्था फैल रही थी। अतः अकबर ने इस घोषणा से इस पर काफी हद तक धार्मिक रूप से अपनी स्थिति मजबूत कर सकता था। अपनी इस राजनीतिक सोच को वह मज़हर के द्वारा निर्णायक स्थिति को प्राप्त करना चाहता था।

अबुल फ़ज़ल यह बताता है कि अकबर के प्रति जो असन्तोष था। उसके तीन कारण थे। पहला यह था कि विभिन्न धर्मों के विद्वान अब दरबार में एकत्र होते थे और चूँकि प्रत्येक धर्म की अपनी कुछ अच्छाईयाँ होती है अतः प्रत्येक को थोड़ी बहुत प्रशंसा मिली। दूसरा दरबार में समझौता की नीति का सम्मान होता था। तीसरा कट्टर लोग जिनका स्वभाव ठीक नहीं था वे गलत तरीके से काम लेते थे।[109]

अकबर इस बात का अनुभव निरन्तर कर रहा था। वह यह देख रहा था कि मुखदुमुल्मुल्क और अब्दुन्नवी उसके विरोध के केन्द्र बनते जा रहे है। इन्हे अतः अकबर ने राजकीय सहायता से 1580 ई. में इनको तीर्थ यात्रा पर भोज दिया। कुछ समय बाद इन दोनों लोगों की मृत्यु हो गयी।[110]

फतेहपुर सीकरी के इबादतखाना में चर्चाओं से अकबर को विभिन्न धर्मों के बारे में पर्याप्त ज्ञान प्राप्त हो चुका था। अतः उसने यह अनुभव किया कि प्रत्येक धर्म में कुछ न कुछ अच्छाई और बुराई दोनों हैं। इस प्रकार से कोई भी धर्म पूरी तरह पूर्ण नहीं है जो मानव कल्याण के लिए उपयोगी हो सके। इस पर विचार करने के लिए अकबर ने मार्च 1582 ई. में धार्मिक नेताओं और अमीर अधिकारियों की बैठक बुलाई। इस प्रश्न पर बहुत नोक-झोंक हुई। सभी धर्म के प्रतिनिधि अपने धर्म को अच्छा बताकर राष्ट्रीय धर्म का स्थान दिलाना चाहते थे। इससे अकबर बहुत दुःखी हुआ और उसने यह घोषणा की कि एक ऐसा धर्म होना चाहिए जिसमें सभी धर्मों की अच्छाईयाँ समाहित हो, ऐसा धर्म होने पर जोर दिया। यहीं पर अकबर ने दीन-ए-इलाही की घोषणा की। मोंसरात यह बताता है कि "बादशाह की इस घोषणा का वहाँ पर उपस्थित लोगों ने सम्मान किया"।[111]

बदायूँनी इस पर अपना विचार देते हुए बताता है कि "राजा भगवान दास ने अकबर की इस घोषणा का विरोध किया और सम्राट से धर्म पर प्रश्न किया जिसका उत्तर बादशाह न दे सका"।[112] अबुल फ़ज़ल और निजामुद्दीन इस बैठक का कोई विवरण नहीं देते हैं। यदि मोंसरात के विवरण पर विचार

करे तो यह स्पष्ट हो जाता है कि अकबर एक राष्ट्रीय धर्म लागू करना चाहता था। पर जब उसे पर्याप्त समर्थन न मिला तो विचार त्याग दिया। बदायूँनी इस धर्म को तौहीद-ए-इलाही बताता है।[113] यह वास्तव में सूफी सिलसिले के समान था।

अकबर ने 'दीन-ए-इलाही' के अपने कुछ साधारण नियम बनाए थे। वह स्वयं सदस्यों को 'दीन-ए-इलाही' में दीक्षित करता था। इसके सदस्य आपस में मिलने पर परस्पर "अल्ला हो अकबर" तथा "जल्ले जलाल हुँ" कहते थे। इसके सदस्यों को कुछ नियम और सिद्धान्तों का पालन करना पड़ता था।[114] आधुनिक इतिहासकार स्मिथ, वाल्जूले हेग, लेनपुल और मेलीसन इसे धर्म मानते हैं। स्मिथ कहते हैं कि - 'दीन-ए-इलाही' अकबर की मूर्खता की स्मारक थी न कि उसकी बुद्धिमत्ता की।"[115]

वास्तव में अगर हम गम्भीरता से यह विचार करें तो यह स्पष्ट हो जाता है कि दीन-ए-इलाही कोई धर्म नहीं था। क्योंकि धर्म की प्रमाणिकता के लिए जो मान्यता होती है उसमें से किसी भी मान्यता को यह पूरा नहीं करता था। न तो कोई इसका धर्म ग्रन्थ था और न कोई देवालय और न ही कोई पुरोहित था। इन सब तर्कों के आधार पर हम कह सकते हैं कि दीन-ए-इलाही एक धर्म नहीं था। यह एक अचार संहिता जरूर थी जो मानव हित और कल्याण को ध्यान में रखकर बनायी गयी थी।

फतेहपुर सीकरी में अकबर ने अपनी जो 'सुलह-ए-कुल' की नीति लागू किया उसमें उसने सभी धर्मों के प्रति सम्मान और आदर प्रकट किया। इनके अनुयायियों और विद्वानों का सम्मान तथा आदर किया। 1583 ई. में फतेहपुर सीकरी में पारसी धर्म के संत दस्तूर मेहरजी राणा को सम्मानपूर्वक बुलाया गया।[116] इसी प्रकार जैन धर्म के संत आचार्य हरिविजय सूरी को आमंत्रित किया। बादशाह ने इनको जगद्गुरु की उपाधि प्रदान की हरिविजय सूरी को अबुल फ़ज़ल ने तमाम विद्वानों से श्रेष्ठ कहा।[117] इनके सिद्धान्तों से प्रभावित होकर अकबर ने अनेक युद्ध बन्दियों को मुक्त कर दिया तथा पशु वध और आखेट पर कुछ समय के लिए प्रतिबन्ध लगा दिया। जैन धर्म के एक अन्य संत जिनचन्द्र सूरी को भी अकबर ने सम्मान प्रदान किया।[118]

अकबर ने अपने दरबार में ईसाई धर्म के लोगों को भी आमन्त्रित किया। मोरलैण्ड इसका उद्देश्य धार्मिक और राजनैतिक मानते हैं।[119] ईसाईयों का पहला पादरी 1580 ई. में फतेहपुर सीकरी पहुँचा। दिवाने-ए-खास में इनका

स्वागत किया गया। पादरियों ने अकबर को बाइबिल की प्रति भेंट की, अकबर ने धर्मग्रन्थ के प्रति आदर सम्मान प्रकट किया।[120]

अकबर ने सिख धर्म के गुरु अमरदास से वार्ता किया और उनसे बहुत प्रभावित हुआ। अकबर ने इनको भूखण्ड प्रदान किया वहाँ पर इन्होंने एक सरोवर बनवाया जो बाद में अमृतसर के नाम से प्रसिद्ध हुआ।[121]

अत: निष्कर्षत: हम यह कह सकते हैं कि फतेहपुर सीकरी से अकबर ने अपनी जिस 'सुलह-ए-कुल' नीति की शुरुआत अपनी धार्मिक नीति के जरिये किया था। उसने अकबर को भारत का एक सहिष्णु शासक तथा मुगल साम्राज्य को एक धर्मनिरपेक्ष साम्राज्य के रूप में स्थापित किया और इसके स्थायित्व में मजबूती प्रदान की।

शैक्षिक

मुगल काल में शिक्षा के लिए कोई पृथक विभाग नहीं था। न ही व्यक्तिगत रूप से शिक्षा की कोई योजना बनायी गयी थी। शद्रों द्वारा ज्ञान के रूप में शिक्षा संस्थाओं को आर्थिक सहायता दी जाती थी। इन्हीं की सिफारिश पर विद्वानों को धन सम्मान और जागीरें दी जाती थीं। इस प्रकार मुसलमानों की शिक्षा पहले की भाँति मदरसों और मकतबों के द्वारा और हिन्दुओं की शिक्षा पाठशाला और विद्यापीठों द्वारा चलायी जा रही थी।

मुगलकाल में दिल्ली, आगरा, फतेहपुर सीकरी, लखनऊ, अम्बाला, ग्वालियर, कश्मीर, इलाहाबाद, लाहौर, जौनपुर, स्यालकोट आदि मुस्लिम शिक्षा के केन्द्र थे। उत्तर भारत में लगभग सभी शहरों में शिक्षा दी जाती थी। यहाँ मकतबों और मदरसों में फारसी भाषा के माध्यम से शिक्षा दी जाती थी।[122]

हिन्दू शिक्षा के लिए पाठशाला और विद्यापीठ होते थे। पाठशालाओं में प्रारम्भिक शिक्षा और विद्यापीठ में उच्च शिक्षा प्रदान की जाती थी। विभिन्न विद्वानों द्वारा अपने घर पर भी शिक्षा प्रदान की जाती थी। जो संस्कृत भाषा और साहित्य शिक्षा के प्रमुख विषय थे। हिन्दू शिक्षा देने के क्षेत्र में बनारस, मथुरा, अयोध्या, नदिया, मिथिला, श्रीनगर आदि शिक्षा के केन्द्र थे।[123]

मुगल काल में स्त्रियों की शिक्षा के लिए शाही परिवार से सम्बन्धित महिलाओं को घर पर शिक्षा का प्रबन्ध कर दिया गया था, पर अलग से कोई शिक्षा का प्रबन्ध न था।[124]

अकबर कोई विशेष शिक्षित व्यक्ति नहीं था फिर भी उसने शिक्षा प्रणाली की ओर विशेष ध्यान नहीं दिया।[125] अकबर के शासन के प्रारम्भिक काल में सम्पूर्ण मध्यकालीन भारत की शिक्षा प्रणाली लगभग एक समान थी। इसमें कोई विशेष परिवर्तन नहीं हुआ। अकबर सम्पूर्ण भारत को एक सूत्र में बांधना चाहता था। अतः उसने हिन्दुओं एवं मुसलमानों को शिक्षा के माध्यम से भी एक दूसरे के नजदीक लाने का प्रयास किया। इसके लिए उसने शिक्षा सम्बन्धी अनेक सुधार किए थे। अबुल फ़ज़ल अपनी पुस्तक आईन-ए-अकबरी में लिखता है कि ''प्रत्येक देश मे विशेषकर भारत में लड़के वर्षों तक स्कूल में रखे जाते हैं। जहाँ वे व्यंजन तथा स्वर का ज्ञान प्राप्त करते हैं। उनके जीवन का एक दीर्घकाल बहुत सी पुस्तकों के अध्ययन में नष्ट हो जाता है। बादशाह ने आदेश दिया कि स्कूल का प्रत्येक बालक पहले अक्षरों को जोड़कर लिखना प्रारम्भ कर देगा। उनका एक सप्ताह तक अभ्यास करेगा। तत्पश्चात् कुछ गद्य, पद्य को कण्ठाग्र करेगा ईश्वर की प्रशंसा में कुछ कविताओं को स्मरण करे अथवा नैतिक वाक्यों प्रत्येक को अलग-अलग लिखे। प्रत्येक वस्तु को वह स्वयं समझता था। शिक्षक उसे बहुत कम सहायता देता था वह प्रतिदिन कविताओं को लिखता और शीघ्र अभ्यस्त हो जाता था।[126]

अकबर ने बेसिक शिक्षा में नवीन सुधार द्वारा शिक्षा के स्तर को ऊँचा उठाने का सफल प्रयास किया। अकबर ने मदरसों के पाठ्यक्रम में नवीन सुधार किया। अबुल फ़ज़ल लिखता है कि ''प्रत्येक बालक को अंकगणित, कृषि, ज्यामितीय, रेखागणित, ज्योतिष, शरीर विज्ञान, घरेलू विषयों, राज्य के नियम, औषधि, तर्कशास्त्र, तबीवी, रिसायी, इलाही, विज्ञानों तथा इतिहास पर पुस्तकें पढ़ना चाहिए इन सभी विषयों का ज्ञान प्राप्त करना चाहिए।''[127]

अकबर ने साम्राज्य में संस्कृत पढ़ाने वालों को बढ़ावा दिया इसको पढ़ाने का आदेश जारी किया गया। उसने कहा कि संस्कृत पढ़ने वाले छात्रों को व्याकरण, न्याय, वेदान्त तथा पतंजलि का अध्ययन करना चाहिए। वर्तमान समय में जिन वस्तुओ की आवश्यकता है उसकी उपेक्षा न करने दिया जाय।[128]

शिक्षा के क्षेत्र में अकबर द्वारा यह सुधार फतेहपुर सीकरी से किए गए। अकबर ने इन सुधारों को बहुत महत्त्व दिया। पहले की तुलना में मकतबों और मदरसों की दशा अच्छी थी। शिक्षा का स्तर भी उच्च था। अबुल फ़ज़ल

लिखता है कि "इन आदेशों ने मकतबों पर एक नवीन प्रकाश डाला तथा मदरसों को एक उज्ज्वल तेज प्रदान किया।[129]

शिक्षा में अकबर के इन सुधारों के फलस्वरूप हिन्दू भी अधिक संख्या में फारसी का अध्ययन करने लगे। मकतबों और मदरसों में किसी प्रकार का भेदभाव न था। सभी लोगों को शिक्षा ग्रहण करने का अधिकार था।[130]

अकबर ने फतेहपुर सीकरी में एक सुन्दर मदरसे का निर्माण कराया। जिसमें फैजी, अबुल फ़ज़ल, बदायूँनी आदि लोग शिक्षा देने का कार्य करते थे।[131] इन मदरसों में हिन्दू तथा मुस्लिम दोनों शिक्षा ग्रहण करते थे। फतेहपुर सीकरी इस समय शिक्षा का महत्त्वपूर्ण केन्द्र माना जा रहा था। यहाँ पर अकबर के दरबार में अनेक हिन्दू और मुस्लिम विद्वान थे जो शिक्षण कार्यों में अपना योगदान देते थे।[132]

अबुल फ़ज़ल ने अपनी पुस्तक 'आईन-ए-अकबरी' में कई ऐसे हिन्दू विद्वानों का नाम दिया है जो अकबर के दरबार में थे। इनमें नारायण, मधोभट्ट, श्रीभट्ट, विश्वनाथ, रामकिशन, बलभद्र मिश्र, वासुदेव मिर, वामन भट्ट, विद्यानिवास, गौरीनाथ, गोपीनाथ, किशन पंडित, भट्टाचार्य, भागीरथ, काशीनाथ भट्टाचार्य, महादेव, भीमनाथ, नारायन तथा शिवाजी आदि लोगों के नाम सम्मिलित हैं इनमें से अन्तिम चार वैद्य थे। हिन्दू शरीर शास्त्रियों ने भी फारसी में औषधि पर पुस्तकें लिखी। अकबर ने फतेहपुर सीकरी में भी एक सुन्दर मदरसे की स्थापना की इसने शिक्षा के बढ़ावा में महत्त्वपूर्ण योगदान दिया।[133]

फतेहपुर सीकरी में अबुल फ़ज़ल द्वारा एक मदरसे की स्थापना की गयी जो 'मदरसा-ए-अबुल फ़ज़ल' के नाम से विख्यात हुआ। इसके अतिरिक्त आगरा, दिल्ली और लाहौर आदि में मकबरे बनाए गए महमाअनगा द्वारा दिल्ली में 'खैरुल मनाजिल' नामक मदरसा प्रसिद्ध है।[134]

अकबर ने व्यावसायिक शिक्षा को भी महत्त्व दिया। कारखानों में केवल विभिन्न वस्तुओं का ही निर्माण नहीं बल्कि व्यावसायिक शिक्षा की भी व्यवस्था की जाती थी।[135]

इस प्रकार हम कह सकते हैं कि अकबर के समय जो शिक्षा का विकास हुआ उसमें फतेहपुर सीकरी का अपना एक अलग ही स्थान था। यहाँ पर मुगल मदरसों द्वारा पर्याप्त एवं महत्त्वपूर्ण शिक्षा प्रदान की जाती थी। इसका परिणाम यह हुआ कि हिन्दू और मुसलमान दोनों ही फारसी का अध्ययन

साथ-साथ करते थे। तथा कुछ मुसलमानों ने संस्कृत भाषा का भी ज्ञान प्राप्त किया इसकी वजह से दोनों धर्मों के लोग एक दूसरे के करीब आए और एक सामाजिक और धार्मिक समन्वय का विकास हुआ। इसने अकबर की 'सुलह-ए-कुल' की नीति को और आगे बढ़ाने में मदद की । साथ ही साथ मुगल साम्राज्य को स्थायित्व प्रदान किया। साथ ही संस्कृतियों का आदान प्रदान हुआ। अतः फतेहपुर सीकरी जब तक आबाद रहा अर्थात् जब तक राजधानी रही तब तक मदरसों में हजारों विद्यार्थी शिक्षा प्राप्त करते थे तथा राजधानी परिवर्तन के बाद भी यह शिक्षा का केन्द्र बना रहा।

सन्दर्भ

1. मिचेल बाण्ड एण्ड गोल्डेन डी लारी, फतेहपुर सीकरी, मार्ग पब्लिकेशन, मेसेचुऐस्ट, 1986, पृ. 84
2. वही
3. वही, पृ. 94-95
4. वही
5. वही, पृ. 84
6. जान एण्ड रिचड्र्स, द फारमूलेशन ऑफ इम्पिरीयल अथारिटी ऑफ अकबर एण्ड जहाँगीर : इन किंगशिप एण्ड आथारिटी इन साउथ एशिया। द्वितीय एशिन, साउथ एशिया स्टडी पब्लिकेशन, नं. 3 यूनिवर्सिटी ऑफ वीसडम, माडीसन, 1978, पृ. 255-57
7. मिचेल बाण्ड एण्ड गोल्डेन डी लारी, फतेहपुर सीकरी, पृ. 95
8. वही
9. अबुल फ़ज़ल, अकबरनामा खण्ड-3, पृ. 702-3
10. मिचेल बाण्ड एण्ड गोल्डेन डी लारी, फतेहपुर सीकरी, पृ. 84
11. वही
12. जे.एफ. रिचड्र्स, द फारमूलेशन ऑफ इम्पिरीयल आथारिटी अण्डर अकबर एण्ड जहाँगीर: इन किंगशिप एण्ड आथारिटी इन साउथ एशिया। द्वितीय एशिन, साउथ एशिया स्टडी पब्लिकेशन, नं. 3 यूनिवर्सिटी ऑफ वीसडम, माडीसन, 1978, पृ. 255-57
13. मिचेल बाण्ड एण्ड गोल्डेन डी लारी, फतेहपुर सीकरी, पृ. 84-85
14. वही
15. अब्दुल कादिर बदायूँनी, मुन्तखाब-उल-तवारीख भाग-2, अनु. जी.एस.ए. रैनकिंग, अटलांटिक पब्लिकेशन एण्ड डिस्ट्रीब्यूटर्स, नई दिल्ली, 1990, पृ. 112
16. मिचेल बाण्ड एण्ड गोल्डेन डी लारी, फतेहपुर सीकरी, पृ. 84

17. वही
18. अबुल फ़ज़ल, आईन-ए-अकबरी, खण्ड-2, पृ. 57
19. सतीश चन्द्रा, मध्यकालीन भारत भाग-2, जवाहर पब्लिशर्स एण्ड डिस्ट्रीब्यूटर्स, 2005, पृ. 190-91
20. विसेन्ट स्मिथ, अकबर द ग्रेट मुगल, विनोद पब्लिकेशन, दिल्ली, 1988, पृ. 301-02
21. वही, पृ. 802-05
22. वही
23. वही, पृ. 307
24. अबुल फ़ज़ल, आईन-ए-अकबरी, खण्ड-2, पृ. 57
25. वही, पृ. 113
26. विसेन्ट स्मिथ, अकबर द ग्रेट मुगल, विनोद पब्लिकेशन, दिल्ली, 1988, पृ. 309-10
27. सतीश चन्द्रा, मध्यकालीन भारत भाग-2, पृ. 114
28. अबुल फ़ज़ल, आईन-ए-अकबरी, खण्ड-2, पृ. 386
29. वही, पृ. 388
30. अब्दुल कादिर बदायूँनी, मुन्तखाब-उल-तवारीख भाग-2, पृ. 207-09
31. वही, पृ. 356
32. अबुल फ़ज़ल, आईन-ए-अकबरी, खण्ड-2, पृ. 343
33. वही
34. वही
35. वही
36. अब्दुल कादिर बदायूँनी, मुन्तखाब-उल-तवारीख भाग-2, पृ. 391
37. अबुल फ़ज़ल, आईन-ए-अकबरी, खण्ड-2, पृ. 206
38. अब्दुल कादिर बदायूँनी, मुन्तखाब-उल-तवारीख भाग-2, पृ. 356
39. अबुल फ़ज़ल, आईन-ए-अकबरी, खण्ड-2, पृ. 235
40. अबुल फ़ज़ल, अकबरनामा खण्ड-3, पृ. 145-46
41. फादर भोन्सरात, द कमेन्ट्री ऑफ फादर मोन्सरात अनु. एस. हाथलैण्ड, आक्सफोर्ड यूनिवर्सिटी, लन्दन, पृ. 196-97
42. इरफ़ान हबीब, मध्यकालीन भारत भाग-6, राजकमल प्रकाशन, दिल्ली, पटना, पृ. 36
43. हरिश्चन्द्र वर्मा, मध्यकालीन भारत खण्ड-2, हिन्दी माध्यम कार्यान्वयन निदेशालय दिल्ली विश्वविद्यालय, दिल्ली 2000, पृ. 602
44. अबुल फ़ज़ल, आईन-ए-अकबरी, खण्ड-2
45. सतीश चन्द्रा, मध्यकालीन भारत भाग-2, पृ. 150
46. वही, पृ. 152
47. वही, पृ. 153
48. वही, पृ. 154
49. वही

120. वही
121. केनिंघम, हिस्ट्री ऑफ सिंध, पृ. 52
122. प्रो. राधेश्याम, मध्यकालीन, प्रशासन, समाज, संस्कृति, भार्गव बुक हाउस, इलाहाबाद, 2002-03, पृ. 302
123. वही
124. वही, पृ. 305
125. युसुफ हुसैन, गिलम्पससे अब मेडिवल इण्डिया कल्चर, पृ. 78
126. अबुल फ़ज़ल, आईन-ए-अकबरी, खण्ड-1, पृ. 288-89
127. वही, पृ. 289
128. वही
129. वही
130. वही, पृ. 611-13
131. प्रो. राधेश्याम, मध्यकालीन प्रशासन समाज संस्कृति, पृ. 32
132. अबुल फ़ज़ल, आईन-ए-अकबरी, खण्ड-1, पृ. 289
133. वही
134. प्रो. राधेश्याम, मध्यकालीन प्रशासन समाज संस्कृति, पृ. 32
135. वही

उपसंहार

मध्यकालीन भारत का नगरीय परिवेश समय के साथ-साथ बदलता रहा है। प्राचीन कालीन वास्तुकारों ने नगर नियोजन के अपने सिद्धान्त प्रतिपादित किए थे इनमें नगरों की सुरक्षा एवं सुविधा का विशेष ध्यान रखा गया था। मध्यकाल में परिस्थितियों के अनुरूप कस्बों और शहरों का प्रादुर्भाव हुआ। उनकी संरचना समय के अनुरूप हुई।

भारत के नगरीकरण की दिशा को प्रत्यक्ष या अप्रत्यक्ष रूप में यूरोप से तुलना करके देखा जाता रहा है जो सही नहीं है। क्योंकि फतेहपुर सीकरी और अन्य शहर मुगलों की सुनियोजित योजना के अनुसार बनाए गए थे। भारतीय नगरों में सड़क और गलियाँ बहुत सकरी थी। घरों में बहुत सामान्य संसाधनों का प्रयोग किया जाता था। भारत में पारम्परिक उत्पाद बड़ी संख्या में उत्पादित किया जाता था जिनकी मांग यूरोपीय बाजार में बहुत थी जिससे व्यापार-वाणिज्य विकसित हुआ जिसने भारत में नगरीकरण को बढ़ावा दिया।

मध्यकालीन भारत में तुर्कों के आगमन ने भारत में नगरीकरण की प्रक्रिया को और तेजी प्रदान कर दिया जिसका परिणाम यह हुआ कि भारत में बहुत सारे छोटे-बड़े नगरों का उद्‌भव हुआ।

मुगल काल में भी यह प्रक्रिया चलती रही। अकबर जब शासक बना तो उसने भी नए-नए नगरों और शहरों को स्थापित करने में अपना भरपूर योगदान दिया। फतेहपुर सीकरी नगर जिसकी स्थापना अकबर द्वारा की गयी थी, मध्यकाल के नगरीकरण के सारे गुण अपने में समाये हुए है। अकबर के शासन से पूर्व जो सीकरी एक साधारण गाँव था। अकबर द्वारा उस गाँव को एक नगर के रूप में परिवर्तित कर देना और अपने साम्राज्य की राजधानी बना देना यह एक बड़ी उपलब्धि थी। वास्तव में यह नगरीकरण के इतिहास में बहुत ही महत्त्वपूर्ण घटना है।

इसके साथ ही मध्यकालीन भारत के नगरीकरण में बहुत सारे कारण जिम्मेदार बने थे। तुर्कों के आगमन से लेकर मुगलकाल तक सैनिक, व्यापार,

वाणिज्य आदि बहुत सारे कारण नगरीकरण के लिए जिम्मेदार माने जाते रहे हैं। चूँकि फतेहपुर सीकरी एक साधारण गाँव था। जहाँ सूफी सन्त शेख चिश्ती अपना निवास स्थान बना रखा था। अकबर जो इस समय अपनी सफलता के शीर्ष पर था, पर उसके कोई पुत्र न होने के कारण वह परेशान रहता था। इन्हीं संत की दुआ के फलस्वरूप उसे पुत्र प्राप्त हुए और इस कारण से अकबर का भावनात्मक लगाव इस जगह से हो गया और इस गाँव को नगर बनाने का निर्णय लिया। 1569 ई. में नगर बसना शुरु हुआ और 1571 ई. में मुगल साम्राज्य की राजधानी बना दी गयी।

इसके पीछे अकबर का भावनात्मक लगाव ही मुख्य रूप से जिम्मेदार था। पर चूँकि अकबर एक बादशाह था इस वजह से नगर की स्थापना के पीछे अकबर का साम्राज्य विस्तार, साम्राज्य की आन्तरिक वाह्य, सामाजिक और आर्थिक सारी समस्यायें जुड़ी हुई थी। अतः ये सभी वजहें भी कहीं न कहीं इसके प्रति जिम्मेदार हुई होंगी।

मैं अपने अध्ययन द्वारा इस निष्कर्ष का पहुँचा हूँ कि ''फतेहपुर सीकरी अकबर की भावनात्मक राजनीति और साम्राज्यवादी तथा धार्मिक सहिष्णुता की सोच का ही परिणाम थी।'' जो वर्तमान समय में भी मध्यकालीन भारत के महत्त्वपूर्ण नगरों में अपने आप को स्थापित किए हुए है। हालाँकि पश्चिमोत्तर प्रान्त में बढ़ती अराजकता की वजह से 1585 ई. में राजधानी को लाहौर ले जाने के कारणों पर प्रकाश पड़ता है निष्कर्ष निकाला जा सकता है कि पश्चिमोत्तर सीमा समस्या राजधानी परिवर्तन का मुख्य कारण रही।

फतेहपुर सीकरी का विकास जो अकबर द्वारा किया गया, खासकर महलों का जो आज भी अपनी भव्यता और सुन्दरता के लिए जाने जाते हैं। इसमें कला एवं संस्कृति का भरपूर समन्वय था। इण्डो-इस्लामी संस्कृति को आगे बढ़ाते हुए पूर्ण रूप से मुगल शैली को इसने जन्म दिया है जो स्थापत्य कला के क्षेत्र में अपनी अलग ही पहचान रखती है। इन्होंने धार्मिक भवन, शाही भवन, सार्वजनिक एवं अन्य भवनों को बनवाया जिन्होंने अपनी कला और स्थापत्य द्वारा भारतीय संस्कृति के समन्वय को बढ़ावा दिया और एक अलग संस्कृति को जन्म दिया तथा मुगल साम्राज्य की नींव को मजबूती प्रदान की।

जहाँ तक फतेहपुर सीकरी नगर के प्रबन्धन एवं व्यवस्था का सवाल है तो 'यह नगर चूँकि पहाड़ी पर बसा था और पीने के पानी की कमी यहाँ

व्याप्त थी। महलों को पहाड़ी के ढाल के स्तर पर बनाया गया और पानी के लिए एक सुनियोजित व्यवस्था बनायी गयी जिसके द्वारा वर्षा के पानी का भरपूर तरीके से उपयोग कुओं और तालाबों के माध्यम से हो सके तथा इसका प्रबन्धन आदि को व्यवस्थित तरीके से संचालित किया जाता था। फतेहपुर सीकरी से अकबर ने एक ऐसी संस्कृति को जन्म दिया जिसका परिणाम यह हुआ कि "जो मुगल कभी विदेशी समझे जाते थे अब इनको भारत की पहचान के रूप में जाने जाना लगा।" यह फतेहपुर सीकरी की सबसे बड़ी उपलब्धियों में से एक मानी जाती है।

शिक्षा और साहित्य का समन्वयन हुआ और इसका भारतीयकरण कर दिया गया। फारसी और संस्कृत भाषा एक दूसरे के करीब आयी इससे दानों भाषाओं और संस्कृति वाले लोगों के बीच दूरियाँ और कम हुई। प्राचीन भारतीय ग्रन्थों पुराणों आदि का फारसी में अनुवाद दोनों भाषाओं में किया गया। इसका परिणाम यह हुआ कि अब दो अलग-अलग संस्कृति के लोग अब एक दूसरे की संस्कृति में घुल मिल गए जिनको अलग कर पाना अब कठिन हो गया।

इस प्रकार से फतेहपुर सीकरी ने नगर के रूप में जो योगदान दिया उसने स्पष्ट रूप से मुगलों का भारतीयकरण कर दिया और दोनों संस्कृतियों के विभेद को खत्म कर दिया। मुगल साम्राज्य की जड़े भारत में इस प्रकार गहरी कर दी कि कभी विदेशी समझे जाने वाले मुगलों की पहचान भारतीयों की पहचान बन गयी। चूँकि यहाँ पर पानी की उपलब्धता कम थी इसकी पूर्ति और प्रबन्धन आदि को बेहतरीन तरीके से किया गया था। यहाँ पर महलों के पास बगीचों आदि द्वारा इस नगर को व्यापक रूप दिया गया था। प्रवेश द्वार आदि बनाए गए थे। इस प्रकार से एक नगर के रूप में उच्च स्तर पर इसका प्रबन्धन किया गया था। जब राजधानी बनी तब भी और उसके बाद भी इस प्रबन्धन व्यवस्था में कोई कमी नहीं हुई और यह कार्य हमेशा चलता रहा।

फतेहपुर सीकरी ने मुगल साम्राज्य के विकास में सांस्कृतिक, धार्मिक और शैक्षिक रूप से अपना महत्त्वपूर्ण योगदान दिया। स्थापत्य कला, चित्रकला और संगीत आदि के द्वारा भारत में तमाम संस्कृतियों को आपस में जोड़ने और मिश्रित शैली को जन्म देने का काम किया जिससे समाज में प्रबुद्धता आयी और मुगल साम्राज्य और मजबूत हुआ।

धार्मिक दृष्टिकोण से सभी धर्मों के प्रति एक सुलह-ए-कुल की धारणा का विकास हुआ। यह फतेहपुर सीकरी से ही शुरु हुआ जिसने मुगल साम्राज्य को एक धार्मिक सहिष्णु साम्राज्य बना दिया। भारतीय और विदेशी संस्कृति का समन्वय हुआ और मुगल संस्कृति का विकास हुआ। अब ये विदेशी न हो कर पूरी तरह भारतीय हो गए। यहाँ तक कि जब अंग्रेज भारत आए तो उन्होंने सत्ता इन्हीं से प्राप्त की।

नगर के रूप फतेहपुर सीकरी ने भी भारतीय सांस्कृतिक समन्वय में अपना विशेष योगदान दिया है। इसने अकबर को भारत का एक सहिषुण शासक तथा मुगल साम्राज्य को एक धर्मनिरपेक्ष साम्राज्य के रूप स्थापित किया और इसके स्थायित्व में मजबूती प्रदान की। फतेहपुर सीकरी हिन्दू-मुस्लिम शैली के समन्वय का अभूतपूर्व उदाहरण है। जब कभी भी विदेशी संस्कृति से अब भारतीय संस्कृति की तुलना करने का प्रयास करते है तो हम मुगल कालीन संस्कृति से इसकी तुलना करते है। यहीं से मुगल कालीन संस्कृति का बीजारोपण हुआ था।

आज भले फतेहपुर सीकरी एक नगर के रूप में नहीं है पर यह नगर आज भी अपने साथ अकबर के समय की बहुत सी यादें सजोये हुए है। सांस्कृतिक, धार्मिक और पर्यटक स्थल की छवि आज भी अपने अन्दर समेटे हुए है। आज भी पूरे विश्व के धार्मिक लोगों को तथा पर्यटकों को अपनी ओर आकर्षित करती है।

सन्दर्भ ग्रन्थ सूची

प्राथमिक स्रोत

1. अकबरनामा : अबुल फ़ज़ल आलमी, प्रथम, द्वितीय, तृतीय, अनु. एच. बेवरीज, भाग-1 व 2, लो प्राइज पब्लिकेशन, दिल्ली, 2010
   हिन्दी अनुवाद, डॉ. माथुर लाल शर्मा, राधा पब्लिकेशन, नई दिल्ली, 2008
2. आईन-ए-अकबरी : अबुल फ़ज़ल आलमी, अनु. एच. ब्लूचमैन, भाग-1 व 2 व 3 द्वितीय संस्करण, लो प्राइज पब्लिकेशन, दिल्ली, 2008
   हिन्दी अनुवाद, रामलाल पाण्डेय, भाग-1,जयपुर, 2000
3. बाबरनामा : जहीरउद्दीन मोहम्मद बाबर, अनु. ए.एस. बेवरीज, ओरियण्टल बुक रिप्रिंट कारपोरेशन, नई दिल्ली, 1970
   हिन्दी अनुवाद, डॉ. माथुर लाल शर्मा, राधा पब्लिकेशन, नई दिल्ली, 2008
4. तुजक-ए- जहाँगीरी : नसरूद्दीन मोहम्मद जहाँगीर, अनु. एच. बेवरीज, लो प्राइज पब्लिकेशन, दिल्ली, 2006
   हिन्दी अनुवाद, डॉ. माथुर लाल शर्मा, राधा पब्लिकेशन ,नई दिल्ली, 2008
5. हुमायूँनामा : गुलबदन बेगम, अनु. एन्नीटी एवं बेबरीज, लो प्राइज पब्लिकेशन, दिल्ली, 2006
6. मुन्तखाब-उल-तवारीख : अब्दुल कादिर बदाँयूनी, भाग-1, 2, 3, अनु., एम.ए. अली, रायल एशियाटिक सोसाइटी ऑफ बंगाल, 1869
7. तबकात-ए-अकबरी : निजामुद्दीन अहमद (हारवी), अनु. वीण्डे. और एम. हिदायद हसन, रायल एशियाटिक सोसाइटी ऑफ बंगाल, 1927-39
8. तारीख-ए-अकबरी : मोहम्मद आरिफ कंधारी, अनु. मुजुद्दीन नवादी अजहर अली दिल्हवी एण्ड इम्तियाज अली अरसी, राजा लाइब्रेरी, रामपुर, 1962
9. मासिर-उल-उमरा : शहनवाज खान, भाग-1, 2, जानकी प्रकाशन, पटना, 1979
10. पादशाहनामा भाग-1 अब्दुल हमीद लाहौरी, अनु. के. अहमद और एम.ए. रहीम, रायल बंगाल सोसाइटी, ऑफ बंगाल, कोलकाता, 1867-68
11. अमल-ई-सालीह—मो. सालीह कामबू, जी. याजदामी: रायल बंगाल सोसाइटी ऑफ बंगाल, 1912-39
12. तारीख-ए-हुमायूँ व अकबरी वायजाद वीयात, अनु. एम. हीदायत होसेन, रायल एशियाटिक सोसाइटी ऑफ बंगाल, 1941

13. ट्रेवल्स ऑफ फरे सेवसटीन मानरीकी 1629-1643 भाग-2 फरे सेवसटीन, अनु. सी.ई. लूराई, हाकुल्टी सोसाइटी, आक्सफोर्ड 1927
14. ट्रेवल्स इन इण्डिया : इब्बवनवतूता, अनु. एच.ए.आर. गीव, लो प्राइज पब्लिकेशन, दिल्ली, 2007
15. स्टेरियो टू मोमोर आफ मुगल इण्डिया : निकोलो मनूची, अनु.,विलियम इरविन, लो प्राइज पब्लिकेशन, दिल्ली, 2007
16. ट्रेवल्स इन द मुगल इम्पायर बर्नियर की भारत यात्रा : एमण्डी. फैक्विस बर्नियर, अनु. - लो प्राइज पब्लिकेशन, दिल्ली, 2007, एमण्डी. फैक्विस बर्नियर, हिन्दी अनु. गंगा प्रसाद गुप्त, नेशनल बुक ट्रस्ट इण्डिया, दिल्ली, 2001
17. द कमेन्ट्री ऑफ फादर मोन्सरात : फादर अन्थोनी मोन्सरात, अनु. जे.एस. हायलैंड एवं एस.एन. बनर्जी, आक्सफोर्ड यूनिवर्सिटी प्रेस, लन्दन, 1922
18. इन अर्ली ट्रेवलर इन इण्डिया (1583-1619 ई. तक) : विलयिम फ्रिंच, अनु. डब्लू. फोस्टर, आक्सफोर्ड यूनिवर्सिटी प्रेस, लन्दन, 1921
19. इन अर्ली ट्रेवलर इन इण्डिया (1583-1619 ई. तक) : राल फ्रिंच, अनु. डब्लू. फोस्टर, आक्सफोर्ड यूनिवर्सिटी प्रेस, लन्दन, 1921
20. ट्रेवलर इन इण्डिया : जीन बेपिस्टिक ट्रेवर्नियर, अनु. भी. बाल, लो. प्राइज पब्लिकेशन, दिल्ली, 2007
21. जहाँगीर कालीन भारत : फ्रांसिस्को पैल्सर्ट, हिन्दी अनु. बी.एल. मदानी, पब्लिकेशन स्कीम जयपुर, 1996

प्रकाशित लेख

1. Known and Unknown Pigeons in Mughal History : M. Ashraful Kabir SBSRR-ISSN-2313 -6758
2. Mughal Painting Under Akbar the Great : Maurige S. Dimand, Curator of Near Eastern Art.
3. Exploring the Mughal Gardens of Fatehpur Sikri : Syed Ali Nadeem Rizvi, Proceeding of the Indian History Congress, 58th Session Bangalore, 1997.
4. Religions Disputations and Imperial Ideology : The Purpose and Location of the Akbar Ibadatkhana, Syed Ali Nadeem Rizvi, Studies in History, 24, 2 N.S. (2008), 195-209, Sage Publications, London.
5. Cultural Contribution of Mughal Ladies : Rukhsana Iftikhar, A Research Journal of South Asian Studies, Vol. 25, No. 2, July-December 2010, PP. 323-339.
6. Town Planning of Fatehpur Sikri Athar Abbas Rizvi, Autralian Nation University, Canbera.
7. Artistic Contribution of Prominent Royal Mughal Ladies (1526- 1707 A.D.) : Dr. Anurag, AJMR Vol. I, Issues, December 201, ISSN 2278-4853
8. Akbar, the Doctrine of Soln. I Koll and Hindu Muslim Relations : Dr. Ehsan Chodratollahi, Journal of Religious Thought : A Quarterly of Shiraz University

No. 21, Winter 2007.

9. Muslim Heterodoxy, Persian Murtaddun and Jesuit Missionaries at the Court of Kind Akbar (1580-1605) : Mugues Diier, The Heythrop Journal, 2008, pp. 898-939.
10. Fatehpur Sikri : A Utopian Approach Urban Planning and Resign : Rajinder S. Jutla, Southwest Missouri State University, U.S.A.
11. Agricultural Science in Mughal Period and its Socio-Economic Impact : Mrs. Tanuja Kumari, International Journal of Humanitist and Applied Sciences (IJHAS) Vol. 1, No. 4, 2012, ISSN 2277-4386.
12. Mughal Architecture : Prof. Ebba Koch, HAA 183, Lecture : Syllabus and Reading Fall, 2008.
13. Jalluddin Muhammad Akbar : The Great Mughal Emperor : Soly Sanjay, Shruant, Birajdar ishwanath Ganpatrao, IJRSSN 2013 Vol. 2, Issue No. III, July-Sep. ISSN 2249-4642.
14. Economic Potential of Torish : A case study of Agra : Surabhi Srivastava,
15. Jesuits at Akbar's Court : Paul Jackson SJ, The Journal of Sephia Asian Studies No. 12, 1994.
16. The City of Prophecy : Fatehpur Sikri : United Nations Educational Scientific and Cultural Organization.
17. Mathematics and Aesthetics in Islamic Architecture : Reference to Fatehpur Sikri : Jaswant Rai, J. King Sound Univ. Vol. 5, PP. 19-48, RH 1413/1993.
18. Travel Commentary: City of Victory : Robert A. Call, Bridgewater Review, Vol. 5, Issue 1, Article 13.

द्वितीयक स्त्रोत

अंग्रेजी पुस्तकें

1. फतेहपुर सीकरी : मिचेल ब्राण्ड एण्ड गोल्डेन डी लारी, मार्ग पब्लिकेशन, हार्वड विश्वविद्यालय, 1986
2. फतेहपुर सीकरी - ए सोर्सबुक : मिचेल ब्राण्ड एण्ड गोल्डेन डी लारी, मार्ग पब्लिकेशन, हार्वड विश्वविद्यालय, 1985
3. स्पेलेण्डर ऑफ फतेहपुर सीकरी : चौब सिंह वर्मा, आगम प्रकाशन, दिल्ली, 1999
4. द वण्डर दैट वाज सीकरी : चौब सिंह वर्मा, राहुल पब्लिशिंग हाउस, दिल्ली, 1996
5. इक्सकावेशन ऐट फतेहपुर सीकरी (ए नेशनल प्रोजेक्ट) : आर.सी. गौर, आर्यन बुक इंटरनेशनल नई दिल्ली, 2000
6. फतेहपुर सीकरी एण्ड इट्स मोनूमेन्ट्स : आर. नाथ, द हिस्टोरिकल डाकूमेन्टेशन प्रोगामी, आगरा, 2000
7. गाइड टू फतेहपुर सीकरी : मो. अशरफ हुसैन, मैनेजर ऑफ पब्लिकेशन, 1937
8. फतेहपुर सीकरी : सैय्यद अहत्तर अब्बास रिजवी, डायरेक्टर जनरल आर्कोलाजी सर्वे ऑफ इण्डिया, नई दिल्ली, 1972

9. दिल्ली, आगरा, सीकरी : मारटिन हर्लीमैन, थामस एण्ड हडसन, लन्दन, 1965
10. ए हैण्ड बुक आगरा एण्ड द ताज : ई.बी. हैवेल, आगरा रिजन,1912
11. अकबर द ग्रेट मुगल 1542-1605 ई. : विसेन्ट स्मिथ, विनोद पब्लिकेशन, दिल्ली, 1988
12. अकबर एण्ड रिलीजन : खालिद अहमद निजामी, ईदराह-ई- अद्याबियात-ई-दिल्ली, दिल्ली, 1989
13. द भिगनाफिकेशन मुगलस : जीनूअ जैद, आक्सफोर्ड यूनिवर्सिटी प्रेस, न्यूयार्क, 2002
14. मुगल आर्ट : शान्ती स्वरूप, आगम कमल प्रकाशन, दिल्ली, 1996
15. सोशल कल्चरल लाईफ आफ द ग्रेट मुगल (1526-1707 ई.) : एम.ए. अन्सारी, संदीप प्रकाशन दिल्ली, 2008
16. हिन्दू आफिसर्स अण्डर अकबर : सी.एम. अग्रवाल, इण्डियन पब्लिशर्स एण्ड डिस्ट्रीब्यूटर्स, दिल्ली, 2001
17. द इम्पायर ऑफ द ग्रेट मुगलस - हिस्ट्री आर्ट एण्ड कल्चर : अन्नेमारी सच्चीमल, आक्सफोर्ड यूनिवर्सिटी प्रेस, न्यूयार्क, 2005
18. द इम्परर अकबर - द कन्ट्रीब्यूसन टूवड्र्स द हिस्ट्री आफ इण्डिया इन द 16वीं सेन्चुरी भाग 1 व 2 : फेडरिक अगस्टन, अटलांटिक पब्लिशर्स एण्ड डिस्ट्रीब्यूटर्स, नई दिल्ली, 1989
19. आगरा - इकोनामिक्स एण्ड पोलीटिकल प्रोफाइल ऑफ मुगल सूबा 1580-1707 ई. : के.के. त्रिवेदी, राबिस पब्लिशर्स पूर्ण, 1998
20. द मुगल नोवल्टी अण्डर अकबर : डॉ. पी.एस. वेदी, ए बी एस पब्लिकेशन, 1985
21. एग्रीकल्चरल इन्डस्ट्री एण्ड अर्बन डायनामिजम अण्डर द सुल्तान ऑफ देहली 1206-1555 ई. : हमीदा खातून नकवी, मन्सूरिम मनोहरलाल पब्लिकेशन प्रा.लि. दिल्ली, 1986
22. अर्बन सेन्टर एण्ड इन्डस्ट्रीज इन अपर इण्डिया 1556-1803 ई. : हमीदा खातून नकवी, एशिया पब्लिकेशन हाउस, नई दिल्ली, 1968
23. मेकर्स ऑफ द मुस्लिम वर्ल्ड - अकबर : अन्डे विंक, वन वर्ल्ड पब्लिकेशन, 2009
24. स्टडीज इन इस्लामिक कल्चर इन दि इण्डियन इनवायरमेन्ट : अजीज अहमद, आक्सफोर्ड क्लैरेशन प्रेस, 1964
25. दि न्य कैम्ब्रिज हिस्ट्री ऑफ इण्डिया खण्ड 1-4, : कैथरीन बी एशर, आर्किटेक्चर ऑफ मुगल इण्डिया, 1992
26. पार्टीज एण्ड पालिटिक्स ऐट दि मुगल कोर्ट : सतीश चन्द्रा, पीपुल्स पब्लिशिंग हाउस, नई दिल्ली, 1972
27. मुस्लिम रिवाइवलिस्ट मूवमेन्ट्स इन नार्दर्न इण्डिया इन दि सिक्सटीन्थ एण्ड सेवेन्टीन्थ सेन्चुरीज : एस.ए.ए. रिजवी, आगरा विश्वविद्यालय, आगरा, 1965

28. हैण्डबुक ऑफ अर्बन स्टडीज : पैडीसन रोन्नान, सागे इण्डिया, 2001
29. अर्बन डेवलपमेन्ट इन इण्डिया : आर.के. भरद्वाज, नेशनल पब्लिकेशन हाउस, 1974
30. द सिटी इन हिस्ट्री : लेविस मम्फोर्ड, लन्दन, 1961

हिन्दी पुस्तकें

1. मुगल साम्राज्य का उत्थान और पतन : डॉ. रामप्रसाद त्रिपाठी, सेन्ट्रल बुक डिपो, इलाहाबाद, 2003
2. मध्यकालीन भारतीय संस्कृति : डॉ. लईक अहमद, शारदा पुस्तक भवन, इलाहाबाद, 2006
3. आगरा व फतेहपुर सीकरी के ऐतिहासिक भवन : देवीदयाल माथुर, सर्वोदय प्रकाशन, दिल्ली, 1954
4. अकबर : डॉ. सुरेश मिश्र, पंचशील प्रकाशन, जयपुर, 2001
5. मध्यकालीन प्रशासन समाज एवं संस्कृति : प्रो. राधेश्याम, भार्गव बुक हाउस, इलाहाबाद, 2002-03
6. मध्यकालीन भारतीय समाज एवं संस्कृति (ब.1200.1750 ई.) : प्रो. राधेशरण, मध्य प्रदेश हिन्दी ग्रन्थ अकादमी, भोपाल, 2007
7. मध्यकालीन भारत भाग 3, 6, 8 : इरफान हबीब, राजकमल प्रकाशन, दिल्ली, 2006
8. अकबर की मृत्यु के समय का भारत : डब्लू. एस. मोरलैंड, अनु. सुधाकिरण सिंह, ग्रन्थ शिल्पी, दिल्ली, 2008
9. मध्यकालीन भारत भाग 1 व 2 : हरिश्चन्द्र वर्मा, हिन्दी माध्यम कार्यान्वयन निर्देशालय, दिल्ली विश्वविद्यालय, 1999
10. मध्यकालीन भारत भाग 1 व 2 : सतीश चन्द्रा, जवाहर पब्लिशर्स एण्ड डिस्ट्रीब्यूटर्स, नई दिल्ली, 2001
11. भारत का वृहद इतिहास भाग 2 : मजूमदार, रायचौधरी, दत्त, मैकमिलन पब्लिकेशन इण्डिया, दिल्ली, 1954
12. नगरीय समाजशास्त्र : डॉ. डी.एस. बघेल, मध्य प्रदेश हिन्दी ग्रन्थ अकादमी, भोपाल, 2007
13. हिन्दुस्तान के निवासियों का जीवन और उनकी परिस्थितियाँ : के.एम. अशरफ, माध्यम कार्यान्वयन निर्देशालय, दिल्ली विश्वविद्यालय, 2006
14. भारत का सामाजिक संस्कृति और आर्थिक इतिहास : दास पुरी चोपड़ा, मैकमिलन प्रकाशन, दिल्ली, 1975
15. मध्यकालीन भारत - 8वीं शताब्दी से 18वीं शताब्दी तक एक सर्वेक्षण : इम्तियाज अहमद, नेशनल पब्लिकेशन पटना, 2007
16. सूफीवाद कुछ महत्त्वपूर्ण लेख : एन.आर. फारूखी, ओरियंट ब्लैकस्वान प्राइवेट लिमिटेड, दिल्ली, 2014

17. मुगलकालीन भारत : लईक अहमद, प्रयाग पुस्तक भवन, इलाहाबाद, 2006
18. भारत के प्राचीन नगरों का पतन : रामशरण शर्मा, राजकमल प्रकाशन, दिल्ली, 1987
19. अकबर से औरंगजेब तक : डब्लू.एस. मोरलैंड, अनु. क.के. त्रिवेदी, ग्रन्थ शिल्पी प्राइवेट लिमिटेड, दिल्ली, 1997
20. मध्यकालीन भारत में राज्य एवं राजनीति की अवधारणा एवं स्वरूप : प्रो. हेरम्ब चतुर्वेदी, साहित्य संगम, इलाहाबाद, 2005
21. मध्यकालीन भारत का समाज, प्रशासन एवं आर्थिक इतिहास : पन्नालाल विश्वकर्मा, विजय पब्लिकेशन्स इलाहाबाद 2003
22. दिल्ली सुल्तनत भाग-1 : हबीब निजामी, मैकमिलन इडिया लिमिटेड, दिल्ली-1978

भवनों के चित्र एवं मानचित्र

शेख सलीम चिश्ती का मकबरा

बुलन्द दरवाजा

जामा मस्जिद का प्रांगण

जामा मस्जिद का दरवाजा

शेख सलीम चिश्ती के दरगाह के समीप का परिदृश्य

इस्लाम खाँ का मकबरा

आगरा गेट

बादशाही दरवाजा

दीवान-ए-खास

तुर्की सुल्ताना का भवन

तानसेन की बरदारी

दीवान-ए-खास का प्रांगण

बीरबल भवन

कॉरवा सराय

दौलत खाना परिसर

दीवान-ए-आम

दीवान-ए-खास का परिचय

दीवान-ए-खास भवन के अन्दर का परिदृश्य

जामा मस्जिद

खास महल

खास महल ख्वाबगाह

दीवान-ए-आम के सामने का परिदृश्य

जोधाबाई का महल

फतेहपुर सीकरी के खण्डहर भवनों का दृश्य

जामा मस्जिद के प्रांगण का दृश्य

कॉरवा सराय का दृश्य

अनूप तालाब

टकसाल

अनूप तलाब में बना चबूतरा

हरम सारा

अनूप तलाब के पास कि ईमारतें

मरियम का भवन

हिरन मीनार

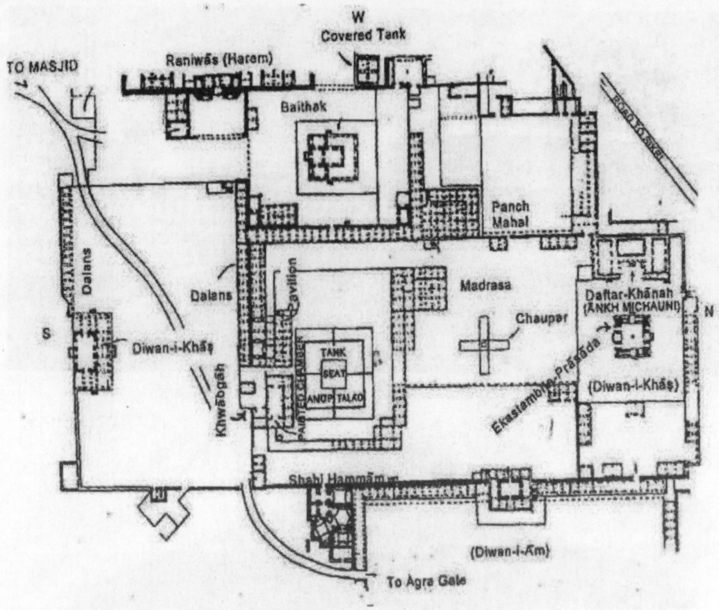

सार्वजनिक भवन का परिसर

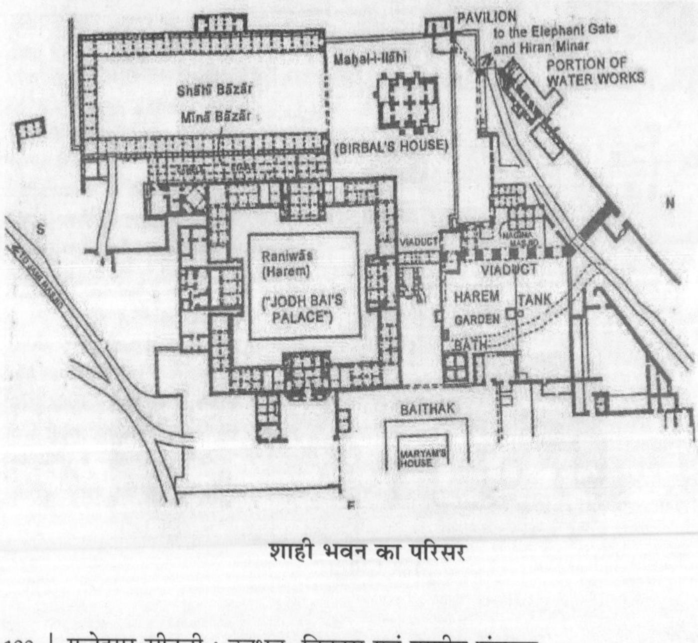

शाही भवन का परिसर

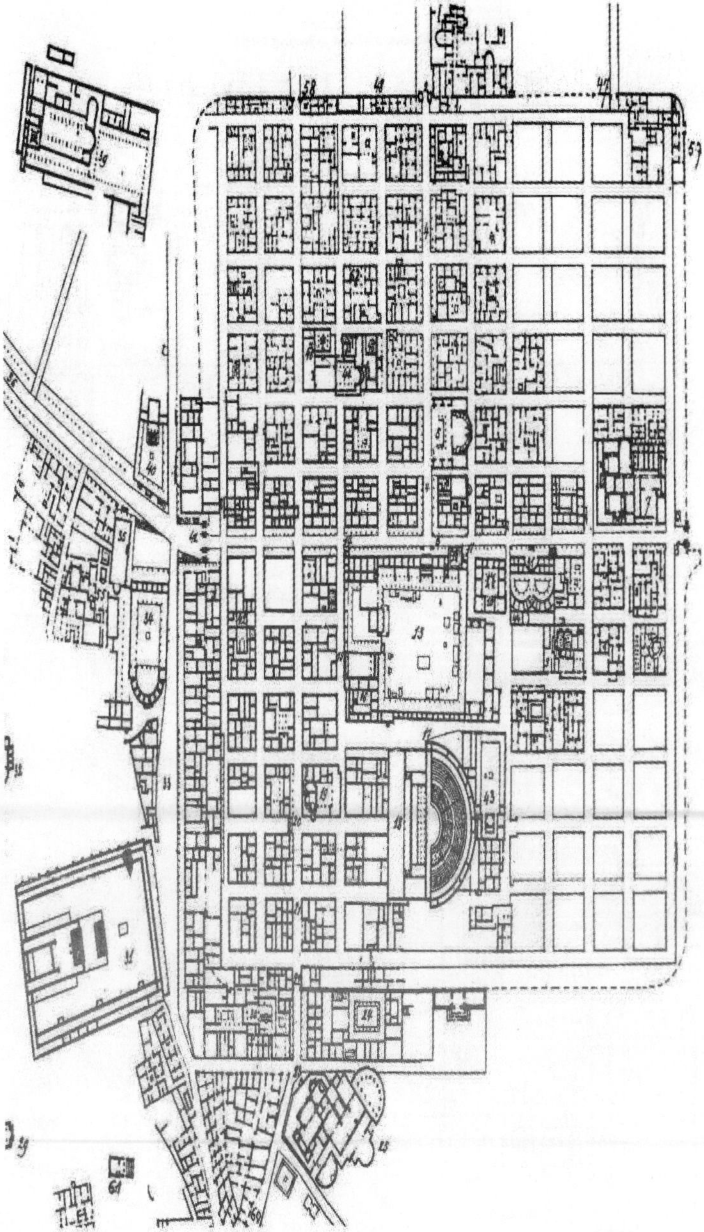

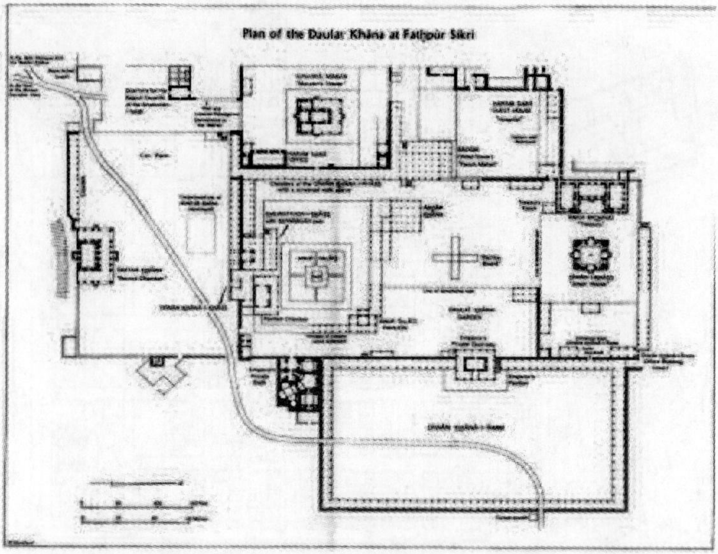
Plan of the Daulat Khāna at Fathpūr Sikri

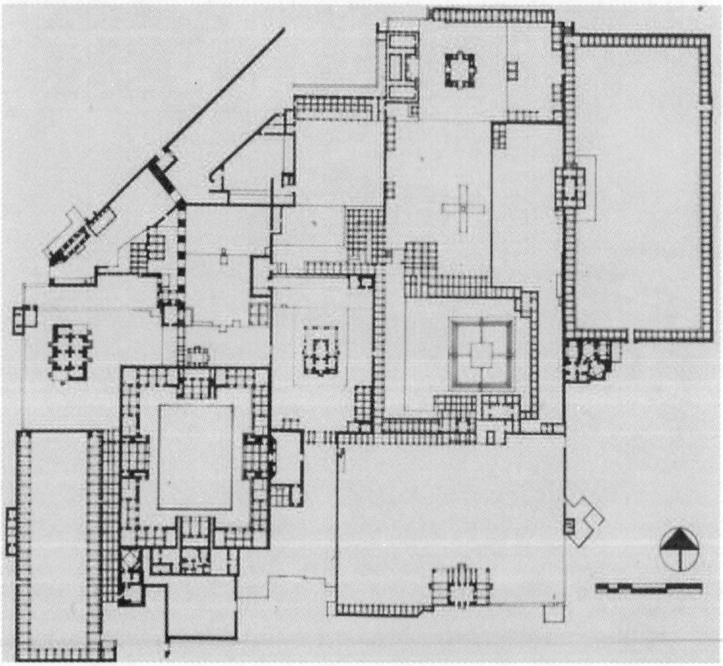

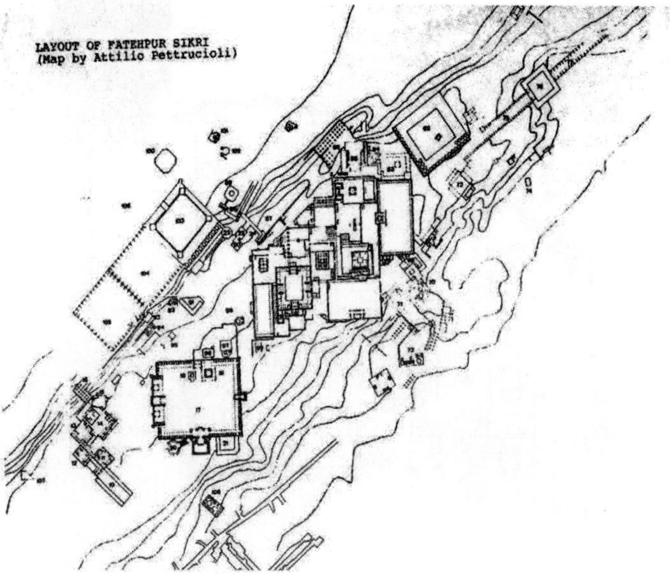
LAYOUT OF FATEHPUR SIKRI
(Map by Attilio Pettrucioli)

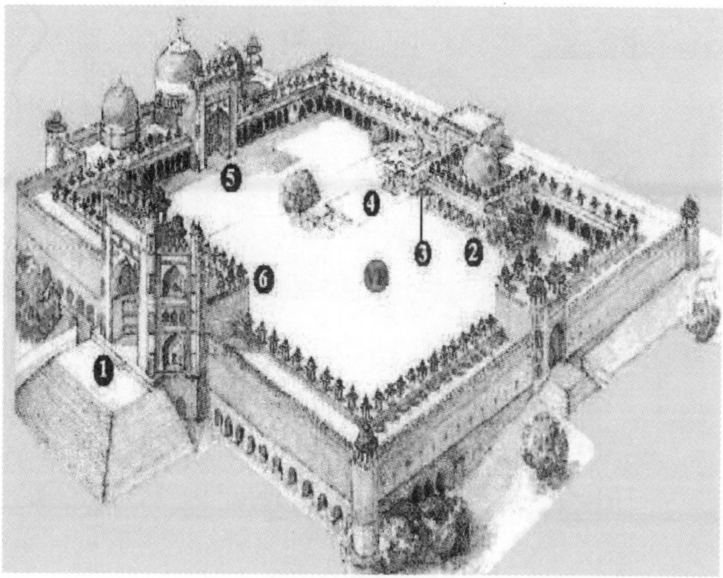
1
2
3
4
5
6

जामा मस्जिद परिसर

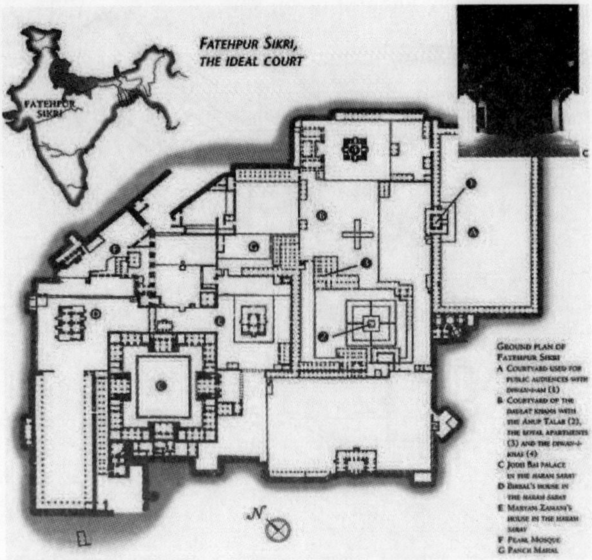

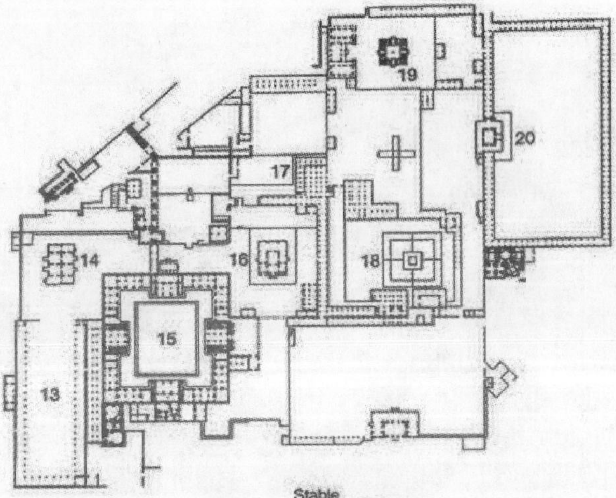

Stable
14 Birbal Bhavan
15 Jodha Bai's Palace
16 Miriam House
17 Panch Mahal
18 Anup Taleb
19 Diwan-i-Khas
20 Diwan-i-Am
21 Hammam of Hakim

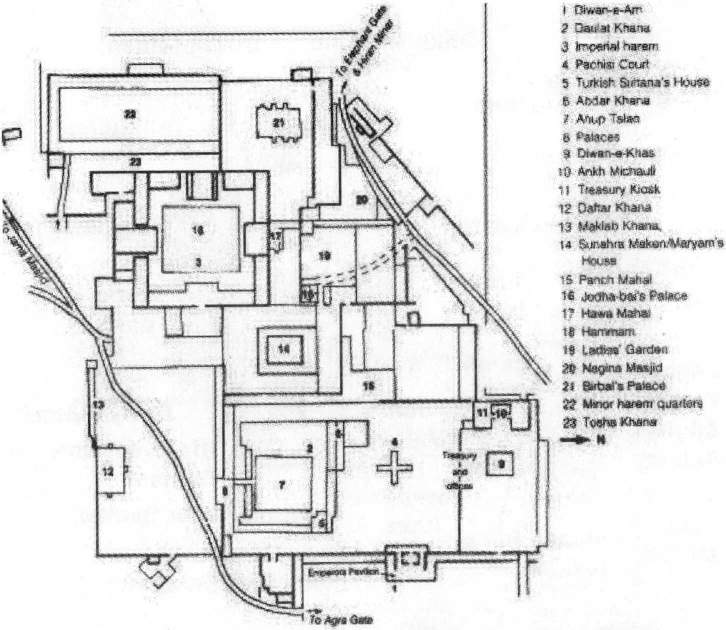
1 Diwan-e-Am
2 Daulat Khana
3 Imperial harem
4 Pachisi Court
5 Turkish Sultana's House
6 Abdar Khana
7 Anup Talao
8 Palaces
9 Diwan-e-Khas
10 Ankh Michauli
11 Treasury Kiosk
12 Daftar Khana
13 Maktab Khana
14 Sunahra Makan/Maryam's House
15 Panch Mahal
16 Jodha-bai's Palace
17 Hawa Mahal
18 Hammam
19 Ladies' Garden
20 Nagina Masjid
21 Birbal's Palace
22 Minor harem quarters
23 Tosha Khana
N
To Jama Masjid
Treasury and offices
Emperors Pavilion
To Agra Gate

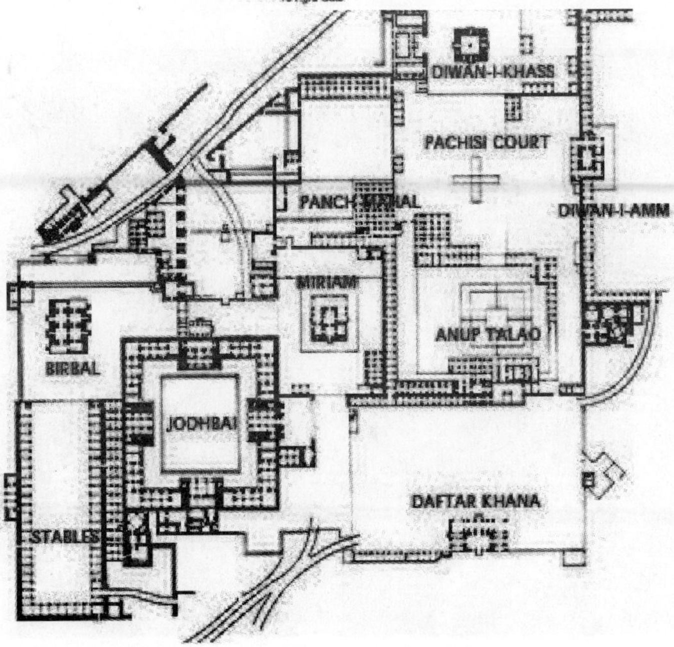
DIWAN-I-KHASS
PACHISI COURT
PANCH MAHAL
DIWAN-I-AMM
MIRIAM
ANUP TALAO
BIRBAL
JODHBAI
DAFTAR KHANA
STABLES

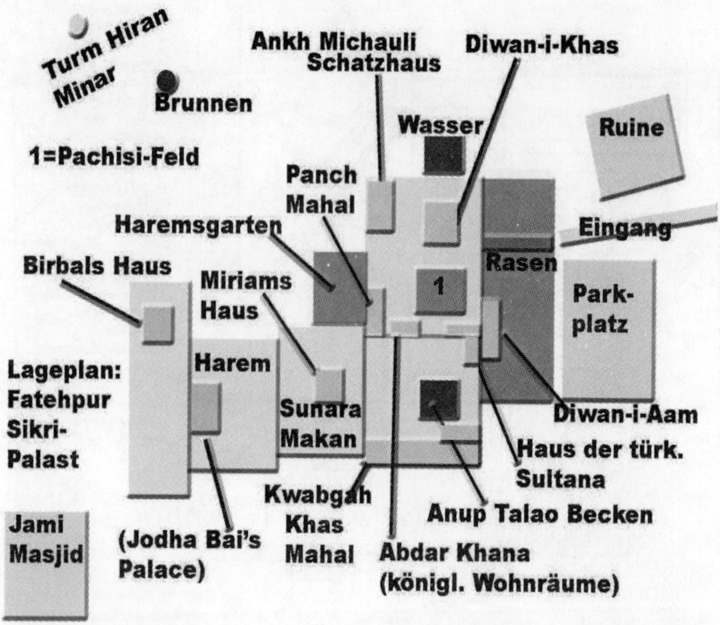
Turm Hiran Minar
Brunnen
1=Pachisi-Feld
Ankh Michauli Schatzhaus
Diwan-i-Khas
Wasser
Ruine
Panch Mahal
Haremsgarten
Eingang
Rasen
Birbals Haus
Miriams Haus
1
Park-platz
Lageplan: Fatehpur Sikri-Palast
Harem
Sunara Makan
Diwan-i-Aam
Haus der türk. Sultana
Kwabgah Khas Mahal
Anup Talao Becken
Jami Masjid
(Jodha Bai's Palace)
Abdar Khana (königl. Wohnräume)

10
9
8
7
6
5
4
1
3
2

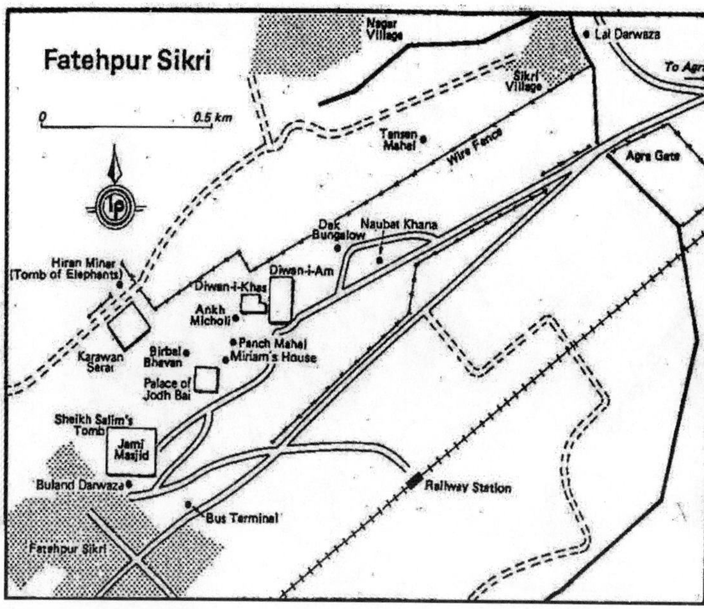

FATHPUR-SIKRI

GENERAL PLAN OF THE CITY

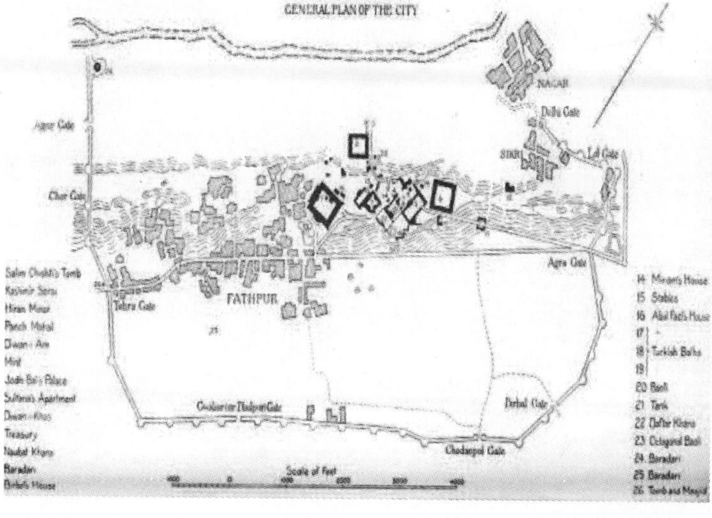

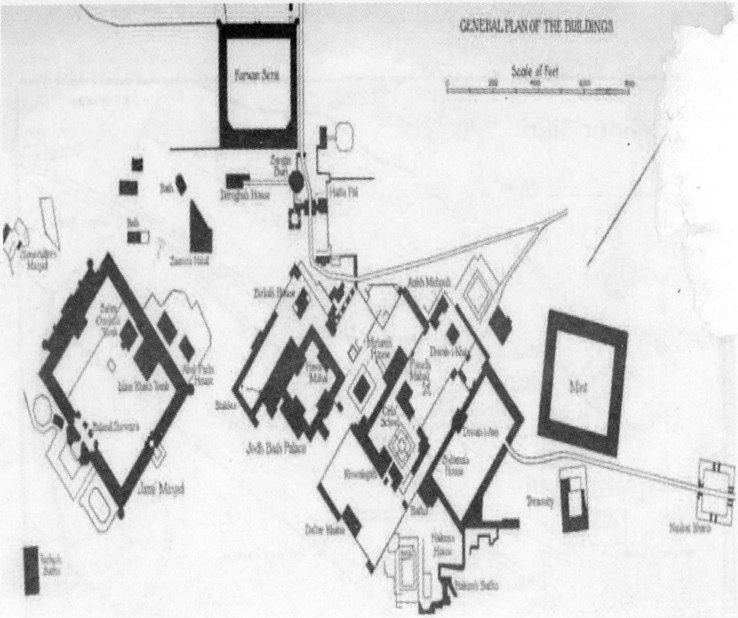
GENERAL PLAN OF THE BUILDINGS
Scale of Feet
Jami Masjid
Jodh Bai's Palace
Mint
Treasury
Hathi Pol
Stables